방언기도로 카리스마 강한 삶을 사실분의 책

방언기도로 분출되는 카리스마

강요셉지음

마음 성전에서 성령으로 분출되는 방언기도 하라

성령

방언기도로 분출되는
카리스마

성령

들어가는 말

크리스천들이 방언기도에 대하여 관심이 지대합니다. 관심이 많은 만큼 방언기도의 전문적으로 연구하여 정립한 교리가 부족한 실정입니다. 보이지 않는 분야이기 때문에 무조건 소리만 잘하고 열심 있게 하면 되는 것으로 알고 있는 실정입니다. 더군다나 일부 성도들은 방언기도만 하면 다된 것으로 알고 있는 경우가 많습니다. 방언기도는 영의 활동입니다. 세상에는 영이 3가지가 있습니다. "사람의 일을 사람의 속에 있는 영외에 누가 알리요 이와 같이 하나님의 일도 하나님의 영외에는 아무도 알지 못하느니라. 우리가 세상의 영을 받지 아니하고 오직 하나님으로부터 온 영을 받았으니 이는 우리로 하여금 하나님께서 우리에게 은혜로 주신 것들을 알게 하려 하심이라(고전 2:12)" 모든 영들은 소리로 역사합니다. 그렇기 때문에 방언기도를 하더라도 출처를 명확하게 하고 해야 한다는 것입니다. 다른 영의 소리로 방언기도를 할 수가 있기 때문입니다. 정확하게 알고 분별하고 방언기도를 해야 할 것입니다.

방언기도는 분명하게 자신 안에 있는 성전에서 성령으로 분출되어야 합니다. 성전에서 분출되지 않는 방언 기도하니까, 방언기도를 유창하게 하는 만큼 전인격이 변화되지 못하는 것입니다. 자연스럽게 보수적인 목회자들로 하여금 별로 중요하지 않다는 인식을 하게 한 것입니다. 방언기도는 하나님의 뜻을 알고 순종하는 일에 중요합니다. 방언기도는 영의기도이기 때문입니다. 방언기도의 유익은 지면이 부족하여 모두 표현할 수가 없을 지경입니다. 이 중요한 방언기도를 성령의 이끌림을 받아 각자 마음 안에 성전에서 성령으로 분출되는 기도가 되도록 해야 합니다. 그래야 변화된 모습을 다른 크리스천들에 보여줄 수 있습니다.

필자는 이 책에서 그동안 밝히지 못한 방언기도에 대한 비밀을 비교적 쉽게 표현하여 읽는 분들로 하여금 바른 방언기도를 하여 삶에서 성령의 열매가 나타도록 제시할 것입니다. 이 책을 통하여 말 많고 탈 많은 방언기도가 교회마다 정확하게 정착되기를 소원합니다. 부족한 부분이나 잘못된 곳이 발견된다면 필자에게 알려주시기를 바랍니다. 잘못된 것이 인정되면 즉각 시정할 용의가 있습니다. 이 책을 읽는 분들마다 자신 안에 성전에서 성령으로 분출되는 방언기도를 하시기를 소원합니다.

주후 2016년 11월 10일
충만한 교회 성전에서
저자 강요셉목사

세부적인목차

1부 방언기도와 카리스마의 분출

1장 방언기도로 분출되는 카리스마

(마 7:16-20)"그들의 열매로 그들을 알지니 가시나무에서 포도를, 또는 엉겅퀴에서 무화과를 따겠느냐, 이와 같이 좋은 나무마다 아름다운 열매를 맺고 못된 나무가 나쁜 열매를 맺나니 좋은 나무가 나쁜 열매를 맺을 수 없고 못된 나무가 아름다운 열매를 맺을 수 없느니라. 아름다운 열매를 맺지 아니하는 나무마다 찍혀 불에 던져지느니라. 이러므로 그들의 열매로 그들을 알리라"

하나님은 마음 안에 성전에서 성령으로 카리스마가 분출되는 방언기도를 하라고 말씀하십니다. 카리스마가 분출되는 방언기도를 하려면 기본적으로 자신의 마음 안에 성전이 있다는 것을 인정해야 가능합니다. 방언기도 문제는 초대교회 이후로 교회의 큰 논의의 대상이었습니다. 특히 교회는 이로 말미암아 교리적인 혼란마저 가져오고 있었던 시절이 있었습니다. 따라서 이런 폐단을 막기 위해서 일부 목사님들은 방언 그 자체마저 부인하려고 하는데, 이것은 성령님의 능력을 제한시키려는 것으로서 대단히 위험한 발상이 아닐 수 없습니다. 또 각종 은사자들이란 사람들이 있어, 방언을 따라 하게도 하고 억지로 혀를 굴려 '랄랄랄…' '룰룰룰…' '따다다…' 하면서 따라하다 보면 나중에 방언이 터진다고 말하기도 하는데 그런 방언이야말로 위험천만한 인간적인 행동입니다. 필자가 충만한 교회에 오셔서 치유와 능력을 받는 목사님들의 말을 듣고 종합하면 이렇습니다. "방언으로 기도하는 것이 아무리 좋은 것이라 해도…. 방언기도를 하지 않으나 신앙생활을 잘하는 사람들이 얼마나 많은지…. 반대로 방언기도를 하는 사람들의 삶의 자세가 별로 나아 보이지도, 본받을 만한 사람들이 별로 없다는 것입니다."

무슨 말입니까? 방언기도를 유창하게 하는 자가 교회나 개인 신앙생활에 아무런 유익을 주지 못했다는 것입니다. 어째서 이런 현상이 일어납니까? 새 방언을 주신 목적을 벗어났기 때문입니다. 한 마디로 외형 중심으로 언어 중심으로 성령의 인도와 관계없는 소리만 내는 방언기도를 하기 때문입니다. 그런 사람의 입에서 나오는 방언이라면 그 방언이란 성령 하나님의 선물로서가 아닌, 인위적인 방법으로 말하는 경우, 더 심하면 다른 영으로서 말하는 방언이 아닐까 의심해 볼 필요가 있습니다. 우리가 알지 못하는 방언기도를 유창하게 잘하는가, 잘하지 못하는가 하는 것과 그 사람이 성령의 사람인가 아닌가 하는 것과는 무관합니다. 성령의 사람인가 아닌가 하는 것은 오히려 그 삶에 나타나는 열매로 분별하는 것이 그 정확도가 더 높다고 볼 수 있습니다(눅6:43-47).

필자가 이글을 쓰는 목적이 방언기도에 대한 부정적인 면을 지적하고 방언기도를 유창하게 잘하는 크리스천들에게 바르게 자신의 마음 안의 성전에서 성령으로 카리스마가 분출되는 방언기도를 하여 모든 크리스천들이 삶에서 열매를 맺고 주변사람들의 본보기가 되도록 하기 위함입니다. 다른 면으로는 방언기도가 영성 깊은 생활에 얼마나 유익하다는 것을 알게 하기 위함입니다. 또 방언기도를 유창하게 해도 다른 이들의 본보기가 되지 못하는 이들에게 바르게 알게 하여 바른 방언기도를 하도록 인도하기 위하여 이글을 쓰는 것입니다.

분명하게 방언기도를 하게 됨을 통해 전인적인 변화가 생기고, 더 하나님을 알고 싶고, 더 하나님의 은혜를 구하고 싶고, 항상 기도가 하고 싶다면, 그러한 방언기도는 분명 주님이 은혜로 주신 은사요, 선물이 될 것입니다. 그러나 반대가 된다면 사람에게 주어진 방언기도의 은사는 개인적 차원의 초능력이나 개인의 무의식적 소산물이나 마귀가 열어준 방언이라고 볼 수 있습니다. 분별해야 할 것입니다. 분별의 차원은 삶의 열매입니다.

성경은 언제나 이렇게 말씀하십니다. "그 열매로 그들을 안다" 즉, 열매가 삶의 열매가 좋지 않다면 그 사람에게 주어진 은사는 개인적 차원의 초능력이나 개인의 무의식적 소산물이라볼 수 있다는 것입니다. 방언기도나 찬양방언을 유창하게 하시는 분들은 자신의 삶의 열매를 보시기를 바랍니다.

첫째, 카리스마란 무엇일까요? 하나님은 크리스천들이 예수님의 카리스마를 가지고 세상을 하나님의 나라를 만들기를 소원하십니다. 카리스마란 무엇일까요? 세상에서 카리스마는 그것을 받은 사람에게 어떤 외적인 매력이나 장악력을 주는 것으로 표현하고 있습니다. 그러나 복음적인 카리스마는 하나님께서 하나님의 도움을 필요로 하는 사람들의 문제를 해결하여 살아계신 하나님을 믿게 하라고 주신 능력입니다. 어렵고 힘든 삶을 살아가는 사람들에게 현실 문제를 해결하여 하나님의 살아계심을 체험하는 능력입니다. 쉽게 설명하면 약한자를 굳세게 하고, 그리스도 안에서 영원한 생명(구원)을 누리게 하며, 예수 그리스도의 나타나심을 기다리게 하고, 하나님의 살아계심을 가장 최우선으로 하는 것입니다.

예수를 믿고 성령으로 거듭난 크리스천은 카리스마가 선물로 주어졌습니다. 크리스천인 우리는 예수님에게서 언제나 그 해답을 찾으며, 제자다운 삶을 위해 기도하며 행동하려고 해야 합니다. 예수님에게서 보여진 카리스마를 생각해 봅니다. 카리스마라는 말은 헬라어로 하나님이 거저주시는 은총에 대한 표현으로 선물, 은사를 의미합니다. 신약성경에서 사도바울은 '은혜의 선물', '하나님의 선물', '은사'라는 뜻으로 사용했습니다. 바울이 성령의 은사라고 표현하는 카리스마는 어떤 특별한 인물에게만 주어지는 것이 아니라, 주님을 믿는 사람에게 넘치게 주어지는 선물이요, 각각의 신자들에게 다양하게 주어지는 선물입니다.

그래서 바울은 카리스마를 성령의 은사 중에 가장 큰 은사는 "사랑"이라고 했습니다. 일반적으로 알고 있는 카리스마는 대단히 강력한 권위의 지도력과 개인적인 매력으로 이해하는 경향이 있지만, 그리스도인에게는 하나님이 주시는 능력과 은총이며, 예수님이 우리와 함께하시는 삶에서 나타나는 사랑입니다.

예수님은 카리스마의 대표적인 사람입니다. 예수님은 많은 사람을 감동시켰고, 수많은 사람을 헌신시켰고, 이 한사람, 예수님 때문에 많은 사람이 순교 당했고, 개종하였고, 기독교가 세계적 종교가 되었습니다. 예수님의 관심이 언제나 '하나님나라'였기에 보여주신 삶과 가르침은 성전이나 율법과 같이 성스럽게만 제한하는 것이 아니었고, 주변사람들의 일상이 화두였으며, 실제로 나타내 보이셨으며, 율법주의자들과는 달랐습니다. 너무도 자연스럽고, 친근하고 소박했습니다. 들의 풀과 백합화를 이야기하고, 등경위의 등불을 가리키고, 공중에 나는 새와 아궁이의 풀, 나무와 열매, 길가와 돌밭의 씨앗이야기, 겨자씨와 농부, 하루의 품삯에 매달리는 노동자, 우물가의 여인까지도 삶의 동행자였습니다.

그런 예수님의 모습은 따뜻하고 겸손하며, 사랑이 풍성하고 마음이 너그럽고, 낮은 곳에 임하며, 우는 자와 울고, 아픈 자를 고치고, 귀신을 내쫓으시며, 군림이 아니라 섬기며, 십자가 희생에 주저하지 않으며, 진리와 평화, 정의와 생명으로 이끌면서 실제 눈으로 보여지는 "사랑"의 삶이었습니다. 이 사랑이 공동체의 화합과 유익을 더욱 강화하여 그리스도의 몸을 이루어 가는 것을 은사, 카리스마라고 바울은 규명하였습니다. 성경 속에 지도자들의 카리스마는 다 하나님의 일을 위한 것이었습니다. 카리스마는 사람의 것이 아니고 하나님의 것입니다.

예수 그리스도를 주로 시인하는 크리스천은 성령의 은사를 통해 우리도 카리스마를 발휘할 수 있습니다. 예수님께서 믿는 자안에서 모두 카리스마를 행하고 계시기 때문입니다. 바로 예수님의 사랑을 실천하면 카리스마 있는 사람이 됩니다. 예수님의 카리스마는 모든 프로그램을 통해 "생명의 바람", "치유의 바람", "권능의 바람"을 일으키는 사랑입니다. 한없이 낮아져서 세상의 고통과 아픔을 치유하고 생명의 능력으로 채우시려는 그 사랑에 오늘도 하늘의 축복이 내립니다. 지금, 우리는 오해로 꾸며진 세상의 논리와 관념이 아닌 진정으로 하나님 나라와 예수님의 가르침에 순종하는 카리스마 있는 일꾼이 되기를 다짐하며 감사의 노래로 화답하기를 기원합니다.

예수님은 카리스마를 사용하여 많은 사람들을 구원하셨습니다. 현 세상에서도 많은 사람들에게 강한 이미지를 가지고 영향력을 발휘하는 그런 사람은 분명 멋있는 사람입니다. 자신도 그런 사람이 되고 싶으십니까? 아니면 그런 사람을 만나기 원하십니까? 오늘 그런 사람을 만나게 해드리겠습니다. 바로 예수님이십니다.

그 사람이 가는 곳마다 사람들이 술렁이기 시작합니다. 그 사람을 한 번 이라도 만난 사람은 꼭 다시 만나기 원하게 됩니다. 온갖 삶의 고뇌와 번민에 빠진 사람이 그 사람을 한 번 만나면 얼굴이 천사처럼 변해서 가게 됩니다. 병원의 의사들도 포기한 환자들이 그 사람을 한 번 만나면 깨끗하게 치료받게 되었습니다. 교도소에 밥 먹듯이 드나들며 사람들의 손가락질을 받는 죄인도 그 사람을 한 번 만나면 자기 스스로도 어찌할 수 없던 죄의 습관들이 끊어집니다. 그분의 눈빛을 한번이라도 본 사람은 그 깨끗하고 강렬하고 온화한 세상사람 같지 않은 그 눈빛을 평생 잊지 못합니다. 예수님은 이 카리스마를 믿는 자 모두에게 주어 사용하여 하나님의 나라를 건설하게 하십니다. 이 카리스마가 방언기도를 할 때 성전에서 성령으로 분출되는 것입니다.

둘째, 자신의 내면세계를 바르게 알아라. 자신 안에 성전에서 성령의 카리스마로 분출되는 방언기도를 하려면 기본적으로 사람의 내면세계를 바르게 알아야 합니다. 사람은 육체 안에 영체(영적인 몸)가 있고 영체 안에 혼(지성-감성-의지)이 있습니다. 혼은 표면의식(약10%)과 잠재의식(약90%)으로 구성됩니다. 표면의식과 육체, 잠재의식과 영체, 표면의식과 잠재의식은 서로 긴밀하게 연결되어 있습니다. 사람의 내면을 설명한 영-혼-육의 구분은 기능설명을 위한 편의상 구분일 뿐입니다. 사람은 영-혼-육이 분리될 수 없는 전인적인 존재입니다. 육을 겉 사람, 영을 속사람으로 표현합니다. 영-혼이란, 영혼은 모두 속사람을 뜻하는 표현으로 성경에서는 구분 없이 사용합니다.

지성, 감성, 의지의 조화, 균형 상태를 영성이라고 합니다. 흔히 영은 거룩한 것이고, 육은 악한 것으로 생각하기 쉽습니다. 이는 대단히 잘못된 사상입니다. 문제는 혼(지-정-의)이 누구와 연합 되었는가 입니다. 혼이 하나님과 연합되면(거듭나면), 영-혼-육 모두 거룩한 하나님의 성전이 됩니다. 혼이 하나님과 분리되면 마귀와 연합되어 영-혼-육이 변질, 타락하여 악한 열매를 맺습니다. 그래서 방언기도는 자신 안에 성전에서 성령으로 분출되는 기도가 되어야 합니다.

필자는 호흡으로 기도할 때라도 예수님을 부르거나 생각하면서 기도하라고 합니다. 예수님을 부르면서 생각하면서 기도하지 않으면 자신이 방언기도를 유창하게 하더라도 다른 영의 영향을 받으면서 방언 기도할 수 있다는 것입니다. 그렇기 때문에 저녁마다 철야하면서 방언으로 기도하여도 자신이나 환경에 변화가 일어나지 않는 것입니다. 어떤 분은 20년 동안 귀신의 접신되어 방언기도를 하다가 나중에 깨닫고 축귀하여 새로운 삶을 살게 되었다고 간증하기도 합니다. 이분이 간증하면서 하는 말이 그렇게 오랫동안 기도해도 자신이나 가정에 변화가 없어서 영적으로 박식한 분에게 상담한 결과 귀신의 정체가 폭로되어 자유하게 되었다는 것입니다.

불신자들은 잠재의식을 개발하여 스스로 신이 되고자합니다 (해탈, 깨달음, 뉴에이지사상, 쿤달리니영성). 이것이 종교입니다. 겉으로 드러나는 교리는 달라도 속으로 품고 있는 원리는 동일합니다. 반대로 크리스천은 잠재의식을 생명의 말씀과 성령으로 정화하여 성령의 지배와 장악을 받아 온전한 하나님께서 분출되게 해야 합니다. 잠재의식을 하나님께서 지배하고 장악하여 분출됨으로 세상 사람들이 인간의 수련으로 개발한 잠재적인 능력보다 더 강한 초자연적인 카리스마가 분출되는 것입니다. 그렇기 때문에 크리스천들은 분명하게 생명의 말씀과 성령으로 영적인 것들을 바르게 분별해야 합니다.

인간적으로 잠재의식을 개발하면 소위 초능력, 염력현상(숟가락을 부러뜨리는)이 나타납니다. 초능력으로 불리는 잠재의식의 힘은 타락 전 아담이 소유하고 사용하던 자연스러운 기능들 중의 일부입니다. 땅을 지배, 정복, 다스리는 사명을 수행하기 위한 능력입니다. 아담이 타락하면서 혼(지-정-의)이 하나님과 분리되고 마귀와 연합하면서 영-육간에 저주받고 죽게 됩니다. 타락한 거듭나지 않은 사람이 잠재의식을 개발하는 행위는 악하고 가증스러운 불법행위입니다. 잠재의식을 개발해도 신이 되지 않습니다. 이는 마귀의 거짓말입니다. 참 신은 삼위일체 하나님이 유일하며 인간, 천사, 마귀는 피조물에 불과합니다. 잠재의식개발의 결국은 마귀와의 접신이며 파멸입니다. 모든 세상 종교는 잠재의식개발을 위해서 호흡, 명상, 만트라수련을 합니다. 절에서 스님들이 하는 염불도 이에 해당하는 것입니다.

여기서 분명하게 가슴에 새기고 구분하고 자나가야 할 것은 성령의 언어인 방언기도는 자신 안에 성전삼고 계시는 성령하나님께서 자신의 전인격을 장악하여 하나님의 나라인 천국과 하나님의 성품과 카리스마를 밖으로 분출하는 것입니다. 잠재의식개발인 만트라 수련과 전적으로 다른 것입니다. 이를 잘 구분할 줄 알아야 합니다. 잘못하면 방언기도 유창하게 한다고 자만하다가 마귀의 도구로 전락할 수가 있습니다. 반드시 잠재의식을 성령하나님이 정화하여 장악해야 삶에서 바른 열매가 나타납니다.

만트라는 인위적으로 만든 짧은 어구를 빠르게 반복하여 표면의식(잡념-생각)을 무디게 마비시키고 잠재의식을 활성화시킵니다. 이를 무아지경, 삼매경, 활홀경, 깨달음의 경지라고 합니다. 다른 표현으로 트렌스현상이라고 합니다. 실상은 귀신과의 접신상태입니다. 만트라의 다른 버전은 소위 마귀방언(귀신방언, 유사방언)입니다. 유사방언은 인위적으로 만든 만트라와 달리 마귀, 귀신으로부터 영감을 받아 말하여 알아들을 수 없는 언어의 형태를 가집니다. 그래서 성경의 방언기도와 혼동하기 쉬워 분별이 필요합니다. 생명의 말씀과 성령의 역사로 분별하는 습관을 가져야 합니다.

성경은 사람의 말과 천사의 말이 있다고 합니다. 마귀도 타락한 천사이기 때문에 그들의 언어가 있습니다. 이를 통해서 성경의 방언을 흉내 내는 것입니다. 그러나 이 또한 만트라와 동일하게 빠른 반복으로 표면의식을 무디게 마비시키고 접신상태에서 잠재의식을 활성화시킵니다. 잠재의식이 활성화되면 자연치유 같은 거짓기사, 표적현상이 나타납니다. 크리스천은 반드시 자신 안에서 성전에서 성령으로 카리스마가 분출되는 방언기도를 해야 합니다. 분별력을 길어야 합니다.

성경의 방언은 결단코 우리의 의식을 무디게 만들고 마비시키고 손상시키지 않습니다. 의식을 그대로 활동하게 하면서 성령의 권능으로 나타나시면서 전인격을 장악하시는 것입니다. 이는 욥이 "내가 주께 대하여 귀로 듣기만 하였사오나 이제는 눈으로 주를 뵈옵나이다(욥 42:5)"를 바르게 깨달으시면 이해가 쉬울 것입니다. 눈을 뜨고 의식이 정상인 상태에서 하나님의 모든 것들이 자신에게 나타나는 것입니다. 정상적으로 살아있으면서 하나님의 지배 속에 있는 상태를 말합니다.

방언기도를 하면 할수록 하나님께서 자신을 장악하시는 것입니다. 그렇기 때문에 성경의 방언은 하면 할수록 의식이 맑아지고 또렷해집니다. 예수님은 귀신이 쓰러뜨린 자를 손잡아 일으키시는 분입니다. 거라사광인을 온전케 하시는 분입니다. 지난 주일에 어떤 성도가 저에게 이렇게 말했습니다. "목사님! 주일예배를 드리고 집에 가면 왠지 몰라도 기분이 상쾌하고, 온 몸에 힘이 생기고 기분이 좋고 기쁩니다. 이런 현상이 일주일 내내 계속됩니다. 그래서 주일이 기다려집니다." 그래서 필자가 "그것이 성령께서 역사하신다는 증거입니다. 성령께서 성도님을 장악하여 천국이 밖으로 나타나는 현상입니다. 성령님의 지배와 인도를 받고 있는 증거입니다."

성령님은 우리의 인격을 소중히 다루시는 분입니다. 방언은 성령의 역사에 의한 영의 운동입니다. 건강한 육을 위해서 영양가 있는 음식을 먹고 운동을 하듯이, 건강한 영을 위해서 생명의 말씀을 먹고 성령으로 기도해야 합니다. 우리 언어기도, 방언기도 모두 필요합니다. 단 성령으로 기도하라는 것입니다. 자신의 마음 안에 성전삼고 주인으로 임재하여 계시는 성령께서 밖으로 나타나는 방언기도, 언어기도를 하라는 것입니다. 이것에 이 과제의 제목과 같은 카리스마가 분출되는 방언기도입니다. 방언기도를 하든지, 언어기도를 하든지 자신 안에서 성전에서 성령님이 나타나는 기도를 하라는 것입니다. 마음의 열매를 위해서 우리말로 기도하고 잠재의식의 쓰레기를 정화하고 튼튼히 하기 위해서 방언기도가 필요합니다. 방언기도, 언어기도 모두 다 필요합니다. 그러나 분명하게 성령으로 기도해야 합니다. 성령세례를 받았어도 방언기도를 하지 못하는 분들이 있습니다. 절대로 열등의식에 빠지거나 의기소침할 필요성이 없습니다. 방언기도는 은사입니다. 필요에 따라서 주시는 것입니다. 자신은 방언기도가 필요 없기 때문에 주시지 않는 것입니다. 그냥 말로 기도하면 되는 것입니다. 어떤 분들이 명확한 근거 없이 말하는 것처럼 방언기도 못한다고 영원한 천국에 가지 못하는 것이 절대로 아닙니다.

방언기도는 본래 알아들을 수 없는 말입니다. 하나님만 아시는 언어입니다. 이것이 축복이고 비밀입니다. 방언은 모든 거듭난 그리스도인이 믿음으로 하면 다 됩니다. 한 사람도 예외 없습니다. 방언을 하는 것이 영적교만 함, 열등감의 근거가 될 수 없습니다. 특정한 사람의 안수, 특정한 집회참석, 특이한 고행, 수행을 통해서 분출되는 것이 아닙니다. 거듭나는 순간 내주하시는 성령을 통해서 선물로 받는 것입니다. 선물로 받아서 믿음으로 하면 됩니다.

셋째, 자신 안에 성전에서 분출되는 방언기도를 하라. 사도바울은 그 누구보다도 성령을 충만하게 받았습니다. 그래서 바울이 받은 계시는 최고일 수밖에 없었습니다. 바울이 성령님을 통해 기록한 성경은, 로마서부터 히브리서까지 14권이나 됩니다. 도대체 무엇이 바울을 이렇게 만들었을까요? 그리고 과연 우리는 바울처럼 될 수는 없을까? 하는 것입니다. 바울은 어떻게 계시의 말씀을 받았을까요? 엡1:16~ "내가 기도할 때에… 영광의 아버지께서 지혜와 계시의 영을 너희에게" 주시기를 기도한다고 했습니다. 지금도 우리에게 "계시의 영"이 충만하게 되면, 하나님의 깊은 뜻을 더 많이 알게 될 것입니다. 성경책은 66권으로 완결되었습니다. 성경을 기록하기 위한 계시는 더 이상 주시지 않습니다. 그러나 "계시의 영"을 받으면 기록된 그 말씀을 더 많이 알게 될 것입니다. 그리고 깨달은 만큼 더 능력 있게 살아갈 것입니다.

하나님은 만세전부터 종말까지를 모두 계획해 놓고 이끌어 가십니다. 그런데 그 하나님의 계획을 성경 속에 기록해 주셨습니다. 그렇다면 이 성경을 알면 하나님의 계획들을 알 수 있는 것입니다. 그런데 이 성경의 깊은 뜻을 알려면 반드시 "성령을 받아야"한다는 것입니다. 바로 바울이 14권의 성경을 기록할 수 있었던 것은, 바울이 성령님의 음성을 들을 수 있었기 때문입니다. 바울이 이렇게 될 수 있었던 데는 그만한 이유가 있었습니다. 바울은 기도의 사람이었습니다.

특히 바울은 기도 중에도 방언기도를 많이 했습니다. 읽어보시기를 바랍니다. "내가 너희 모든 사람보다 방언을 더 말하므로 하나님께 감사하노라(고전14:18)" 바울은 그 당시 그 누구보다도 방언기도를 많이 했다고 밝힙니다. 이는 자신 안에서 성전에서 성령으로 분출되는 방언기도를 했다는 것입니다. 그러한 바울에게 성령이 더 강하게 역사할 수밖에 없었던 것입니다. 이 시대에도 성령님은 나에 대한 내 일생 전체의 비밀을 가지고 오셨습니다. 우리는 이것을 깨달아야 합니다. 1차적으로는 성경

속에 다 말씀해 놓으셨고, 환경을 통해서도 말씀하십니다. 그런데 우리가 이것을 깨달을 수 있어야 하는데 그것을 위해 바울처럼 성전에서 분출되는 방언기도가 필요한 것입니다. 성령님이 가지고 계신 지식을 내가 깨닫기 위해서는 성령의 도우심이 필요한데 성령님은 우리가 방언 기도할 때 강하게 역사하십니다.

방언 기도할 때는 당장은 알아듣지는 못하지만, 깨닫지는 못하지만, 방언을 통해서 계속 내 영혼에 성령님의 지식을 담는 것입니다. 내가 스스로 알 수 없는 방언이라고 해서 멈추면 안 됩니다. 소멸시키면 안 됩니다. 무시하면 안 됩니다. 계속 방언으로 기도하시길 축복합니다. 우리가 처음 방언기도 할 때는 무슨 말을 하는지, 뭔 소린지 알아듣지 못하다가도 성령의 강한 역사로 어느 순간 "번쩍" 터지면서 몰랐던 것을 알게 됩니다. 만일 공부를 통해 알 것 같으면 따로 수많은 노력과 시간을 들여야 하겠지만, 방언기도를 하다 보면, 성령의 역사로 '내 영혼은 시 공간을 초월하여 엄청난 양의 깨달음이 임하는 것'입니다.

성령을 통해 깨달아지고, 우리 속에 축적된 지혜들을 필요할 때마다 꺼내 쓰면 되는 것입니다. 그래서 자신 안에 성전에서 성령으로 분출되는 방언기도는 축복이요, 능력입니다. 아무리 많은 기도를 해도 그 영에 깨달음이 없는 분들이 계십니까? 자신 안에 성전에서 성령으로 분출되는 방언기도를 하십시오. 그러면 어느날 번쩍하면서 계시가 열릴 것입니다.

방언기도 하고 성경을 보고, 방언기도 하고 말씀을 묵상하기를 반복하면, 어느 순간에 성경 말씀의 진리가 깨달아 알아지게 됩니다. 그리고 삶 속에도 무수한 지혜들이 쏟아집니다. 방언으로 기도하면 우리말로 기도하는 것 보다 더 오랫동안 기도 할 수 있는 유익이 있습니다. 방언 기도하는 성도는 기도의 역사를 수없이 많이 보게 될 것입니다.

방언으로 기도하면 성령의 은사가 개발됩니다. 왜냐하면 자신 안에 있는 성전에서 성령으로 분출되기 때문입니다. 성령의 은사(카리스마)는 받는 것이 아니고, 성령으로 자신 안에 와 있는 은사가 성령으로 기도할 때 분출되는 것입니다. 우리는 나의 은사를 다 알지 못하며 살아가는 수가 있습니다. 알지만 발휘하지 못할 수도 있습니다. 그런데 방언기도하면 자신 속에서 놀라운 은사가 발휘됩니다. 자신도 모르는 사이에 병 고침의 은사가 나타나기도 하고, 하나님의 계획도 알게 되어 예언도 하게 됩니다. 필자는 하나님의 계획을 알기 위하여 방언으로 기도를 많이 합니다. 그때마다 하나님은 계획을 알려주셨습니다.

왜 방언기도가 능력일까요? 방언기도는 사람에게 하는 것이 아니요. 하나님께 하는 것이기 때문입니다. "방언을 말하는 자는 사람에게 하지 아니하고 하나님께 하나니 이는 알아듣는 자가 없고 영으로 비밀을 말함이라(고전14:2)"고 했습니다. 방언은 영적인 기도이기에 하나님이 더 빨리 들으시는 것입니다. 방언은 당장 내가 알아듣지 못한다고 해도 시간이 지나면 깨달아지는 경우가 대부분이며, 어느 순간 방언으로 인해 축척된 지혜가 능력으로 나타남을 명심하시고, 바울처럼 방언 말하길 힘쓰시길 축원합니다.

2장 방언할 때 성전에서 카리스마 분출

(요2:19-21)"예수께서 대답하여 가라사대 너희가 이 성전을 헐라 내가 사흘 동안에 일으키리라. 유대인들이 가로되 이 성전은 사십육 년 동안에 지었거늘 네가 삼 일 동안에 일으키겠느뇨, 하더라. 그러나 예수는 성전 된 자기 육체를 가리켜 말씀하신 것이라"

하나님은 자신 안에서 성전에서 올라와서 전인격이 성령의 지배를 받는 고급 방언기도하기를 소원하십니다. 고급 방언기도는 소리를 기가 막히게 하거나 찬양방언을 한다는 것으로 이해하고 생각하는 외형에 관심을 두는 인간적인 사고를 가지면 하나님께서 원하시는 고급방언을 할 수가 없습니다. 자신 안에 성전에서 성령으로 분출되는 것입니다. 고급 방언기도는 자신 안에 성전에서 성령으로 나오는 것입니다. 카리스마가 분출되는 고급 방언기도를 하려면 자신 안에 하나님의 성전이 있다는 것을 먼저 인정해야 합니다. 성전에 대한 의식이 바뀌어야 고급 방언기도를 할 수 있습니다. 건물로 지어진 교회가 성전이 아니라, 자신 안에 성전에 하나님께서 주인으로 계시다는 의식을 가져야 합니다.

우리는 참 하나님과 자기의 하나님을 분명히 구별해야 하며 참 예수님과 거짓예수를 분별해나가야 합니다. 무엇이 성경적인 진리인지, 유사 진리인지 알아가야 하며, 무엇이 교회인지 무엇이 교회가 아닌지 분명히 알아야 합니다. 어떤 일이 하나님께 충성하는 일인지? 어떤 일이 인간에게 이용당하는 것인지? 알아야만 합니다. 우리는 거짓된 교회 개념에 세뇌 당한 채 묶여 있어서는 안 됩니다. 성경적인 교회 개념을 정확히 알게 될 때 비로소 걸어 다니는 성전의식을 가지고 하나님께 충성하고, 주의 뜻을 행하는 것이 무엇인지 분별할 수 있게 될 것입니다.

첫째, 교회(Ecclesia=에클레시아)란, "하나님 백성의 공동체" 혹은 "불려 내어진 무리"라는 뜻입니다(무리, 공동체). 예수를 영접한 사람이외의 그 어떤 것도 교회가 될 수 없습니다. 흔히 너무도 많은 사람들이 교회라고 착각하고 있는 교회건물은 교회당, 예배당일 뿐이지 정확한 의미에서 교회당은 교회가 아닙니다. 뿐 만 아니라, 인간이 만든 조직이나 제도 역시 그 자체가 교회는 아니며, 그 자체가 신성한 것도 아닙니다(그것은 대치적 교회구조일 뿐, 결코 교회 본질의 일부가 될 수 없습니다). 뿐만 아니라, 교회당 건물을 "성전"이라고 부르는 것은 우민화된 증거이자, 무지의 소치이며, 반성경적인 것이기도 합니다. 교회당 건물을 "주님의 집"이라고 하는 것은 부당합니다. 왜냐하면 교회란 곧 믿는 사람들이기 때문입니다. 분명하게 하나님은 "우주와 그 가운데 있는 만물을 지으신 하나님께서는 천지의 주재시니 손으로 지은 전에 계시지 아니하시고, 또 무엇이 부족한 것처럼 사람의 손으로 섬김을 받으시는 것이 아니니 이는 만민에게 생명과 호흡과 만물을 친히 주시는 이심이라(행 17:24-25)"

"너희가 하나님의 성전인 것과 하나님의 성령이 너희 안에 거하시는 것을 알지 못하느뇨(고전3:16)" "너희 몸은 너희가 하나님께로부터 받은바 너희 가운데 계신 성령의 전인 줄을 알지 못하느냐 너희는 너희의 것이 아니라(고전6:19)" "하나님의 성전과 우상이 어찌 일치가 되리요, 우리는 살아 계신 하나님의 성전이라(고후6:16)" "그의 안에서 건물마다 서로 연결하여 주 안에서 성전이 되어 가고 너희도 성령 안에서 하나님의 거하실 처소가 되기 위하여 예수 안에서 함께 지어져 가느니라(엡2:21-22)" "만일 내가 지체하면 너로 하나님의 집에서 어떻게 행하여야 할 것을 알게 하려 함이니 이 집(성도)은 살아 계신 하나님의 교회요 진리의 기둥과 터이니라(딤전3:15)"

건물 성전 시대는 이미 지나갔으며 폐지되었습니다. 진정한 기독교는 더 이상 거룩한 장소나 건물을 갖고 있지 않고 오직 거룩한 사람들만 소유하고 있습니다. "교회 건물을 건축해야 한다!"는 성경적 근거를 찾아내기는 대단히 어렵습니다. 성경적 근거가 있기는 고사하고 성전에서 행해지던 피의 희생제도와 제사장직도 이미 지나갔으므로 이제 교회는 건물이 필요하지 않다고 성경은 명백히 주장하고 있습니다.

사도행전7장 44~60절을 보면 스데반은 건물 성전이 더 이상 필요 없다고 주장하다가 순교했습니다. "그러나 지극히 높으신 이는 손으로 지은 곳에 계시지 아니하시나니 선지자가 말한바(행7:48)" 그러나 신약성경에는 십일조제도가 있습니다(마23:23). 초대교회에는 오직 연보만 존재했었는데 그때 연보를 건물이나 회당 건축용도로 사용했다는 기록이 없습니다. 초대교회는 교회당 건물들을 건축하지 않았습니다. 하나님께 드려진 헌금(연보)를 건축으로 낭비하지 않았다는 의미입니다. 그들은 가정에서 모였고, 성령의 친교 (Koinonia)로 개방적이었으며 영적 은사를 행사함으로 세포 분 방식으로 정신없이 성장해 갔습니다.

이와는 대조적으로 중세시대에서는 크고 화려한 교회 건물을 짓기 시작했으며, 건물에 비중을 두게 됩니다. 기득권의 탐욕과 명예를 위해 성경의 자의적 해석했으며 강단에서 비진리가 진리인 냥 선포되었고, 부와 명예, 권세가 종교 지도자들에게 집중되었으며 이것으로 인해 자연스럽게 극심한 부패와 타락을 초래했습니다. 중세는 기독교 역사상 -암흑기-로 불리워 집니다. 교회 건물은 성공과 부와 명예를 상징하게 됩니다. 큰 교회일수록 성공과 부와 명예는 더 커집니다. 개 교회 건물들은 곧 바로 건물 지상주의, 계급주의, 제도주의, 교권주의, 물질만능주의, 차별주의, 배타주의로 연결됩니다. 지금 우리는 어떻습니까?

지금의 한국교회 역시 큰 자나, 작은 자나, 다 탐람하여, 크고 화려한 건물과 성공을 위해 장사진을 이루어 일제히 빨리 달리기 시합을 하는 것 같습니다. 교회 건물을 짓는 것이, 하나님께 충성하는 것이라고 믿었던 중세시대 성도들이 자신들의 오류나 맹종을 눈치 챘을까요? 어쩌면 지금도 많은 사람들이 동일한 (愚)우를 범하고 있는지도 모르겠습니다. 어떤 교회 건물도 기능적(Functional)이여야 하며, 수단일 뿐이어야 하며, 결코 목적(an end)이 되어서는 안 됩니다.

성경적이고 올바른 교회관은, 우리 믿음의 집을 짓는데 중요한 요소입니다. 내 영혼과 교회가 중세기의 암흑시대로 돌아가기를 원한다면 그것은 너무나 간단합니다. 건물이나 제도나 감투에 집착하는 것입니다. 더 이상 주객이 전도된 채, 헛된 노력을 경주해서는 안 될 것입니다. 우리는 사도바울처럼… 넘치는 지혜와 분별력으로 건물을 세우려 할 것이 아니라, 사람을 세워나가야 할 것입니다.

둘째, 예수 믿은 우리 자신이 성전입니다. 성전보다 더 크신 분(마12:6)이신 예수께서는 왜? 성전을 허무시고(행6:14), 또, 왜? 우리를 하나님께서 친히 거하실 성전으로 삼으셨을까요?(요2:21,고전3:16). 구약에서의 하나님은 사람과 멀리 떨어져 계신 분이셨습니다. 이사야의 표현을 빌리자면 "숨어계신 하나님"(사45:15)이셨습니다. 그러나 하나님의 처소(Habitation of God)는 (거주지 혹 임재장소)로서 ① 성막(Tent)에서, ② 성전으로 (Temple), ③ 인간의 육체로 변해왔습니다.

하박국 2:20절에서 ☞고전 3장 16절이 된 것입니다. 하나님께서는 모형과 그림자에 지나지 않았던 구약의 건물성전을 인간의 몸으로 완성시키신 것입니다. 지구상에서 단 하나뿐이어야 했던 "건물성전"에서 행해지던 제사장직과, 희생제도는 이미 지나간 것이며, 장막의 모형도십자가에 의해 실체로 완성 되었습니다. "너희는 이것이 여호와의 전이라, 여호와의 전이라, 여호와의 전이라 하는 거짓말을 믿지 말라"(렘7:4)는 새 계약을 완성하신 것입니다. 이제 하나님의 성령은 "모든 육체에 임하시며"(행 2:17), "이 산에서도 말고 예루살렘에서도 말고 너희가(자신이)"(행4:21), "영(Spirits)과 진리(Truth)로 아버지께 예배하게 된 것입니다"(요4:24). "너희가(자신이) 하나님의 성전인 것과, 하나님의 성령이 너희 안에 거하시는 것을 알지 못하느냐?"(고전3:16)고 사도바울은 반문하며, 이 중요한 사실을 거듭 강조하고 있습니다.

"의문(문서 법)에 속한 계명의 율법을 자기 육체로 폐하셨으니"(엡2:15), 의문은 죽이는 것이요, 영은 살리는 것이기 때문입니다(고후3:6). 이제 하나님께서는 더 이상 벽돌로 지어진 건물(교회당이나 건물성전)에 임하여 계시지 않으며 오직 예수를 영접한 사람 안에 거하시게 됩니다. 사람이 지은 건물이 아닌 예수를 믿는 무리들이 모인 곳에 하나님께서 임재하십니다. 예배를 드릴 때에 임재하여 계시고 예배를 드리고 집으로 가면 동행하십니다. 그렇기 때문에 방언기도도 자신 안에 성전삼고 계시는 하나님으로부터 발원해야 카리스마가 불출되는 방언기도가 되는 것입니다. 사람이 지은 교회당에 하나님이 계신다고 믿는 사람은 아무리 기도해도 하나님의 역사가 나타나지 않는다고 해도 과언은 아닙니다. 이렇게 잘못알고 방언기도를 하니까, 자신의 전인격과 환경이 변화되지 못하는 것입니다. 자신 안이 아닌, 보이는 것에 치중 함으로 자신의 내면에 변화가 일어나지 않는 것입니다

그러므로 내 안에 계시는 하나님… 다시 말하면 내 안에 사시

는 그리스도(갈2:20)가 실제와 사실로써 체험되지 않는 믿음이란 부질없는 말(입술)만의 믿음이요, 공허한 이론(지식)에 불과합니다. "내 양은 내 음성을 듣고, 나는 저희를 알며"(요10:27). "누구든지 내 음성을 듣고 그 마음 문을 열면 그에게도 들어가 그와 함께 거하시겠다고"(계3:20), 주 예수께서는 직접 말씀하시고 계십니다. 사도 바울 역시 자기 자신이 산 것이 아니라 "오직 내 안에 계신 그리스도께서 사신 것이라"(갈2:20), 고백하게 됩니다. 바로 이런 관계가 기독교 믿음의 핵심이며 또, 사람 자신(개인)이 곧, 성전이 되고, 교회가 되는 이유입니다.

"저의 교회에게도 문안하라. 나의 사랑하는 에배네도에게 문안하라 저는 아시아에서 그리스도께 처음 익은 열매니라(롬16:5)" "아시아의 교회들이 너희에게 문안하고 아굴라와 브리스가와 및 그 집에 있는 교회가 주 안에서 너희에게 간절히 문안하고(고전16:19)" 교회, 또는 성전은 오직 사람들을 말하며, 교회는 선택된(chosen), 순례하는(pilgrim), 계약의(covenant) 증거 하는(witness), 거룩한(holy)백성들입니다. 필자가 이런 사실을 재차 강조하며 중요시하는 이유는 우리가 주의 몸 된 교회가 무엇인지 똑바로 알게 될 때 비로소 주의 몸 된 교회를 위하고 하나님께 충성한다는 것이 무엇인지 그 핵심을 정확히 파악하게 될 것이기 때문입니다. 그리고 방언 기도할 때 카리스마가 어디에서 분출되는지도 깨닫고 바르게 기도하게 되기 때문입니다. 너무도 많은 기독교인들이 참 진리를 모른 채, 고전 3장 11~15 말씀처럼, 금이나 은이 아닌, 낡아지고 태워지고 무너져

갈(나무나 풀이나 짚 같은 헛된 공력으로) 믿음의 집을 짓고 있는 것을 보는 것은 정말 가슴 아픈 일입니다. 성전의 계념이 바르게 정립이 되어야 방언 기도할 때 카리스마가 분출되는 것입니다. 성전은 분명하게 예수를 믿는 자신 안에 있습니다.

셋째, 교회건물을 성전이라 부르지 말라. 교회건물과 교회라는 의미는 다릅니다. 교회 건물을 성전이라고 해서는 안 된다는 것은 이미 칼빈이 "기독교 강요"에서 밝힌 내용입니다. 그 당시 권력 화되고 건물을 신성시하는 카톨릭이 성경에도 없는 개념을 넣는 것을 경계해서 분명히 밝힌 내용입니다. 그런데 지금 그런 용어가 교회의 큰 건물이라는 겉모양을 자랑하는 인간의 못된 심성을 따라 다시 생긴다는 것은 중세시대개념으로 돌아가는 시대 퇴보적 가치관입니다.

그래서 우리라도 용어를 바로 써야겠습니다. 교회의 본래 의미는 "하나님의 부름 받은 백성(에클레시아)", 즉 건물이 아니라 예수를 믿는 사람입니다. 교회건물이라는 것은 우리가 공동체적 신앙을 같이 합력하고, 영적성장을 기하기 위한 공적이면서 부수적인 도구이지, 그 자체가 공동체나 성전이 아닙니다. 구약의 성전은 신앙의 본질에 대한 실체가 아니라 모형이요, 그림자 적 역할을 한 것입니다. 교회를 구약의 물리적인 성전과 동일시하면, 우리는 아직도 그런 구약의 희생제사와 제사장을 똑같이 세우고 제사해야 합니다. 신약에서는 그 성전과 희생제사의 실체가 예수그리스도라고 하고 있습니다.

성전은 예수그리스도를 상징하면서 또 예수그리스도를 믿는 성도들을 상징한다는 것이 신약의 기본원리입니다(요2:21,계 21:22,고전3:16). 교회건물은 성전이 아니라, 공적인 예배와 모임, 성례의 집행 장소, 성령의 체험과 영적성장으로써의 부수적인 도구로 쓰일 뿐입니다. 지금 성전은 우리 예수님을 믿는 신자 자신입니다. 즉 크리스천입니다. 즉, 물리적 성전은 사도시대 이후로 신약에선 존재하지 않습니다. 다만 그것이 영적인 의미로 상징화나 더 풍성히 승화가 되는 것입니다. 예수님은 큰 성전을 가지고 자랑하는 유대인들과 제자들에게 돌 하나도 돌 위에 남지 않고 무너진다고 했습니다(마24:1-2).

그것은 유대인들의 종교적 위선을 고발하면서 동시에 이제는 물리적 건물로써의 성전이 아니라, 우리 안에 거하시는 성령으로 말미암아 우리 자신이 성전이 되는 본질적 성전이 세워진다는 의미입니다. 또한 그것을 잘 나타내는 사건이 AD70년 로마 디도장군의 예루살렘함락과 더불어 된 성전 무너짐입니다. 그것은 유대인들의 죄악에 대한 심판이기도 하지만, 동시에 이제는 구약 적 물리적 성전의 시대가 공식적으로 끝났다는 의미입니다. 성경은 성전건물을 통해 보이는 것을 중시하는 인간의 사고를 경계하고 있습니다(행17:24).

솔로몬도 성전을 지으면서도 그런 것을 백성들에게 경계시키고 있습니다(왕상8:27-49). 그리고 사실 초대교회 때 핍박 받을 때 권력자들의 핍박을 피해 소규모의 가정규모의 교회들이 있거나, 여러 군데 동굴을 파놓고 군인들을 피해 여러 군데 도망

다니면서 예배를 하기도 했습니다. 그 당시 그런 교회모습은 물리적 성전과는 확실히 거리가 멉니다. 지금 너무 겉 숫자만 늘어서 건물가지고 성전이라고 자랑하는 사역자들이 바로 유대인들이 범했던 우를 똑같이 범하고 있는 것입니다. 건물 속에서 성령으로 거듭난 자들이 모여서 예배하면 하나님의 임재가 있겠지만, 그것이 건물자체에 성스러움이 있어서 성전을 의미하는 것이 아니라, 성령이 내주하는 신자들이 모여 있기 때문입니다.

넷째, 내 몸이 성전이라. 고전 3장 16-17절에 "너희가 하나님의 성전인 것과 하나님의 성령이 너희 안에 거하시는 것을 알지 못 하느뇨 누구든지 하나님의 성전을 더럽히면 하나님이 그 사람을 멸하시리라 하나님의 성전은 거룩하니 너희도 그러하니라" 성전 안에 있는 나의 모습은 어떤 모습이어야 하는가? 또 성전이 된 내 몸의 모습은 어떤 상태이어야 하는가? 우리 몸은 어떤 몸인가? "그러므로 형제들아 내가 하나님의 모든 자비하심으로 너희를 권하노니 너희 몸을 하나님이 기뻐하시는 거룩한 산, 제사로 드리라 이는 너희의 드릴 영적 예배니라(롬12:1)" 일상 사석 같은 자리에서 구린내 나는 몸으로 예배드리지 말라고 합니다. 성령의 지배를 받아 영과진리로 예배를 드리라는 것입니다. 거룩한 산 제물이 되라는 것입니다. 이렇게 말씀하시면서 모세당시 레위지파가 제사장직을 맡을 때 몸 상태를 항상 말씀하셨습니다.

사사 이후부터 제사장직무를 맡은 레위지파들은 철저하게 제사장 본연의 임무를 직무유기 했다고 해도 과언이 아닙니다. 하나님은 레위를 으뜸이라고까지 했습니다(대상9:34). 제사장 직이 얼마나 중요한가 말해주는 한 대목이기도합니다. 글쎄 레위가 제사장직은 고사하고 싸움질하는 전쟁 놀음에 앞장섰다는 것입니다(대상12:26-28). 이런 몰지각한 레위지파를 향한 하나님의 진노는 바로 나왔습니다. 대상13:10에 "웃사가 손을 펴서 궤를 붙듦으로 말미암아 여호와께서 진노하사 치시매 그가 거기 하나님 앞에서 죽으니라." 이것이 개인을 향해서 치신 것이 아니라고 봅니다. 오늘날 성경을 보는 많은 제사장들이 있습니다.

내가 제사장인데 도대체 나는 하나님의 율법을 얼마나 알고 있는지…. 성전 된 내 몸을 도대체 얼마나 관리하고 있는지…. 그런 성전(법궤)앞에서 순전한 마음으로 다윗처럼 춤을 추고 있는 것은 아닌지…. "다윗과 이스라엘 온 무리는 하나님 앞에서 힘을 다하여 뛰놀며 노래하며 수금과 비파와 소고와 제금과 나팔로 주악 하니라(대상13:8)" 이후에 웃사가 죽고 베레스 웃사가 되지 않았습니까? 요시야 왕 때 제사장 힐기야가 성전 보수하면서 율법 책을 발견합니다. 요시야 왕은 율법 책의 말을 듣자 '옷을 찢으니라.'고 했습니다. 그리고 요시야 왕 18년에 유월절을 지켰습니다.

"사사가 이스라엘을 다스리던 시대부터 이스라엘 여러 왕의 시대와 유다 여러 왕의 시대에 이렇게 유월절을 지킨 일이 없었더니 요시야 왕이 어떤 사람이었느냐?(왕하23:22)" 왕하 23장 25절에 "요시야와 같이 마음을 다하며 성품을 다하며 힘을 다

하여 여호와를 향하여 모세의 모든 율법을 온전히 준행한 임금은 요시야 전에도 없었고 후에도 그와 같은 자가 없었더라."고 했습니다. 마음뿐이 아니고 보이는 내 육신도 깨끗이 하라는 말씀 마음뿐이 아니고 보이는 내 행실도 깨끗이 하라는 말씀 우리의 모든 생활이 사람의 행실이 아니고 짐승의 행실이 나올 때 나 자신은 모릅니다. 성경이란 성령의 거울을 통해서만 그것을 알 수 있습니다. 세상은 철저하게 사단이라는 또 하나의 거울을 통해서 우리의 진실을 거짓으로 바꾸어 놓게 만드니까? 사도 바울조차도 이런 현실 속에서 고통스럽게 외치는 한마디를 하십시오. "오호라 나는 곤고한 사람이로다. 이 사망의 몸에서 누가 나를 건져내랴(롬7:24)"

하나님은 오직 마음이 성전으로 거룩하게 구별된 심령에게만 거하십니다. 오직 성전으로 거룩하게 구별된 심령만이 하나님의 처소입니다(고전3:16,6:19,고후6:16). 그리스도인은 그리스도인의 행복이 있어야합니다. 복의 개념이 세상 사람과 같아서는 행복 할 수가 없습니다. 죄지은 인간의 심령은 에덴동산을 상실한 상태입니다. 에덴동산은 하나님의 말씀을 듣고 순종하는 영적인 세계입니다. 우리는 주님의 새 생명을 받아야만 하나님 나라에 들어 갈 수 있습니다(중생). 주님의 십자가는 아버지의 계명을 지키는 자리였다. 신앙 양심에 걸리는 것을 찾아내야합니다. 방언기도는 자신의 심령에 성전을 견고하게 지어가는 수단이 되어야 합니다. 그래서 카리스마가 분출되는 방언기도를 해야 합니다. 카리스마가 분출될 때에 세상에 물러가기 때문입니다. 방언 기도 유창하게 하는 것이 문제가 아니고 방어기도하면서 자신의 전인격이 변화되는 방언기도를 해야 합니다.

말씀을 정리합니다. 교회란 무엇일까요? 많은 사람들은 교회를 십자가 종탑이 있는 건물로 생각합니다. 그러한 건물은 교회라는 말보다는 예배당이라는 말이 더 정확한 표현입니다. 그렇다면 교회의 참 의미는 무엇일까요? "고린도에 있는 하나님의 교회 곧 그리스도 예수 안에서 거룩하여지고 성도라 부르심을 받은 자들과 또 각처에서 우리의 주 곧 그들과 우리의 주되신 예수 그리스도의 이름을 부르는 모든 자들에게(고전 1:2)" 이처럼 엄밀한 의미에서 교회란 거룩한 성도들 혹은 예수 그리스도를 믿는 사람들과 그 단체를 의미합니다. 우리가 교회에 나와야 하는 이유도 바로 거룩한 성도, 즉 거룩한 교회가 되기 위해서입니다.

교회란 ①주의 백성을 가리키는 말입니다. ②예수님을 믿는 사람들의 공동체입니다. ③구원받은 사람들의 단체입니다. ④세상에서 불러낸 하나님의 백성들의 모임입니다. ⑤교회=(헬)에클+레시아= 밖에서(세상) + 불러내다를 뜻하는 것입니다.

그러므로 엄밀한 의미에서 교회는 건물이나 눈에 보이는 사람들의 모임이 아니라, 그 안에 존재하는 예수님을 믿는 믿음의 공동체(사람)가 되는 것입니다. 단순히 교회에 나온다고 해서 교회가 되는 것이 아닙니다. 불신자들이 볼 때 때때로 교회에 나오는 교인들 중에서 위선자가 있는 것처럼 보이는 이유도 교회에 나오는 교인들이 아직 참된 교회로 변화하지 못한 경우가 많기 때문입니다

교회란 예수님을 믿는 사람이 교회입니다(빌레몬서1장2절 참조). 예수님이 오시기전엔 하나님을 예배하는 장소가 교회였으나 예수님이 오시고, 죽으시고, 부활하신 이후부턴 예수님을 믿는 사람이 교회이며, 주위에 보이는 건물은 교회들이 모여 예배드리는 장소, 건물인 것입니다. 교회들마다 하나님을 예배하는 모습과 하나님과 교재 하는 방식이 서로 다릅니다. 하나님은 광대하시기에 그 광대하신 하나님을 더 알기위해 그리고, 주일 성수를 위해교회들이 한자리에 모여 하나님을 더 아름답고 영화롭게 하기 위해 모이는 것입니다. 우리는 성전을 재건하는 사람들입니다. 범죄로 깨어진 성전을 다시 건축하는 신령한 건축가들입니다. 그 일은 바로 내 믿음의 순금등대에 불을 붙이는 것입니다. 우리 각자가 거룩한 성전으로 재건될 때, 나의 앞날을 밝히는 소망의 등불이 밝혀지게 되는 것입니다.

우리가 바르게 알아야할 것은 예수님이 십자가에서 생명을 버리신 것도 사람(성전)을 구원하시기 위함입니다. 예배당의 조직이나 제도 건물을 구원하지 않습니다. 하나님은 인격이시라, 사람이 지은 예배당의 조직이나 제도 건물과 교통할 수가 없으십니다. 방언기도는 이런 영적인 의미를 정확하게 깨닫고 자신 안에 성전에 계시는 성령으로 해야 합니다.

그럴 때 성전에서 카리스마가 분출되는 것입니다. 방언기도를 바르게 알고 해야 기도하는대로 자신의 전인격이 변화가 일어납니다. 강력한 카리스마의 분출에 대하여는 "카리스마 극대화와 탈진극복" 책을 참고하시기를 바랍니다.

3장 카리스마는 방언할 때 극대화 한다.

(요 14:12)"내가 진실로 진실로 너희에게 이르노니
나를 믿는 자는 내가 하는 일을 그도 할 것이요 또한 그
보다 큰 일도 하리니 이는 내가 아버지께로 감이라"

하나님은 마음 성전에서 성령으로 분출되는 고급방언을 하라고 말씀하십니다. 분명하게 성전의 계념이 바르게 정립이 되어야 고급방언이 무엇인지 구별이 가능합니다. 자신 안에 성전에서 나오는 방언기도를 하라는 말씀입니다. 주변에서 방언으로 기도하는 것에 대하여 문의를 해 올 때가 많습니다. 그리고 자신이 하는 방언기도를 분별하여 달라고 합니다. 일부 크리스천은 방언 기도하면 다 되는 것으로 알고 믿고 있습니다. 그만큼 크리스천들이 방언기도에 대하여 관심이 많은 것이 사실입니다. 필자에게 메일로 질문하거나 찾아와 질문하면 방언기도의 종류에 대하여 주의 깊게 설명해줍니다. 영혼이 만족하는 신앙생활에 대하여 상세하게 설명하여 드립니다. 그러나 그들은 지금 막 뜨끈뜨끈한 성령세례를 받은 것에 흥분하여 필자의 가르침을 따르지 못하고 무시하는 경향이 있습니다. 필자가 하는 영적인 말을 이해하지 못해서 그렇게 할 수도 있습니다.

자신의 생각대로 얼마동안 방언하고 예언하는 교회만을 쫓아다니면서 심령의 갈급함을 해소하려다가 영혼의 만족을 누리

지 못합니다. 결국 그 갈급함을 해소할 곳을 찾지 못하여 방황하다가 새로운 그동안 접해보지 못한 내면세계를 알고 내면치유에 대하여 관심을 갖게 됩니다. 그러다가 내면을 치유하는 교회를 발견하게 되면 내면의 잠재의식의 치유에 빠지게 됩니다.

내면의 잠재의식 치유에 빠지는 것에 대하여 나쁘다는 것이 아닙니다. 모든 인간은 죄와 허물로 인해 완전하지 못하고 있으며, 잠재의식에 자기도 모르는 상처가 자리 잡고 있어서 영혼의 만족을 누리지 못하게 방해하는 것입니다. 그리고 잠재의식의 상처가 방언이나 하고 예언이나 하는 곳에 정신을 팔리게 합니다. 그래서 내면치유가 잘못된 것이 아니고 잠재의식의 스트레스와 상처를 치유해야 영적인 크리스천으로 변화가 될 수가 있습니다. 잠재의식의 상처는 영-혼-육에 알게 모르게 영향을 끼치는 것이 사실입니다. 유럽과 서양 그리고 같은 동양이라고 하더라도 동남아 중앙아시아 동북아시아 등과 전혀 다른 각각의 문화를 가지고 있습니다.

즉 다시 말해 자신의 마음의 상처를 마음에 담아 두고 있습니다. 쉽게 설명한다면 잠재의식에 '한'이 잠재하여 있다는 것입니다. 왜 방언기도의 종류를 말한다고 하면서 내적치유 및 잠재의식에 잠재한 '한'에 대하여 이야기 하는가 의아해 하시는 분들이 있을 것입니다. 방언기도와 잠재의식의 상처는 밀접한 관계를 가지고 있기 때문에 서두에 말하는 것입니다. 잠재의식의 스트레스와 상처가 카리스마가 분출되는 방언기도를 방해하는 강력한 영향을 미치기 때문입니다. 이에 대하여는 차차로 왜 방언 기도하는데 잠재의식의 상처를 내적 치유해야 하는지 구체적으로 설명하여 이해가 되도록 할 것입니다.

방언 기도하는 중에 잠재의식의 스트레스와 상처가 내적치유 되면서 영에서 올라오는 성령의 권능으로 토설하는 방언기도가 나올 수 있기 때문입니다. 뒷면에 방언기도를 통하여 잠재의식의 스트레스와 상처 내적치유에 대하여 구체적으로 종류 및 방법, 그리고 실천에 대하여 상세하게 기술할 것입니다.

방언기도를 통하여 카리스마가 분출되지 않는 것은 '한' 이것이 잠재의식 깊은 마음의 상처로 남아 있기 때문입니다. 한국에서는 남성보다 여성들이 이 '한'을 많이 가지고 있는 것이 현실입니다. 이 '한' 이라는 것은 결국 잠재의식 속의 분노와 악함이 마음 깊은 곳에 쌓여 있다 보니 아무리 방언기도를 오래해도 그때뿐이고 심령의 변화와 평화와 평강이 찾아오지 못하고 있는 것입니다. 이 마음속의 한을 풀기 위하여 이것 저곳을 방황하는 크리스천들이 많습니다. 며칠 몇날을 철야를 하면서 스트레스와 상처를 치유하려고 애를 쓰기도 합니다. 그러나 내면세계에 대하여 바르게 알지 못한 연고로 답답한 마음의 상처가 해소되지 않습니다. 그러다가 하나님을 원망하는 분들도 있습니다. 자신이 이렇게 날을 새워가며 방언기도해도 상처가 치유되지 않고 마음에 평안을 찾지 못한다는 것입니다.

바르게 알아야 할 것은 하나님은 분명하게 성령으로 기도하라고 하셨습니다. 인간적인 열심으로 기도를 아무리 많이 해도 상처는 치유되지 않습니다. 상처는 잠재의식에 형성되어 있기 때문에 자신 안에 성전삼고 계시는 성령하나님으로 카리스마가 분출되어야 상처가 치유되기 시작하는 것입니다. 자신이 기도하는 방법이 하나님의 말씀과 달랐다는 것입니다. 분명하게 성경에는 "사랑하는 자들아 너희는 너희의 지극히 거룩한 믿음 위에 자신을 세우며 성령으로 기도하며, 하나님의 사랑 안에서 자신을 지키며 영생에 이르도록 우리 주 예수 그리스도의 긍휼을 기다리라(유 1:20-21)" 말씀하고 있기 때문입니다.

예수를 믿고 성령의 인도를 받는 영적인 생활은 자신의 마음 안에 성전이 되어 하나님의 나라가 이루어져야 하는 것인데, 자신 안에 성전에 있는 줄을 모르고 인간적인 방법으로 기도하니, 개인의 마음속에 평화와 평강이 있지 못하는 것입니다. 성령으로 세례받고 성령으로 기도하지 않으니 성령이 지배하고 장악하지 못하는 것입니다. 결국 믿음 생활을 열심히 해도 분노와 악 만이 남아 있는 것입니다. 그래서 일부 목회자가 하는 말이 목회를 하다가 보니 악만 남았다고 하소연하는 분들이 있는 것입니다. 이제부터 본격적으로 성령이 주시는 기도의 언어 즉 방언의 종류에 대하여 설명하겠습니다.

첫째, 대신방언이다. 대신방언이라 함은 두 가지로 요약이 됩니다. 먼저는 하나님을 언어 즉 예언적 언어로서 성령을 통하여 하나님이 인간에게 말씀하시는 언어입니다. 성령의 말하게 하심을 따라 기도한다는 것입니다. 그래서 성경에 보면 "이와 같이 성령도 우리의 연약함을 도우시나니 우리는 마땅히 기도할 바를 알지 못하나 오직 성령이 말할 수 없는 탄식으로 우리를 위하여 친히 간구하시느니라(롬 8:26)" 말씀하시는 것입니다. 자신 안에 성전에서 성령께서 자신의 입술을 이용하여 방언으로 기도하신다는 말씀입니다. 둘째는 하나님을 찬양하는 언어로서 하나님께서 인간으로 하여금 당신을 찬양하게 하는 언어입니다. 이도 역시 성령께서 자신의 입술을 이용하여 하나님을 찬양하게 하시는 것입니다. 그렇기 때문에 기도는 성령으로 하라고 하시는 것입니다. 방언기도는 반드시 성령으로 해야 합니다. 성령으로 기도를 하려면 성령으로 세례 받는 것은 필수입니다. 성령세례에 대하여는 "성령의 불로 불세례 받는 법"을 참고하시기를 바랍니다.

둘째, 대인 방언이다. 대인 방언이라 함은 크게 두 가지로 나누어 볼 수 있습니다. 하나는 사도행전에서 성령의 임재로 인해 각 지역에서 온 무리들이 서로 다른 언어로 사용하고 있는데 서로의 언어를 다 알아 듣는 것입니다. 이것을 대인방언 즉 의사소통적인 목적으로 주신 언어입니다. 이 방언은 사람과 통하는 방언입니다. 예수님께서 승천하신 후 120명의 제자들이 예루살렘 마가의 다락방에 모여서 10일 동안 전혀 기도에 힘을 썼습니다. 오순절이 되었을 때에 갑자기 하늘로부터 급하고 강한 바람 같은 소리가 있었습니다. 그 소리가 집 안에 가득했습니다. 그리고 불의 혀처럼 갈라지는 것들이 사람들 머리 위에 임했습니다. 그리고 그곳에 모인 사람들이 성령의 충만함을 받고 성령이 말하게 하심을 따라 다른 언어들로 말하기 시작했습니다. 그 때 120명이 했던 방언은 사람이 알아들을 수 있는 대인 방언입니다.

둘째는 위에서 잠깐 언급했던 토설기도 즉 인간의 한을 풀 수 있는 언어입니다. 우리나라처럼 유교적 문화를 가진 곳에서 자신에게 쌓인 한을 내어 뱉을 수가 없어서 자신의 심령 깊은 곳에 쌓아 두고 한이 되는 사람들이 많습니다. 상처를 받아서 분노가 넘치는데 이것을 풀 수 없는 이들에게 하나님의 영이 주신 언어입니다. 왜 분노와 악이 넘치는 자들에게 하나님의 언어인 방언을 주시는가? 의문이 생길 것입니다.

기독교인들 중에는 하나님을 알지만 자신의 문제가 풀리지 않고, 항상 불평불만이 생기는 자들이 있다는 것입니다. 또한 그러한 자들 중에는 어려서부터 가정환경에서부터 생긴 불화, 불만, 분노들이 쌓이게 되면 한이 되는 것입니다. 쌓인 한은 악으로 나타나게 되는데, 하나님을 믿고 있는 자들이라, 이 한과 악을 벗어나기 위해 주님께 기도하게 되는 것이며, 자신의 분노를 기도 중에 소리 없이 기도하고 있다는 것입니다. 왜 통성으로 기도하지를 못할까요? 자신의 상처와 감정 등을 도출되기를 꺼려하는 문화로 인해 가식적인 행위로써 나오다 보니 점점 더 한이 되는 것입니다. 결국 기도 중에 하나님이 그들을 사랑하셔서 그들을 풀 수 있도록 주신 언어가 바로 방언입니다.

이 방언은 개인의 감정, 분노, 악, 등을 하나님의 언어인 방언으로 하니 그들은 하나님이 주신 방언이니 무슨 뜻인지 모르고 방언을 하게 되는 것이고, 방언으로 기도하고 나면 자신의 심령 깊은 곳에 쌓은 분노와 악이 없어지고 후련해지는 느낌이 들게 되는 것입니다. 결국 하나님이 자신의 양을 치유하기 위한 방법으로서 방언을 주신 것입니다.

셋째, 대물방언이다. 대물방언이라 하면 하나님이 인간이 동물과 대화할 수 있도록 귀와 혀를 열어주신다는 것입니다. 지금 주변에서 이러한 자를 본적도 없지만, 우리는 책에서 이러한 것을 알 수가 있습니다. 또한 성프란시스가 대물 방언으로 자연과 대화하는 것을 알 수도 있었습니다. 대물방언은 짐승이나 사물과 통하는 방언입니다. 어떤 사람들은 '세상에 그런 것이 어디 있느냐'라고 말합니다. 그런데 성경을 자세히 읽어보면 대물방언이라는 말은 없지만, 대물방언을 인정할 수밖에 없습니다. 발람 선지자는 나귀와 대화를 했습니다. 예수님께서 예루살렘에 입성하실 때 사람들이 주님을 찬양했습니다. 그 때 바리새인들이 못마땅해서 주님에게 그 사람들을 책망하라고 하자 주님께서 "만일 이 사람들이 침묵하면 돌들이 소리 지르리라"고 말씀하셨습니다.

약 13년 전에 제가 성령으로 충만할 때 나뭇잎들이 하나님을 찬양하는 것을 보았습니다. 여름에 산에 올라서 나뭇잎들을 보십시오. 전부 하늘을 향하고 있습니다. 이해를 못하는 분들은 이상하게 생각할 수 있습니다. 그런데 시 148:9-13을 보면 모든 자연 만물이 하나님을 찬양한다고 말씀합니다. "산들과 모든 작은 산과 과수와 모든 백향목이며, 짐승과 모든 가축과 기는 것과 나는 새며, 세상의 왕들과 모든 백성들과 고관들과 땅의 모든 재판관들이며, 총각과 처녀와 노인과 아이들아! 여호와의 이름을 찬양할지어다." 교회사를 보면 영성가 프란시스는 동물들과 대화를 했다는 기록이 있습니다. 깊은 기도를 하던 사람들 중에는 동물이나 식물과 교제를 한 사람들이 많습니다.

방언 기도의 종류를 적는 이유는 지금까지 거의 모든 기독교인들 또한 교직자들도 방언은 그저 하나님의 언어로 인식하고 하나님을 찬양하고 하나님과 대화하는 획일적인 언어로 인식하고 있다는 것에 안타까움을 느끼면서 짤막하게 적게 되었습니다. 수년 동안 지나가듯이 이야기 했을 때는 인식하지 못하고 있다가 내면치유를 접하면서 그곳에서 자신이 억제된 한이 풀어나가는 것을 알고, 내면이 중요하다, 라는 것을 알고 적는 것입니다.

상처받아 예수를 믿으면서도 답답하고 불안한 마음을 해결하지 못하고 살던 그들에게 그동안 쌓인 한을 풀어주는 것이 성전에서 분출되는 방언기도이고 내면의 치유라는 것입니다. 우리 충만한 교회에 상한마음과 영육의 고통을 해결하고자 이곳에 오는 이들은 아직은 미숙한 어린양이기 때문입니다. 또한 지금까지의 한국의 일부 교회에서 성도의 상한 심령을 치유하도록 도와주지 못한 것에 대한 책임감도 느끼면서 이글을 씁니다. 또한 내면을 말씀과 성령으로 치유하다가 보면 다른 교회에서나 목회자분들이 잘못한다고 말하는 것들도 있을 것입니다. 잘못적용하고 있는 것이 있을 수 있다는 말입니다. 필자는 그것을 100% 수용하여 시정할 것입니다. 아니면 아직 미숙한 어린양이 금방 자신이 치유되는 것에 대한 환희를 다른 교인들에게 바르게 설명하지 못할 수도 있을 것입니다. 왜냐하면 복음의 진리를 바르게 이해하고 깨닫지 못하여서 무조건 순간치유 되는 것으로 전달될 소지가 크기 때문입니다. 분명하게 영육의 순간치유는 영-혼-육의 밸런스가 맞아 떨어질 때 가능한 것입니다. 방언기도하면서 자신의 내면이 치유가 되고 있다면 이제 개인이 아닌 타인에게 사랑의 실천을 할 수 있도록 가르치는 것이 바람직합니다.

방언기도는 내면의 쓰레기는 청소해주는 귀중한 영의 활동입니다. 날마다 어둠이 많은 세상에서 받아들이는 쓰레기들을 청소하는 도구가 방언기도 입니다. 방언기도를 많이 하면 영이 맑아져 영육이 강건해지고 주님 안에서 자유를 누릴 수 있습니다. 주님께서 재능에 따라 성령의 은사를 주시지만 특별히 방언은사만은 모든 믿는 성도들이 구하면 다 받을 수 있습니다. 왜냐하면 방언은사는 우리의 영혼을 청소하고 맑게 하여 주님 뜻에 순종하는 삶을 살게 하는데 꼭 필요하기 때문입니다.

방언의 뜻을 알든 모르든 간에 방언을 한다는 것은 하나님과의 대화이기 때문에 하나님 나라의 비밀을 알고 성령 충만한 삶을 살기 위해서 반드시 필요합니다.

일반적인 기도는 우리의 현실적인 필요를 주로 기도하지만, 방언은 우리의 영적인 필요를 위하여 기도합니다. 방언으로 기도하다보면 성령님께서 하나님의 뜻대로 내게 가장 필요한 것들을 간구해 주십니다.

머릿속이 복잡하고 혼미할 때 방언기도를 하면 영이 깨끗하게 청소된 것을 느끼며 영적으로 안식과 충전을 얻게 됨을 경험할 것입니다. 되도록이면 생각을 주님께 집중하여 힘차게 방언기도를 30분 이상 하다보면 영혼의 시원함을 얻게 될 것입니다. 기도는 최소한 30분은 해야합니다. 육체를 건강하게 하는 운동도 30분 이상을 해야 효과가 있다고 합니다. 영적인 유익을 주는 방언기도도 시작했다고 하면 30분을 해야 영을 강하게 할 수가 있습니다. 마음 안 성전에서 성령으로 분출되는 방언기도를 해야합니다. 방언으로 기도하게 되면 더 오래 깊은 기도에 들어갈 수 있고, 하나님과 영적인 교제를 더 친밀하게 나눌 수 있습니다. 인간의 언어는 한계가 있기 때문에 방언을 하지 못하면 오래 기도하기도 어렵고, 주님께 깊이 나아가지도 못합니다.

방언은 영의 기도이기 때문에 통변의 은사 없이는 마음으로 이해할 수 없지만 중보기도도 할 수 있습니다. 성령이 하나님의 뜻대로 성도를 위하여 간구하시기 때문에 우리가 그 사람의 처지를 잘 알지 못할 경우 방언으로 기도하면 우리가 미처 모르는 부분을 위해서도 기도할 수 있습니다. 이 세상 임금이 마귀이고, 공중권세를 마귀가 잡고 있기에, 하나님의 백성들은 보호를 받는다 해도, 영이 어리기 때문에 세상에 사는 동안은 어둠의 쓰레기들을 끌어 들일 수밖에 없습니다.

방언기도는 잠재의식의 정화작용을 하기 때문에 우리 안에 있는 어둠의 쓰레기를 제거하고 내면의 치유가 일어나게 하며 날마다 기쁘고 건강하게 자라게 합니다. 방언을 통해서 성령의 은사와 능력도 활성화되고, 방언을 계속하면 부드러워지고 유창해지며 다른 방언을 받기도 하고 방언의 뜻을 이해할 수도 있습니다. 자신의 생각을 자유롭게 방언으로 기도할 수 있으며 반대로 방언을 따라하면서 뜻을 이해할 수도 있습니다.

사도 바울은 영으로 기도하고, 마음으로 기도하며 영으로 찬양하고 마음으로 찬양하라고 우리에게 좋은 방법을 제시해 주고 있습니다. 즉 50%는 방언기도, 50%는 우리말로 기도하며 50%는 방언으로 찬양하고 50% 우리말로 찬양한다는 것입니다. 저는 기도하다가 감동이 오면 평소 좋아하는 찬양을 방언과 함께 섞어서 부르며 기도하다보면 한결 더 기도가 은혜가 넘쳐나고 시간가는 줄 모르고 기도에 빠져들기도 합니다.

결국 우리는 예수의 삶 즉 예수의 제자로서 예수와 같은 길로 가야 하는 것인데, 예수는 진리이며, 사랑이십니다. 즉 사랑은 예수이며, 예수는 사랑이라는 것입니다. 결국 우리는 '진리가 무엇이냐'라는 것은 이 땅에서 사랑의 행위를 실천하는 것입니다. 우리가 만약 사랑의 행위를 실천하지 않는다면 예수를 따르는 제자가 아니며, 예수의 말씀을 쫓지 않는 것입니다.

결국 예수의 말씀을 쫓지 않는 다는 것은 사랑의 반대 행위이며, 사랑의 반대 행위는 악의 행위입니다. 그렇다면 악이란 무엇일까요? 악은 사전적 뜻은 윤리적 도덕적 행위를 하지 않는 것을 말합니다. 다시 말하면 예수의 행위 즉 사랑의 행위를 하지 않는 것은 악한 것이며, 악의 근본이 되는 것입니다. 악이란 영의만족이 아닌 육체의 만족을 위해서 하는 모든 것이 악입니다. 결국 사랑의 행위가 없는 교회, 성도들은 악의 근본이 되는 것입니다. 이것은 이기주의이며, 개인주의입니다. 사랑의 행위는 이타적인 것입니다. 즉 기독교는 사랑이며, 예수는 사랑이며, 인간은 서로 사랑해야 합니다.

넷째, 카리스마가 극대화되는 방언기도를 하라. 카리스마가 분출되는 방언을 하려면 기본적으로 깨달아야 할 것이 있습니다. 자신 안에 성전이 있다는 것입니다. 성전에서 카리스마가 분출된다는 것입니다. 방언기도의 대상이 자신 안에 있는 성전에 계신다는 것입니다. 그렇기 때문에 기도할 때 마음으로 예수님을 생각하면서 배꼽아래에 의식을 두고, 마음이 열리게 하기 위하여 호흡을 들이쉬고 내쉬면서 방언기도 소리에 집중하면서 기도하는 것입니다. 일부 크리스천들이 호흡을 들이쉬고 내쉬면서 방언기도를 하라고 하니까, 불교나 다른 이교도들이 하는 명상과 같은 것이 아니냐고 질문하기도 합니다.

전적으로 다릅니다. 이를 바르게 이해해야 합니다. 우리는 불교에서 하는 명상과 같이 무조건 호흡을 들이쉬고 내쉬는 것이 아닙니다. 분명하게 앞에 마음으로 예수님을 생각하면서 배꼽 아래에 의식을 두고, 마음이 열리게 하기 위하여 호흡을 들이쉬고 내쉬면서 방언기도 소리에 집중하면서 기도하는 것입니다. 이해를 잘하고 질문을 해야 합니다. 이렇게 질문하시는 분은 무엇인가 중요한 한 가지를 빼고 문제 삼기 위하여 질문하는 것으로 밖에 이해할 수밖에 없습니다.

기도의 대상인 자신 안 성전에 계시는 예수님께 집중하면서 방언으로 기도하는 것입니다. 호흡을 들이쉬고 내쉬는 것은 마음을 열어드리기 위함이라고 설명했습니다. 불교에서 하는 명상은 자신을 비우고 무념무상에 들어가는 것입니다. 그래서 잠재능력을 극대와 하는 것입니다. 대상이 없이 무념무상에 들어가면 불을 보는 것과 같이 세상신이 장악을 하는 것입니다. 그러나 우리가 호흡을 들이쉬고 내쉬면서 하는 방언기도는 예수님을 생각하면서 자신 안에 성전에서 분출되는 성령으로 방언기도를 하는 것입니다. 완전하게 구분이 되는 것입니다.

이렇게 원리는 바르게 알고 집중적으로 끝을 보고 말겠다는 생각을 가지고 방언기도를 하면 어느날 자신 안에 성전에서 성령으로 분출되는 방언기도를 할 수가 있습니다. 절대로 일어나는 현상에 치중하지 말아야 합니다. 현상에 치중하면 방언기도라고 할지라도 인간적인 기도밖에 되지 못하는 것입니다.

다섯째, 카리스마가 극대화한 방언기도하면서 체험한 사실이다. 필자가 목회를 하기로 마음을 먹고 본격적으로 능력을 받으러 기도원도 다니고 치유센터도 다닐 때입니다. 어느 기도원에 금식기도 하러 올라갔습니다. 저는 기도를 하면 산에서나 공동묘지에서 잘합니다. 공동묘지 옆에 있는 넓은 바위위에 앉아 방언으로 기도를 시작했습니다. 호흡을 들이쉬고 내쉬면서 아랫배에서 나오는 방언으로 기도를 했습니다. 당시 공동묘지에는 기도를 하는 분들이 두 분이 있었습니다. 그분들과 함께 한 세 시간 정도 방언기도 소리에 집중하면서 기도를 했습니다. 서로 기도의 주도권을 빼앗기지 않으려고 뜨겁게 영으로 기도를 했습니다. 한 세 시간 정도 기도를 하니까, 깊은 방언기도에 몰입이 되기 시작했습니다.

이제 기도하는 것이 힘이 들지 않고 술술 기도가 나왔습니다. 그런데 이상한 영적인 현상이 나타나기 시작했습니다. 갑자기 필자의 몸이 불같이 뜨거워지면서 솜털같이 가벼워지는 것이었습니다. 그래도 계속 기도를 멈추지 않고 계속 했습니다. 그러자 이제 몸이 지상에서 뜨기 시작했습니다. 계속 기도를 하다가 갑자기 이런 생각이 들었습니다. 내가 이렇게 기도하다가 하늘로 올라가 버리면 우리 사모가 어린 자식들을 데리고 어떻게 살아간단 말인가 하고 인간적인 걱정이 들었습니다. 그래서 기도를 중단했습니다.

그리고 산에서 내려오는데 꼭 구름 위를 걷는 기분이었습니다. 방언기도 소리에 집중하면서 방언으로 몰입하여 몇 시간을 영으로 기도를 해보시기를 바랍니다. 그러면 저와 같은 말로 표현을 할 수 없는 신비를 체험할 수도 있습니다. 저는 공수부대에서 근무를 했기 때문에 낙하산을 메고 공중에서 뛰어 내리기도 수없이 해봤습니다. 그런데 처음 낙하할 때 낙하산이 펴지면 꼭 구름위에 내가 떠있는 느낌을 받습니다. 영으로 기도가 깊어지니까, 꼭 그런 느낌을 체험하게 했습니다.

정말 산에서 내려오는 데 마치 구름 위를 걷는 그런 체험을 했습니다. 그래서 저는 성령으로 충만해지면 사람의 몸이 가벼워지고 머리가 맑아진다는 것을 체험적으로 알게 되었습니다. 그런 체험이 있은 후 환자에게 안수 기도할 때 성령의 역사가 나타나고, 질병들이 치유되고, 내적치유 사역할 때 많은 분들의 깊은 상처가 잘 치유되었습니다. 방언이 마음 안에 성전에서 분출되는 고급방언을 하게 되었습니다. 내면세계를 이해하고 잠재의식을 정화하면서 기도하니 성령님의 감동도 잘 받고, 환자들을 안수 기도할 때 강한 능력이 나타났습니다.

4장 내면세계를 강하게 정화시키는 방언

(고전 2:11~12)"사람의 사정을 사람의 속에 있는 영 외에는 누가 알리요 이와 같이 하나님의 사정도 하나님의 영외에는 아무도 알지 못하느니라. 우리가 세상의 영을 받지 아니하고 오직 하나님의 영계로 온 영을 받았으니 이는 우리로 하여금 하나님께서 우리에게 은혜로 주신 것들을 알게 하려 하심이라."

하나님은 마음이 하나님의 나라가 되기를 소원하십니다. 예수를 믿고 성령으로 거듭난 크리스천은 성령으로 말씀을 깨달아 하나님의 뜻을 바르게 알아야 합니다. 하나님은 이렇게 말씀하십니다. "그런즉 너희는 먼저 그의 나라와 그의 의를 구하라 그리하면 이 모든 것을 너희에게 더하시리라(마 6:33)" 마음이 하나님의 나라가 되면 무엇이든지 이루어진다는 것입니다. 하나님의 나라가 되면 하나님으로부터 무한한 잠재력이 나오기 때문에 성공하지 말라고 해도 성공한다는 것입니다. 먼저 마음과 생각을 바꿔야 합니다. 마음과 생각을 바꾸려면 예수를 믿고 성령으로 세례를 받아야 합니다. 성령으로 내면세계를 정화하여 성령의 생각과 말을 해야 합니다. 성경은 이렇게 말합니다. "사람은 입에서 나오는 열매로 말미암아 배부르게 되나니 곧 그의 입술에서 나는 것으로 말미암아 만족하게 되느니라(잠 18:20)" 생각하고 말한 대로 열매가 나타난다는 것입니다.

　우리는 마음의 생각과 말을 긍정으로 해야 합니다. 말은 마음에서 나오기 때문입니다. '난약하다, 난 못한다.'는 마음으로 포기하려는 유혹만큼 우리를 쉽게 쓰러뜨리는 것도 없습니다. 영국의 정신병 학자인 하드필드가 이러한 실험을 했습니다. 그가 밝힌 실험 결과는 대단히 흥미롭습니다. 그의 실험은 사람의 정신 암시가 육체의 힘에 얼마나 영향을 주는가에 대한 것이었습니다. 3명의 남자에게 보통의 상태에서 힘껏 악력계를 쥐게 했을 때 그들의 평균 악력은 101파운드였는데 그들에게 '당신은 참으로 약하다'고 암시를 준 후 다시 재어보았더니 겨우 29파운드에 불과, 평상시 힘의 3분의 1 이하로 떨어졌다고 합니다. 이번에는 '당신은 강하다'는 암시를 준 후 재어보았더니 무려 142 파운드에 달하는 결과가 나왔다고 합니다. 이 실험은 나는 강하다는 적극적인 정신이 충만해지자 그들의 체력이 소극적이고 부정적이었던 때보다 무려 5배나 증가했다는 것을 말해줍니다. 그래서 하나님은 예수를 믿는 성도들의 마음의 생각과 말을 바꾸기를 원하시는 것입니다. 하나님은 강하고 담대하라고 하시는 것입니다.

　하나님은 창조주이시기 때문입니다. 그 분은 사람을 포함한 온 우주만물을 창조하신 분입니다. 그 창조하신 피조물 중에 인간은 흙으로 지으시고 생기를 불어 넣으셔서 생령이 되게 하셨습니다. 즉 사는 영이 되게 하셨다는 것입니다. 그래서 우리 인간은 영혼과 육체로 이루어져 있습니다. 성경은 이 영혼을 속사람이라 하고 육체를 겉 사람이라고 합니다. 오늘은 인간의 내면 속에 있는 영혼에 대하여 본문의 말씀을 의지하여 책을 읽는 모두와 은혜를 갖기를 원합니다.

첫째, 세 가지 영적존재를 알자. 조금 전에 인간은 영혼과 육체로 이루어져 있다고 말씀드렸습니다만 오늘 본문의 말씀을 보면 세 가지 영적 존재가 있음을 알 수 있습니다. 다시 한 번 봉독하겠습니다. "사람의 사정을 사람의 속에 있는 영외에는 누가 알리요 이와 같이 하나님의 사정도 하나님의 영외에는 아무도 알지 못하느니라. 우리가 세상의 영을 받지 아니하고 오직 하나님의 영계로 온 영을 받았으니 이는 우리로 하여금 하나님께서 우리에게 은혜로 주신 것들을 알게 하려 하심이라"(고전 2:11~12).

오늘 본문 말씀에 보면 분명히 세 가지 영적 존재가 나옵니다. 사람의 영, 하나님의 영, 세상의 영이 바로 그 세 영적 존재들입니다. 하나님도 영이십니다. 또한 타락한 천사장 루시퍼도 영입니다. 인간도 영이 있습니다. 그러나 인간은 그 영을 보이는 육체에 담고 있습니다. 그래서 영혼을 담고 있는 육체를 성경은 질그릇이라고도 합니다. 그렇습니다. 우리 육체가 질그릇이고 이 육체 안에 영혼을 담고 있는 것입니다. 바로 그 영혼이 속사람입니다. 성경은 이렇게 말씀하고 있습니다.

"그러므로 우리가 낙심하지 아니하노니 우리의 겉 사람(육체)은 낡아지나 우리의 속사람(영혼)은 날로 새로워지도다"(고후

4:16). 이처럼 우리 인간이 영적존재이며, 또한 하나님의 영이 있고, 그리고 사탄마귀의 영 즉 세상의 영이 있다는 것을 알게 되면 영적인 사람이 되게 되어 인간의 내면세계를 알게 되는 계기가 된다고 봅니다. 교회를 10년, 20년 다니더라도 이 세 가지 영적존재에 대한 이해와 깨달음이 없으면 영적 성장이 이루어지지 않고 도리어 사탄의 공격에 속아서 신앙생활에 많은 어려움이 더해지는 경우를 우리는 봅니다. 세 가지 영적존재를 바르게 알아야 카리스마가 분출되는 고급방언기도를 할 수 있을 것입니다. 한마디로 각각 영적인 존재들마다 방언으로 기도하게 할 수가 있다는 뜻도 됩니다.

둘째, 인간의 내면세계가 있다. 인간은 영혼이 있다고 성경은 말씀합니다. 흔히들 우리는 이 영혼을 말할 때 마음이라는 단어를 얘기하기도 합니다. 큰 윤곽에서 영혼(靈魂)이지만 그 속으로 들어가 보면 사람의 영속에는 혼이 있다고들 합니다. 이 혼은 다른 말로 해서 인격이라고 합니다. 그 인격에는 지성, 감성, 의지가 들어 있기도 합니다. 또 다른 의미로 그 인격은 의식이라는 말로도 표현하기도 하고 마음이라고도 합니다.

이 마음을 히브리어로 말 할 때는 "레브"혹은 "레바흐"라고 하는데 사람의 지성과 감정과 의지가 담겨있는 곳이 마음이라는 것입니다. 그런데 성경은 인간은 자기 자신이 세상에 태어 날 때부터 죄 성을 갖고 태어나기에 애초부터 인간의 본질은 부패되어 태어난다고 성경은 말씀합니다. "너희의 허물과 죄로 죽었던 너희를 살리셨도다."(엡 2:1). 이 말씀처럼 우리는 태어 날 때부터 죄로 죽은 상태입니다. 그래서 주님 예수께서는 이 세상에서 가장 더러운 것은 인간의 입을 통하여 나오는 마음의 생각 즉 말이라고 했습니다.

마태 15장에 보면 바리새인과 서기관들이 예수님께 당신의 제자들이 떡을 먹을 때에 손을 씻지 아니함을 가지고 주님을 힐란하니까 주님은 이렇게 말씀하십니다. "입으로 들어가는 모든 것은 배로 들어가서 뒤로 내어 버려지는 줄을 알지 못하느냐 입에서 나오는 것들은 마음에서 나오나니 이것이야 말로 사람을 더럽게 하느니라, 마음에서 나오는 것은 악한 생각과 살인과 간음과 음란과 도적질과 거짓증거와 훼방이니 이런 것들이 사람을 더럽게 하는 것이요 씻지 않은 손으로 먹는 것은 사람을 더럽게 하지 못하느라"(마태 15:17~20).

주님의 말씀이 진리의 말씀입니다. 사람 입으로 나오는 것이 그 사람을 더럽게 하는 것입니다. 인간의 내면세계를 그 어떤 학문으로 정립한다는 것은 어렵습니다. 하지만 하나님이 우리에게 주신 성경의 말씀을 토대로 우리가 그 의미를 깨달을 수는 있습니다. 사도바울 선생은 우리의 보이는 이 육체를 겉 사람이라고 하면서 질그릇이라고 표현했습니다.

그리고 그 질그릇 안에 담겨있는 것이 사람의 영혼이라고 했습니다. 그런데 그 영혼이 아담의 범죄로 인해 죽어 있기에 그 질그릇 속에 예수를 담아서 새로운 피조물이 되어야 한다고 역설하고 있습니다. "그런즉 누구든지 예수 그리스도 안에 있으면 새로운 피조물이라 이전 것은 지나갔으니 보라 이제 새 것이 되었도다." (고후 5:17). 그렇습니다. 우리는 이 세상에 태어날 때부터 좋은 옥토의 마음 밭을 가지고 태어나지 않습니다.

전부 옥토 같은 마음 밭을 가지고 태어난다면 주님께서 마태복음 13장에서 씨뿌리는 비유를 통해 우리의 마음을 길가 밭, 돌 밭, 가시떨기 밭 그리고 옥토 밭으로 구분할 리가 없는 것입니다. 우리의 마음 밭이 길가 밭, 가시떨기 밭, 돌 짝 밭의 상태라면 하나님과 영적인 통로가 잘 열리지 않습니다. 그래서 우리는 우리 자신의 내면세계를 잘 점검해 보아야 합니다. 그래서 자신 안에 성전에 주인으로 계시는 성령님이 방언으로 기도하게 하시면서 잠재의식을 정화하시려고 하는 것입니다. 우리는 자신을 볼 수 있는 눈이 열려야 합니다. 이는 생명의 말씀과 성령으로 영리는 것입니다. 자기 자신의 밭이 어떤 밭인지를…. 어떤 사람은 그 내면세계가 물질에 대한 욕심이 많아서 항상 돈돈합니다. 돈이 너무 없어도 안 되지만 너무 많아도 그것은 축복이 아니라, 하나님을 알지 못하게 하는 저주라고도 할 수 있습니다. 돈돈하다가 돈 벌어서 살아갈만하면 병들어 죽는 분들도 있습니다. 성경에는 이렇게 말씀하십니다. "돈을 사랑함이 일만 악의 뿌리가 되나니 이것을 탐내는 자들은 미혹을 받아 믿음에서 떠나 많은 근심으로써 자기를 찔렀도다"(딤전 6:10).

한국의 제 1의 재벌 삼성 이건희 회장도 예수를 안 믿고, 세계 제1의 재벌 빌 게이츠도 예수 믿는 사람이 아닙니다. 이런 사람은 그 물질 때문에 구원에 관심이 없습니다. 그런가 하면 또 어떤 사람은 좋은 환경, 육신의 외모를 위해 성형수술, 그리고 좀 더 편안하고 넓은 공간에서 살기 위해 아파트 평수 늘리는데 평생 자신의 인생을 투자하여 이 사람의 의식은 이것에 잡혀 있습니다.

또 어떤 사람은 본능적 욕구인 먹고 마시는 것에 너무 집착하고 정욕적인 성적인 것에 너무 탐닉하기도 하고, 또 어떤 이는 권세, 권력, 명예 등에 집착하기도 합니다. 이처럼 인간의 내면세계인 의식에는 다양한 것으로 채워져 있습니다. 모두 자신이 세상을 살아가면서 추구한 대로 내면세계가 형성되어 있는 것입니다. 그래서 자신의 말이나 행동이나 추구하는 방향이나 성격을 자신이 지금까지 잠재의식에 형성시킨 결과물입니다. 이결과 물로 자신이 죽기도 하고, 자신이 영원한 생명을 얻기도 하는 것입니다. 이 내면세계에 형성된 잠재의식을 정화시키는 분이 예수를 믿는 자의 마음 안에 성전에 주인으로 계시는 성령하나님이십니다. 그런데 성령님은 자신이 마음을 열어야 잠재의식을 정화하십니다. 자신이 마음을 열고 잠재의식을 정화하려고 해야 역사하시는 분입니다. 그래서 모든 것이 자신 안에 잠재하여 있다고 해도 과언은 아닌 것입니다.

셋째, 사람의 말은 그 사람의 의식세계를 알 수 있다. 주님께서는 요한복음 6:63에서 "내가 너희에게 이른 말이 영이요 생명이라"라고 하셨습니다. 사람은 하나님의 형상대로 지으신 영체이기에 그 사람이 하는 말을 들어보면 그 사람이 담고 있는 의식세계(혼)가 드러납니다. 그래서 방언기도가 중요한 것입니다. 자신의 마음에서 나오는 방언도 있기 때문입니다. 자신의 마음에서 나오는 방언기도를 아무리 오래 많은 시간을 하더라도 자신이 변화되지 않습니다. 하나님의 뜻과는 상관이 없는 자신의 소망과 꿈과 욕심만 이루어지기를 기도하고 있는 것입니다. 불신자들의 말을 들어보면 온통 세상 말 뿐입니다. "세상적이요, 정욕적이요, 마귀적인 말뿐"입니다.

그러나 성령으로 세례 받고 성령의 지배와 장악이 된 성령 충만한 성도들의 방언기고와 말을 들어보면 그 말 속에는 온통 하나님을 찬양하고, 주 예수님을 경배하고 믿음의 말들로 채워져 있습니다. 이를 우리가 성경적으로 분석을 해보면 사람은 영(靈) 있는데 그 영속에는 의식세계(혼)가 존재하기 때문에 그 의식세계(마음)이 어떤 것으로 채워져 있느냐가 중요하다는 것입니다.

즉 이 의식(혼)이 하나님의 성령으로 잠식되어지면 말과 행동이 하나님을 섬기고 경배하는 말과 행동이 나오지만, 그렇지 못하면 그 의식을 세상의 영이 잠식하고 있기에 말이 세상적이고 현실만 보는 말만 합니다. 그래서 우리 신자들보고 TV를 보는 것을 삼가라 하는 것이 TV는 세상 소리이기에 그 세상 소리가 자기 의식을 잠식하다가 잠재의식에 쌓이는 것입니다.

그래서 어떤 의식을 받아들이냐에 따라 그 사람의 속사람의 형체가 새사람으로 되든지 아니면 그냥 옛사람으로 남아 있게 되든지 하는 것입니다. 그래서 우리는 다음과 같이 공식을 만들어 보게 됩니다. 사람의 영은 의식이 되고 의식은 말을 표현된다 하겠습니다. 또 반대로 "말을 통해 의식세계가 형성이 되고, 영이 새롭게 된다."라고 할 수 있겠습니다.

그리고 의식세계는 영에서 올라오는 성령으로 바뀌는 것입니다. 그래서 방언기도가 중요한 것입니다. 방언기도를 영의기도라고 합니다. 영에서 역사하시어 잠재의식을 정화하는 것입니다. 잠재의식이 정화가 되니 의식세계가 바뀌게 되는 것입니다. 마음 안 성전에서 성령으로 분출되는 방언기도를 하면 잠재의식에 형성된 세상 것들이 정화하가 됩니다. 이에 따라서 자연스럽게 현재의식이 정화되고 말과 행동이 바뀌게 되는 것입니다.

그러므로 불신자가 교회에 나와 하나님의 말씀을 귀로 계속 들으면 그 사람의 의식세계가 하나님의 말씀으로 정화가 되면서 그 사람의 속사람인 영이 새사람으로 되는 과정을 거치는 것입니다. 그래서 예수를 믿었으면 교회에 나오는 것이 중요합니다. 하나님은 기도를 하되 성령으로 하라고 하시는 것입니다. 그러므로 어떤 영적인 의식을 받아드리느냐에 따라 그 사람의 속사람의 형체가 달라진다고 할 수 있습니다. 그래서 하나님은 이렇게 말씀하시는 것입니다. "너희 자신을 종으로 내주어 누구에게 순종하든지 그 순종함을 받는 자의 종이 되는 줄을 너희가 알지 못하느냐 혹은 죄의 종으로 사망에 이르고 혹은 순종의 종으로 의에 이르느니라(롬 6:16)" 사람은 이렇게 약합니다. 사람의 마음은 그 사람이 순종하는 영을 담는 그릇이기 때문입니다. 한국에서 태어난 아기를 미국에서 기르면 그 아이의 겉모습은 한국 사람이겠지만, 그 아이의 의식과 말은 미국사람이 됩니다. 왜냐하면 미국의 문화와 언어 등의 의식을 통해 내면적 마음의 형성이 달라졌기 때문인 것입니다.

넷째, 사람의 마음속에는 여러 가지 영이 잠재한다. 그래서 우리 크리스천들은 성경적으로 내면세계를 볼 줄 아는 지혜가 필요합니다. 우리의 내면에는 사람의 영이 있습니다. 우리 사람의 영은 의식 즉 혼이란 인격이 잠재되어 있는데 그 인격에는 또 의식과 무의식이 있음을 알고 있습니다. 의식은 깨어있는 혼의 상태라고 할 수 있고 무의식은 깨어있지 않은 상태로 잠재되어 있는 것을 말한다고 할 수 있습니다. 그런데 모든 영체(귀신을 포함해서)는 그 모습은 없지만 의식된 것을 말로 표현합니다. 영의세계는 말로 형상화되는 것입니다. 귀신을 추방해보면 실체는 보이지 않으나 그 사람의 입을 통해 그 의식을 말로 표현하기에 그렇습니다.

그래서 사람의 영속에는 여러 가지의 영체들이 의식을 보유한 채 침입할 수 있고, 그 안에 의식으로 존재할 수 있습니다. 그래서 예수님은 마태 12:43에 사람의 몸이 악한 영들과 귀신의 집이라고 표현한 것만 보더라도 우리는 성경을 통해서 사람의 내면세계를 통찰해 볼 수 있는 것입니다. 각 사람마다 살아 온 환경 등의 영향과 사람과의 관계 형성에서 눌림과 상처를 받게 되는데 그 상처받은 것들이 그 사람의 영안에 있는 의식(혼)에 달라붙게 되어 무의식으로 잠재되어 있다가 조금 심할 때는 꿈에도 나타나고 성격으로, 영적, 정신적, 육체적인 질병으로도 나타나기도 하는 것입니다. 다시 말해 자기 자신이 살아오는 과정에서 많은 충격과 상처들과 앙금들과 심한 어떤 사건들(교통사고, 재난, 성폭행, 왕따)등을 통해 악의 영들로 해서 그 사람의 영안에 메어 달리는 것이며, 그 사람의 무의식에 잠재되어 있습니다. 그래서 다중인격을 가진 사람을 여러 가지 인격을 가진 사람이라고 말하는데 좋은 말로해서 다중인격자라고 하는 것이지 성경적으로 보면 군대 귀신이 들어갔다고 해야 맞을 것입니다.

다섯째, 내 영이 자유 할 수 있는 길은 무엇인가? 그러면 우리는 우리의 내면세계를 어떻게 하면 깨끗하게 정화시킬 수 있을까요? 오늘 본문에 보면 "우리가 하나님께로 온 영을 받았고 사람의 일을 사람 속에 있는 영외에는 누가 알겠느냐"고 하였습니다. 사람마다 자라온 환경이 다르므로 내면세계에 형성되어 있는 의식과 영적 상황도 다릅니다. 그러한 내 안의 속사정을 하나님의 영 즉 성령님께서는 알 고 계십니다. 따라서 내 영이 자유 할 수 있는 길은 몇 가지로 제시 할 수 있습니다.

첫째로 우리의 내면의 심령은 하나님의 말씀을 통해 거룩해짐

니다(딤전 4:5). 우리는 말씀을 가까이 하고 생명의 말씀을 들어야 합니다. 주님이 하신 말이 영이요, 생명이며 주님의 말씀을 통하여 내 영이 살려진다고 했습니다. 영은 곧 말이요 생명인데 영의 말에는 생각과 감정과 의지가 같이 흘러 들어갑니다. 그러므로 하나님의 말씀을 들어야 성령의 감동 감화를 받을 수 있습니다. 반대로 세상의 영을 받으면 그 생각과 감정과 의지가 그 사람에게 흘러들어가 그 사람을 좌우하게 되는 것입니다.

둘째로 성령으로 기도할 때 거룩하여 집니다(유20). "성령 안에서"라는 말로 신자가 인격이신 성령의 지배를 받는 상태를 말합니다. 그래서 이 구절은 우리말로는 "성령의 인도함을 받아" 혹은 "성령의 지배를 받아"라는 뜻이 더 적절한 번역입니다. 기도에 관계해서 쓰일 때 이 구절은 성령의 인도하심에 따라 하는 기도를 지칭합니다(엡 6:18; 롬 8:15-16).

그렇다면 성령 안에서 성령의 인도함에 따라 하는 기도는 일반 기도가 아닌 성령의 은사에 의해서 기도하는 것, 특별히 방언기도를 지칭하는 것일까요? 우선, 방언으로 기도하는 것은 성령으로 기도하는 것임에 이견이 있을 수 없습니다. 방언은 신자가 하나님께 성령을 통해서(혹은 영으로) 신비한 것을 말하는 것이기 때문입니다(고전 14:2, 15, 16). 바울은 신자 개인 영성을 위해서 이 은사를 모든 사람들이 경험하기를 소원하고 있으며(고전 14:5), 자기도 다른 모든 사람보다 이 은사를 더 많이 사용하여 기도하는 것에 감사하고 있다고 말합니다(고전 14:18).

그렇다면 방언으로 말하는 것만이 성령의 인도하심을 받아 기도하는 것일까요? 로마서 8장 26절에는 신자가 마땅히 기도할 내용을 정확히 알지 못하는 상황에서 성령이 직접 개입하여 신자를 위해서 "말로 표현할 수 없는 탄식"으로 신자를 위해서 친히 기도한다는 내용이 나옵니다. 여기에서 "말로 표현할 수 없는 탄식"에 방언으로 기도하는 은사도 포함될 수 있습니다. 방언이 기본적으로 사람이 알아들을 수 없는 말로 하나님께 기도하는 것이기 때문에 방언과 "말로 표현할 수 없는 탄식"에 공통점이 있는 것입니다. 하지만 이것이 방언으로 기도하는 것만을 의미하는 것은 아닙니다. 여기서 이 기도는 성령의 인도하심을 받아 신자가 기도하는 것도 은유적으로 표현하고 있지만, 문자 그대로는 "성령이 하나님의 뜻대로 성도를 위하여 간구하는" 것이기 때문입니다(롬 8:27). 이 기도는 성령님이 자신의 신자를 위한 기도인 것입니다. 기도의 본질이 성령님이 자신의 입술을 사용하여 기도하는 것입니다. 그리하여 하나님의 뜻을 알고 순종하며 성령의 감동에 따라, 자신의 잠재의식을 고쳐나가는 것입니다.

셋째로 성령세례 즉 성령의 기름 부음을 받아야 합니다(마태 3:11). 내 안에 성령님이 들어오시면 내가 그분에게 승복하기만 한다면 성령님은 내 사정을 누구보다 잘 알고 계시기에 나의 내면세계를 구조조정하십니다. 그러므로 성령님이 일 하시기 좋도록 내가 잘못된 구조와 의식과 습관에서 벗어나려고 결심하고 순종해야 합니다. 내 사정을 잘 알고 계시는 성령님께서 방언을 통해 나의 악심, 악성, 악습, 눌림, 상처 등을 구조 조정하실 때에 시간이 흐를수록 하나님의 영이 점령하는 범위가 점점 더 많아지고 넓어지게 되는 것입니다. 성령 충만한 삶이란 나의 내면세계에 존재하는 세상의 영, 나의 영, 하나님의 영 가운데 성령께서의 의식이 더 강해져서 세상과 나를 이기는 삶을 말하는 것이라 할 수 있습니다.

네 번째로는 성령으로 귀신을 쫓아내야 합니다. 주님께서 내 이름으로 귀신을 쫓으라 하셨으니 하나님의 자녀의 권세를 사용하여 악한 영과 더러운 영인 귀신을 쫓아서 자유 함을 얻게 해야 합니다. 많은 목회자들이 말씀과 기도가 중요하다고 합니다. 그렇습니다. 말씀과 기도 정말 우리들의 목숨같이 귀한 것입니다. 하지만 우리는 신앙생활을 보다 공격적으로 해야 합니다. 말씀과 기도 그리고 하나 더 해방 사역(축사)이 함께 이루어져야 참으로 우리의 내면세계에 하나님의 나라가 이루어집니다. 주님께서도 귀신이 떠나가면 그 안에 하나님의 나라가 임한다고 하셨습니다.

주님 예수께서는 이렇게 말씀하셨습니다. "그러나 내가 하나님의 성령을 힘입어 귀신을 쫓아내는 것이면 하나님의 나라가 이미 너희에게 임하였느니라"(마태복음12:28). 악한 영적인 존재들! 악한 영들과 귀신들이 나가고 나면 평안이 옵니다. 기쁨이 있습니다. 이렇게 될 때 우리는 영적인 자유 함을 얻을 수 있습니다. 내 영이 자유 할 수 있는 네 가지의 길에 대한 말씀을 가슴 판에 잘 새기어서 승리하시는 모두가 되시기를 바랍니다.

5장 바르게 방언할 때 카리스마가 분출된다.

(고전 3:16-17)"너희는 너희가 하나님의 성전인 것과 하나님의 성령이 너희 안에 계시는 것을 알지 못하느냐? 누구든지 하나님의 성전을 더럽히면 하나님이 그 사람을 멸하시리라 하나님의 성전은 거룩하니 너희도 그러하니라"

하나님은 예수를 믿고 성령으로 거듭난 크리스천들이 성령으로 방언기도를 하기를 소원하십니다. 그렇다고 방언기도 유창하게 한다고 다된 것이 아닙니다. 방언기도가 개인에게 매우 유익하다고 하니까 방언기도가 만능인 것으로 아는 성도들도 있습니다. 이는 잘못알고 오해한 것입니다. 방언기도는 만능기도가 될 수가 없습니다. 방언기도를 10년 20년을 한다고 해도 그것으로는 해결되지 않는 문제들이 있기 때문입니다. 다시 말해 방언으로 기도한다 하더라도 결코 열매를 맺을 수 없는 것들이 있는 것입니다(고전14:15). 대체 그런 것들에는 어떤 것들이 있을까요?

그러므로 사도바울은 방언사용에 대해 이렇게 권면합니다. "그러면 어떻게 할까 내가 영으로 기도하고 또 마음으로 기도하며 내가 영으로 찬송하고 또 마음으로 찬송하리라(고전14:15)" 그렇습니다. 기도에도 영으로 드릴 기도가 있고 마음으로 드릴 기도가 각각 따로 있는 것입니다. 거꾸로 이야기하자면 아무리 자신의 영을 사용해 방언기도를 많이 한다 할지라도 절대 해결이 되지 않는 문제들이 있는 것입니다. 옛사람의 근본 성품입니다. 그것은 꼭 마음으로 해야 하는 것들이기 때문입니다. 잠재의식이 변화되어야 근본 성품이 변화되기 때문입니다. 사람 안에는 하나님께 마음을 드려서 변화를 받아야 하는 것들이 있습니다.

우선 우리가 알아야 할 것은 구원이 방언과 직접적인 상관관계가 있느냐 하는 것입니다. 즉 방언기도를 하고 있거나 그러한 기도를 오래 했다고 해서 그 사람의 구원이 보장되느냐 하는 것입니다. 결론부터 이야기하자면 그것은 직접적인 상관관계는 없다는 것입니다. 왜냐하면 구원은 믿음과 회개로 받는 것인데, 우리가 고백해야 할 믿음이나 우리의 잘못을 자백하는 회개는 다 마음이 해야 하는 것이지 영이 하는 것으로는 효과가 없기 때문입니다.

방언기도 한다고 성화가 이루어집니까? 성화는 매우 중요합니다. 성화란 자신의 "몸과 마음과 영혼"을 남김없이 완전히 하나님께 바치는 것 "즉 공의로우며, 자비를 사랑하며, 하나님과 겸손하게 동행하는 것"을 의미합니다. 그리고 자신이나 자신의 유익에는 무관하게 하나님의 뜻을 알고 행하는 것이며, 하늘의 정신을 소유하여 순결하고 비이기적이며, 거룩하며 점이나 흠이 없는 생애를 사는 것을 의미합니다. 그리고 그것은 매일 매 순간 하나님의 뜻에 대한 온전한 굴복을 말합니다. 그것은 또한 하나님의 말씀 속에 계시는 성령에 의해서 날마다 새로운 세례를 받는 것을 의미하기도 합니다. 그 이유는 성화된 사람만이 하늘에서 하나님과 조화되어 살 수 있기 때문입니다. "진정으로 회개한 사람"은 죄를 싫어하고 미워하게 되며, 과거의 어두움 가운데서 살던 생활이 너무 싫기 때문에 다시는 과거의 생활로 돌아가고 싶지 않아집니다. 문제는 방언기도 유창하게 한다고 성화가 되느냐는 것입니다. 반드시 자신 안에 성전에서 올라오는 성령의 이끌림을 받는 방언기도를 해야 성화에 기여할 수 있습니다.

그럼에도 불구하고 오늘날 많은 크리스천이나 목회자들은 자신이 방언으로 기도하고 있으면 만사가 해결되고 자신이 구원받은 것으로 생각하는 이들이 참 많은 것 같습니다. 그것은 전적으로 오해한 것입니다. 사도바울도 이렇게 말했습니다. "네가 만일 네 입으로 예수를 주로 시인하며 또 하나님께서 그를 죽은 자 가운데서 살리신 것을 네 마음에 믿으면 구원을 받으리라 사람이 마음으로 믿어 의에 이르고 입으로 시인하여 구원에 이르느니라(롬10:9-10)" 그렇습니다. 방언으로 기도한다고 해서 구원을 보장받게 되는 것이 아닙니다. 오직 마음으로 믿어 의에 이르고 입으로 시인하여 구원에 이르는 것입니다. 마음으로 믿지 않는데 어찌 그런 사람이 구원받을 수가 있겠습니까? 그래서 방언기도를 바르게 정확하게 해야 구원도 성화도 카리스마도 분출이 되는 것입니다.

첫째, 방언기도 소리에 치중하지 말라. 우리 크리스천들이 방어기도 하면은 유창하고 듣기 좋게 하는 것으로 알고 있은 경우가 많습니다. 고급방언이니, 저급 방언이니, 찬양방언이니, 하는 외형적인 소리에 관심을 집중하고 소리를 이상하게 하려고 합니다. 방언기도가 분출되는 근원이나 출처에는 관심이 없고 그저 소리에만 치중을 합니다, 방언기도하면 다된 것이라고 믿어버립니다. 그래서 소리에만 관심을 가지고 방언기도를 합니다. 그러니 방언기도를 아무리 유창하게 해도 전인격이 변화되지 않는 것입니다. 분명하게 방언기도는 자신 안에 성전에서 성령으로 분출되어야 합니다. 알아야 할 것은 방언은 불교 승려, 무당, 이슬람에서도 행해지면, 무당이 방언을 하면 급수가 높다고 평가한다고 하기 때문입니다.

분명하게 성경에는 "사람의 사정을 사람의 속에 있는 영외에는 누가 알리요 이와 같이 하나님의 사정도 하나님의 영외에는 아무도 알지 못하느니라. 우리가 세상의 영을 받지 아니하고 오직 하나님의 영계로 온 영을 받았으니 이는 우리로 하여금 하나님께서 우리에게 은혜로 주신 것들을 알게 하려 하심이라"(고전 2:11~12).

오늘 본문 말씀에 보면 분명히 세 가지 영적 존재가 나옵니다. 사람의 영, 하나님의 영, 세상의 영이 바로 그 세 영적 존재들입니다. 하나님도 영이십니다. 또한 타락한 천사장 루시퍼도 영입니다. 인간도 영이 있습니다. 그러나 인간은 그 영을 보이는 육체에 담고 있습니다. 그래서 영혼을 담고 있는 육체를 성경은 질그릇이라고도 합니다. 분명하게 다른 영의 영향으로 방언기도를 할 수 있다는 것입니다.

그래서 방언기도 한다고 다된 것이 아니고 성령으로 방언기도를 해야 합니다. 분명하게 방언기도가 자신 안에 성전에서 성령으로 분출되어야 합니다. 방언기도 소리를 가지고 평가하고 치중하는 것이 아닙니다. 자신 안에 성전에서 성령으로 방언기도를 하면 분명하게 전인격과 환경에 변화가 일어나게 되어 있습니다. 자신 안에 성전에서 초자연적인 하나님의 나라가 분출되기 때문입니다. 하나님은 분명하게 이렇게 말씀하셨습니다. "너희는 너희가 하나님의 성전인 것과 하나님의 성령이 너희 안에 계시는 것을 알지 못하느냐? 누구든지 하나님의 성전을 더럽히면 하나님이 그 사람을 멸하시리라 하나님의 성전은 거룩하니 너희도 그러하니라(고전 3:16-17)" 하나님의 성전이 자신 안에 있습니다.

그러므로 자신 안에 성전에서 성령으로 방언기도를 하면 전인격과 환경의 변화가 눈으로 보이게 일어나야 한다는 것입니다. 성령으로 발원한 방언기도하면 분명하게 크리스천이 변하게 되어 있습니다. 하나님은 이렇게 말씀하십니다. "거짓 선지자들을 삼가라 양의 옷을 입고 너희에게 나아오나 속에는 노략질하는 이리라. 그들의 열매로 그들을 알지니 가시나무에서 포도를, 또는 엉겅퀴에서 무화과를 따겠느냐? 이와 같이 좋은 나무마다 아름다운 열매를 맺고 못된 나무가 나쁜 열매를 맺나니, 좋은 나무가 나쁜 열매를 맺을 수 없고 못된 나무가 아름다운 열매를 맺을 수 없느니라. 아름다운 열매를 맺지 아니하는 나무마다 찍혀 불에 던져지느니라. 이러므로 그들의 열매로 그들을 알리라. 나더러 주여! 주여! 하는 자마다 다 천국에 들어갈 것이 아니요 다만 하늘에 계신 내 아버지의 뜻대로 행하는 자라야 들어가리라. 그 날에 많은 사람이 나더러 이르되 주여! 주여! 우리가 주의 이름으로 선지자 노릇 하며 주의 이름으로 귀신을 쫓아내며 주의 이름으로 많은 권능을 행하지 아니하였나이까 하리니, 그 때에 내가 그들에게 밝히 말하되 내가 너희를 도무지 알지 못하니 불법을 행하는 자들아 내게서 떠나가라 하리라(마7:15-23)" 열매를 보고 판단하라고 경고하시는 말씀입니다. 분병하게 악한 자의 열매를 맺는 자도 있기 때문에 경고하시는 것입니다.

항간에 방언기도와 관상기도가 문제가 있다고 금해야 한다고 하시는 목회자들도 계십니다. 그러나 이는 성령의 역사를 말살하려는 행위입니다. 무조건 금할 것이 아니고 자신 안에 성전에서 성령으로 발원한 방언기도와 관상기도를 하도록 올바르게 알려주고 할 수 있도록 지도하면 되는 것입니다. 아니 구더기 무섭다고 장 담그지 못합니까? 무서운 구더기 보다 장을 담가야 하는 필요성이 더 절박한 것입니다. 방언기도와 관상기도를 못하게 하면 성도들은 막대기 신자, 머리 신자가 될 것입니다. 하지 못하게 하는 것보다 잘못된 부분을 시정하여 바르게 하도록 해야 합니다. 무조건 하지 말라, 그러면 더 합니다. 바르게 지도하여 정확하게 자신 안에 성전에서 성령으로 하는 방언기도가 되게 하면 되는 것입니다. 성경에 하라고 권장하는 방언기도를 왜 하지 못하게 합니까? "그런즉 내 형제들아 예언하기를 사모하며 방언 말하기를 금하지 말라(고전 14:39)" 문제는 방언기도의 출처에 관심 두지 않고 저급방언이니, 고급방언이니, 찬양방언이니, 하는 방언 기도 소리에 치중하는 것이 문제입니다.

둘째, 성령 안에서 방언 기도하라. 어떤 여성도가 필자에게 이렇게 질문을 하는 것입니다. 목사님 책을 15권 정도를 읽었는데 기도가 잘되지 않습니다. 어떤 때는 잘되고 어떤 때는 기도를 할 수가 없습니다. 이유가 무엇입니까? 자신의 생각과 말과 목으로 기도하기 때문입니다. 그래서 하나님은 성령 안에서 기도하라고 하십니다. "성령 안에서 기도하라"는 말씀의 의미는 성령님의 도우심을 힘입어 기도하라는 의미입니다. 오늘 에베소서 6장 18-19절의 말씀만 보아도 기도와 간구에 관한 굉장한 단어가 두 개 나옵니다. 그것은 '모든'과 '항상'이라는 단어입니다. 우리는 모든 기도와 간구를 항상 드려야 하는데 그것은 우리의 힘과 인내로는 할 수 없는 일입니다. 제가 이제는 정말 기도해야 하겠다는 생각을 하게 되면서 가장 걱정되는 것이 하나 있었습니다. 그것은 바로 '포기'와 '지치는 것'입니다. 이미 그런 경험이 여러 번 있었던 저로서는 이것이 가장 걱정되었고, 그래서 기도를 드릴 때마다 성령님께서 도와달라고, 성령님께서 기도할 수 있는 힘을 주시고, 인내를 달라고 기도할 수밖에 없게 되었습니다.

우리의 기도는 모든 것을 위해서 드리는 기도가 되어야 하고 항상 드리는 기도가 되어야 합니다. 그래야 사탄이 언제 무엇을 통해 공격하든 승리할 수 있을 뿐 아니라 우리 영혼이 든든히 설

수 있기 때문입니다. 그러기 위해서 항상 깨어있도록 힘써야 합니다. 그러나 우리의 힘으로는 이런 영적인 스트레스를 견디어 낼 수 없습니다. 금 새 지쳐버리고 포기해 버리기 쉽습니다. 그래서 우리는 성령님의 도우심을 반드시 구해야 합니다. 그 도우심 안에서 기도드려야 합니다.

셋째, 자신 안에 하나님의 성전이 있다. 자신 안에 성전에서 올라오는 성령으로 방언기도를 하라는 것입니다. 바울은 분명하게 "너희는 너희가 하나님의 성전인 것과 하나님의 성령이 너희 안에 계시는 것을 알지 못하느냐(고전 3:16)" 말합니다. 그리고 에베소서 2장 21절은 성전이 주님 안에 있다고 말하고, 22절에서는 하나님의 처소가 영 안에 있다고 말합니다. 이것은 주님께서 우리의 영과 하나이시며, 우리의 영이 주님과 하나임을 나타냅니다. 우리의 영 안에 있는 것은 사실상 주님 안에 있는 것입니다. 또한 주님 안에 있는 것은 영 안에 있는 것입니다. 주님과 합하는 사람은 한 영입니다(고전 6:17). 우리는 우리의 영을 주님으로부터 결코 분리시킬 수 없습니다. 그러므로 우리의 영은 교회의 건축이 이루어지는 곳입니다. 성전 건축은 우리의 생각이나 감정이나 혼이나 마음으로 이루어지지 않습니다. 건축은 전적으로 우리 영 안에서의 문제입니다. 방언기도는 자신 안에 성전에서 성령으로 방언기도를 해야 하나님의 카리스마가 분출되는 것입니다. 그리고 자신 안에 성전이 견고하게 건축되는 것입니다.

넷째, 잠재의식의 견고한 진을 파괴하라. 잠재의식의 깊은 곳에 있는 악한 것들을 제거하는 방언기도가 되어야 합니다. 그래서 자신 안에 성전에서 올라오는 성령으로 방언기도를 하라는 것입니다. 잠재의식에는 자신도 잘 모르는 견고한 진들이 있습니다. 이를 성령님의 지배, 장악, 임재로 가득한 가운데 찾아내어 부수고 제거하는 방언기도를 해야 합니다. 성령의 지배 장악 임재 하심 속에서는 말하는 대로 되어집니다. 성령의 지배 장악 임재 하신 상태에서 다음과 같이 명령해보시기를 바랍니다. "성령이여, 임하소서. 무의식의 깊은 곳, 잠재의식의 깊은 곳에 임하소서. 더 깊이 더 깊이 임하소서. 이렇게 성령의 강한 임재가 나타날 때까지 반복하세요. 무의식의 깊은 곳, 잠재의식 속에 자리한 악한 것들은 예수이름으로 성령의 능력으로 분리되고 드러나고 제거 될지어다. 성령의 역사로 완전히 밖으로 배출되어 제거될 때까지 반복해서 하세요. 성령이여 무의식의 잠재의식 깊은 곳까지 사로잡으시고 당신의 능력으로 채우소서. 예수님의 이름으로 기도합니다. 아멘"

이상과 같이 믿음으로 기도하면 무의식의 잠재의식 속에 역사하던 악한 것들이 분리되고 드러나고 제거됨을 경험하게 될 것입니다. 아무튼 자신 안에 성전의 깊은 곳에 들어가고 깊은 은혜를 경험하시려면 무의식의 깊은 곳 잠재의식 속에 역사하는 악한 것들을 제거해야 합니다. 잠재의식이 정화되는 방언기도를 하려고 관심을 가져야 합니다. 관심이 중요합니다.

다섯째, 전인적인 변화가 되는 방언기도를 하라. 방언으로 아무리 기도한다고 해도 성품은 변화되지 않습니다. 방언은 영의

기도이므로 마음으로 기도가 되지 않아 잠재의식이 정화되지 않기 때문입니다. 그러므로 방언으로 아무리 많이 기도하는 성도라 할지라도 반드시 자신의 성품을 바꾸어 달라는 기도를 병행하는 것이 좋습니다. 왜냐하면 사람의 성품은 자신의 마음속(잠재의식)에서 나오는 것인데, 이런 열매들 중에는 더러운 것이 참 많이 나오기 때문입니다. 예수님께서도 이와 같이 말씀하셨습니다. "또 이르시되 사람에게서 나오는 그것이 사람을 더럽게 하느니라. 속에서 곧 사람의 마음에서 나오는 것은 악한 생각 곧 음란과 도둑질과 살인과 간음과 탐욕과 악독과 속임과 음탕과 질투와 비방과 교만과 우매함이니 이 모든 악한 것이 다 속에서 나와서 사람을 더럽게 하느니라(막7:20-23)" 그렇습니다. 사람의 마음은 이미 아담의 타락으로부터 더럽혀진 상태에 있습니다.

그러므로 이러한 유전적인 형질이 후손들에게 내려온 이상 우리는 우리의 성품을 방언기도로 고칠 수 없는 것입니다. 사람에 따라 어떤 사람은 탐욕으로 가득하게 채워 있기도 하고, 어떤 사람의 마음에는 음란으로 가득하며, 또 어떤 사람은 시기와 질투심으로 가득하기도 합니다. 그런데 방언기도를 한다고 해서 이런 것들이 없어지거나 사라지겠습니까? 방언기도 유찬하게 한다고 성품이 변화된다고 생각했다면 고쳐먹는 것이 좋습니다. 마음으로 기도가 되어야 잠재의식이 정화되어 근본 성품이 변화되는 것입니다. 그래서 하나님은 "내가 만일 방언으로 기도하면 나의 영이 기도하거니와 나의 마음은 열매를 맺지 못하리라. 그러면 어떻게 할까 내가 영으로 기도하고 또 마음으로 기도하며 내가 영으로 찬송하고 또 마음으로 찬송하리라(고전 14:14-15)" 말씀하시는 것입니다.

우리는 자신의 육체가 유명을 달리하는 그 순간까지 이러한 나쁜 심성들이 잠재의식에 남아 있음을 알아야 합니다. 이것은 우리를 끝까지 괴롭히는 것들입니다. 그러므로 방언기도와 더불어 우리가 꼭 마음으로 해야 하는 기도는 내 연약한 심성을 고쳐달라는 기도입니다. 그리고 우리의 심성이 좋으신 예수님의 품성으로 바꾸어지기를 기도하는 것입니다. 내 자신이 성령으로 충만할 때면 내 안에 들어있는 나쁜 품성이 드러나지 않고 수면 아래에 가라 앉아 있겠지만, 성령 충만이 이내 식어지게 되면 수면 아래에 가라 앉아있던 나쁜 품성들이 점차 위로 올라오게 될 것입니다.

그런데 방언으로 기도한다고 해서 이런 품성이 사라지지 않음을 알아야 합니다. 자신이 인정하고 찾아서 고칠 때까지 고쳐지지 않습니다. 자신이 고쳐야 하는 것은 자신이 고쳐나가야 하는 것입니다. 자신의 나쁜 심성은 방언기도로 해결할 수 없습니다. 날마다 회개하고, 버리고, 죽음에 넘기 우는 수밖에 없습니다. 그래서 바울은 "형제들아 내가 그리스도 예수 우리 주 안에서 가진 바 너희에 대한 나의 자랑을 두고 단언하노니 나는 날마다 죽노라(고전 15:31)" 말한 것입니다. 우리의 육신의 생명이 끝나는 그날까지 우리의 나쁜 심성을 십자가에 못 박는 기도를 해야 하는 것입니다. 이것은 방언으로 기도해서 될 일이 아닙니다. 방언기도 유창하게 한다고 자만하지 말고 자신에게 좋지 못한 성품이 잠재의식에 있다고 생각하고 성령님께 질문하여 찾아서 정화시켜야 합니다. 찾아서 정화하기 전에게 절대로 자동으로 변화되지 못합니다.

여섯째, 주변 사람에게 본이 되는 방언기도를 하라. 방언기도를 유창하게 하는 만큼 변화되고 성화된 모습을 주변에 보여줘야 한다는 것입니다. 자신의 성품도 변해야 되고, 성령의 카리스마도 강해지고, 가정도 평안하여 천국이 되어야할 것입니다. 방언기도는 유창하게 하면서 보이는 행실과 환경이 본이 되지 못하는 분들이 있습니다. 며칠 전에 아무개 여 집사가 치유를 받겠다고 우울증으로 인사불성이 된 아들을 데리고 왔습니다. 오후집회 시간인데 말씀을 거의 전하고 기도시간이 되어서 온 것입니다. 아들의 우울증에 대한 자초지종은 며칠 전에 전화통화로 알고 있는 상태였습니다.

기도시간이 되었습니다. 첫 번째 안수를 하니까, 아무런 역사도 일어나지 않았습니다. 일단 기도를 어떻게 하라고 지시했습니다. 옆자리에서 엄마가 기도를 하는데 방언기도를 아주 유창하게 하는 것입니다. 그래서 "성령님! 이 여 집사가 방언기도를 유창하게 잘하지요." 그랬더니 성령님께서 감동하시기를 "자신의 상처가 있어서 마음이 답답하여 교회에 가서 해대는 방언기도를 하면 속이 후련해지니까, 몇 년 동안 자기만 살겠다고 그렇게 기도하다가 보니 해대는 방언기도가 잠재의식에 심겨진 것이란다. 자신의 마음에 평안을 찾는 것에 관심을 두고 방언기도를 해대다가 보니 가족에게 관심을 갖지 못해서 아들이 우울의 영이 역사하는 것도 모르고 방치하다가 우울증에 걸리니까, 지금 데리고 온 것이다. 치유하는데 시간이 걸릴 것이다." 그래서 "성령님! 그러면 어떻게 할까요?" "머리와 배에 안수를 해주어라." 그래서 우선 머리에 손을 얹고 안수를 했습니다. 기침을 사정없이 하면서 가래를 토해내는 것입니다. "아들을 저 모양으로 만든 더러운 역사는 정체를 밝히고 떠나가라." 아주 정신을 차리지 못할 정도로 기침을 해대면서 잠재의식에 역사하면서 답답하게 했던 귀신들이 떠나갑니다. 방언기도를 그렇게 유창하게 해도 더러운 귀신들이 떠나가지 않고 그대로 있었던 것입니다. 책을 읽는 분들은 방언기도하면 성령 세례 받은 것이라는 사람의 말을 잘 판단하시기를 바랍니다. 다른 사람 안수를 해주어야 하기 때문에 시간이 없어서 자나갔습니다.

다시 두 번째 안수 기도할 차례가 되었습니다. 그래도 여 집사는 방언기도를 유창하게 하고 있었습니다. 아들은 기도를 못하고 앉아있는 상태였습니다. "다시 여 집사의 명치끝에 손가락을 대고 아들을 저 모양으로 만든 장본인은 떠나가라. 명령했습니다. 그랬더니 배를 잡고 주저앉으면서 기침을 해대면서 귀신들이 떠나갔습니다." 다시 아들에게 가서 아들의 배에 손을 얹고 "이 아이를 우울하게 하는 더러운 영들은 정체를 밝혀라." 했더니 기침을 한동안 했습니다. 조금 있으니 얼굴에 웃음이 만연하고 밝아지는 것입니다. 필자가 직감적으로 아들을 우울하게 했던 것들은 엄마와 아들의 잠재의식에 역사하던 상처였다는 것을 깨닫게 되었습니다. 기도가 끝나고 엄마에게 방언기도를 그렇게 하지 말고 아랫배에서 올라오는 소리로 하라고 알려주었습니다. 그렇게 목으로 방언기도 하느니 차라리 아랫배에 의식을 두고 호흡을 들이쉬고 내쉬면서 주여! 하면서 기도하라고 했습니다. 시범적으로 하도록 했더니 숨을 쉬고 내쉴 때마다 기침을 하면서 잠재의식의 상처가 떠나갔습니다. 이렇게 방언기도를 유창하게 해도 잠재의식이 정화되지 않는 기도를 하니까, 가정에 역사하는 영들이 떠나가지 않고 문제를 일으키는 것입니다. 제발 방언기도 유창하게 하는 것으로 만족을 하지 말고 잠재의식이 정화되고 주님의 성품으로 변화되고 가정의 구성원들이 하나가 되는 방언기도를 하려고 하시기를 바랍니다. 방언기도 유창하게 하는 만큼 주변 사람들이 인정하는 믿음생활이 되도록 하시기를 바랍니다. 방언기도 유창하게 하는 것이 능사가 아닙니다. 방언 기도할 때 자신의 마음 안 성전에서 성령의 역사가 밖으로 분출되는 방언기도가 되어야 합니다.

충만한 교회는 매주 다른 과목을 가지고 매주 월-화-목(11:00-16:00)집회를 인도합니다. 무료집회입니다. 단 교재를 구입해야 입장이 가능합니다. 매주 다른 과목으로 집회를 합니다.

병원이나 세상 방법으로 해결하지 못하는 무슨 문제든지 해결을 받겠다는 믿음을 가지고 오시면 15가지 질병과 문제도 모두 치유 받습니다. 천국을 누리고 싶은 분은 믿음을 가지고 오시기만 하면 무슨 문제라도 치유되고 해결이 됩니다. 오시면 천국을 체험하고 누리며 살아가게 됩니다.

6장 최초 방언기도가 분출되게 하는 비결

(행 2:1-4)"오순절 날이 이미 이르매 그들이 다같이 한 곳에 모였더니, 홀연히 하늘로부터 급하고 강한 바람 같은 소리가 있어 그들이 앉은 온 집에 가득하며, 마치 불의 혀처럼 갈라지는 것들이 그들에게 보여 각 사람 위에 하나씩 임하여 있더니, 그들이 다 성령의 충만함을 받고 성령이 말하게 하심을 따라 다른 언어들로 말하기를 시작하니라."

하나님은 예수를 믿고 성령으로 거듭난 크리스천들이 성령으로 기도하기를 고대하고 계십니다. 우리 크리스천들이 바르게 알아야할 것은 예수를 믿는 순간 방언기도가 자신 안에 임하여 있다는 것을 아는 것이 중요합니다. 그래서 방언은 받는 것이 아니라, 자신 안에 이미 와있는 방언기도를 분출시키는 것입니다. 그런데 혼자 열심히 기도해서는 방언기도를 분출시키지 못합니다. 성령이 역사하는 장소에 가셔서 여럿이 함께 뜨겁게 소리를 발하면서 기도할 때 자신 안에 있는 성령으로부터 방언기도가 분출되는 것입니다. 절대로 방언기도는 혼자기도해서는 분출시키지 못합니다. 성령으로 충만한 사람들이 모여서 뜨겁게 통성으로 기도할 때 분출되는 것이 보통입니다.

필자가 최초 방언기도를 분출시킨 것은 군대에 있을 때입니다. 정말 그때 어렵고 곤고했습니다. 예수를 믿으면서도 하나님을 두려워하지 않는 지휘관 아래서 근무하면 모든 것이 뜻대로 되지 않아 힘이 들 때였습니다. 군대 교회에서 성령으로 충만한 목사님을 초청하여 부흥회를 했습니다. 낮에는 참석하지 못하고 밤에 참석을 했습니다. 당시 필자는 영적인 수준이 약해서 목사님이 하시는 말씀을 제대로 이해하지 못하고 그냥 아멘! 아멘! 하면서 들었습니다. 아멘! 아멘! 하면은 마음의 문이 열리기 때문에 아멘을 잘하면 은혜를 받습니다. 말씀을 약 1시간 정도 전하시고 드디어 기도하는 시간이 되었습니다. 강사 목사님이 통성으로 뜨겁게 기도해야 성령으로 충만 받을 수 있다고 하셨습니다. 안수를 받았는지 안 받았는지는 잘 기억이 나지 않습니다. 옆 사람들이 통성으로 기도를 했습니다. 그래서 그분들에게 지지 않으려고 목소리는 다해서 기도를 했습니다. 기도라고 해야, 주여! 주여! 할렐루야! 할렐루야! 입니다. 그렇게 한동안 소리를 내면서 기도를 했습니다.

저에게 이상한 변화가 나타나기 시작을 하는 것입니다. 입술이 뻣뻣해지고, 혀가 발리면서 말이 제대로 나오지를 않는 것입니다. 그러면서 뚜뚜두… 뚜뚜두… 랄랄라… 룰룰루… 하면서 생전 처음 듣는 이상한 소리가 나오는 것입니다. 막 눈에서는 눈물이 줄줄 흘렀습니다. 필자는 강팍하고 의지가 강하여 아버지가 돌아가셔도 눈물을 별로 흘리지 않은 것 같습니다. 그런데 부흥회에서 방언으로 기도하면서 눈물을 흘리며 울었습니다. 그렇게 기도하니 마음이 후련해지는 것 같았습니다. 당시 사단 일반 참모를 할 시기인데 시간이 날 때마다 성경을 읽었습니다. 성경을 읽을 때 마음 안에서 웅웅웅… 웅웅웅… 하면서 영의 소리가 나기도 했습니다. 성경을 읽으면서 이상한 현상에 의아해 하기도 여러 차례 했습니다. 그러나 근본 성품이나 환경은 변화되지 않았습니다.

변화된 것은 예배를 드리고 싶고, 기도가 하고 싶고 기도할 때 무슨 소리인지 모르는 소리로 기도했다는 것입니다. 최초 방언기도를 분출시키려면 성령이 강하게 역사하는 장소에 가셔서 뜨겁게 기도해야 합니다. 지금 성령의 역사는 하늘에서 임하는 것이 아닙니다. 성령 세례 받아 성령으로 충만한 사람 안에 임재 하여 계시기 때문입니다. 사람 안에 있는 성전에 좌정하고 계신 다는 말입니다. 하나님은 이렇게 말씀하십니다. "너희는 너희가 하나님의 성전인 것과 하나님의 성령이 너희 안에 계시는 것을 알지 못하느냐(고전 3:16)" 성령의 역사는 사람을 통하여 전이가 되는 것입니다. 그러므로 최초 자신 안에 성령으로 와 있는 방언기도가 분출되게 하려면 성령의 역사가 일어나는 장소로 가셔서 뜨겁게 기도를 해야 자신 안에 성전에 계시는 성령으로부터 방언기도가 분출되는 것입니다. 방언기도는 천국 언어입니다. 자신 안에 성전에서 올라오는 방언기도를 하려고 해야 합니다.

첫째, 최초로 방언기도를 분출시키는 방법. 최초 방언기도를 분출시키는 방법은 오직 한 가지뿐입니다. 간절히 사모하며 주야로 방언기도가 분출되는 소원을 위해 기도하는 것입니다. 은사 중에는 그 은사가 이미 임해 있는데도 본인이 그것을 모르고 있는 경우가 있습니다. 그러나 방언의 은사는 본인의 입으로 방언이 터져 나오는 것이기 때문에 은사가 분출되는 즉시 본인이 그것을 알게 됩니다. 방언은 반드시 기도하는 중에 분출되게 됩니다. 입 다물고 가만히 있는데 갑자기 방언이 분출되어 터져 나오는 일은 절대로 없습니다. 때문에, 평소 기도하지 않는 사람에게는 방언의 은사는 결코 분출되지 않습니다. 방언 그 자체가 기도하기 위한 은사이기 때문입니다. 예수님을 오래 믿고도 방언도를 분출시키지 못하는 크리스천은 대개는 소리내어 기도하지 않는 사람들입니다. 또, 은사는 선물이니 얌전하게 있어도 받을 수 있다는 보수적인 생각을 가진 사람들입니다.

방언의 은사는 속으로 묵상 기도를 할 때에도 분출되지 않습니다. 배에서 나오는 소리로 크게 소리 내어 외치며 기도할 때에 방언의 은사가 분출됩니다. 혼자서 기도할 때보다도 여러 사람이 한 자리에 모여 배에서 나오는 큰 소리를 내며 열정적으로 기도할 때에 방언의 은사는 더 잘 나타납니다.

그러므로 방언의 은사를 받고자 하는 사람은 될 수 있는 대로 배에서 나오는 큰 소리로 기도를 해야 하며, 기회가 있을 때마다 성령치유센터에 가거나. 금요 철야기도나, 교회에서 하는 성령

은사 치유집회 등에 자주 참석해서 모두들 배에서 나오는 큰 소리로 통성 기도를 할 때, 그 속에 끼어 힘을 다해 큰소리로 외치며 기도를 해야 합니다. 방언의 은사가 분출되게 해달라고 외치며 기도할 때 방언이 갑자기 터져 나오기도 하지만, 그 보다는 다른 것을 위한 기도를 배에서 나오는 소리로 정신없이 하고 있을 때 예기치 않게 방언이 터져 나오는 수가 많습니다.

둘째, 처음 방언은 어떻게 터져 나오는가? 입술이 비틀리거나 혀가 경련을 일으키거나, 혀가 굳어져 입천장에 올라붙거나, 하여간 발성 기관인 입술이나 혀에 갑작스런 이상이 생겨서 이상하고 묘한 소리가 튀어나옵니다. 이게 방언입니다. 방언의 은사가 임한 것입니다. 이때 주의할 것이 있습니다. 방언의 은사가 왔구나! 하고 입술과 혀의 움직임을 멈추면 안 됩니다. 계속 입술과 혀를 놀려야 합니다. 계속 입술과 혀를 움직여 소리를 내야 합니다. 성령님이 이끄시는 대로 따라해야 합니다.

다른 잡념을 물리치고 기도에 집중해야 합니다. 우리의 의식을 가장 크게 자극하는 감각은 '청각'입니다. 어떤 소리가 고막을 통과하면 그 소리는 잔잔한 호수에 돌을 던질 때 동그라미를 그리며 퍼져나가는 물결처럼 온 몸에 퍼져나갑니다. 우리의 의식 안에는 5만 가지의 생각이 꽉 들어 차 있습니다. 기도를 방해하는 것은 외부적인 요인보다는 이 5만 가지나 되는 생각들입니다. 기도하려고 눈을 감으면 온갖 생각들이 먼지처럼 일어납니다. 이 5만 잡생각을 잠재우는 손쉬운 방법은 어떤 '소리'를 물결처럼 의식 안에 공명시키는 방법입니다.

방언기도가 분출되는 것은 자신 안 성전에 계시는 하나님과 연결되는 때입니다. 그래서 방언기도를 분출시키려면 자신 안에 하나님께 몰입하고 집중해야 합니다. 우리의 의식은 날카롭고 불규칙적인 소리보다는 진동처럼 일정한 울림이 있는 소리에 훨씬 더 안정이 되고 집중이 됩니다. 울림이 있는 소리의 반복은 우리의 의식 속에서 신기하게도 수많은 생각들이나 언짢은 기분들이나 잡스러운 기운을 몰아내는 효과가 있습니다. 그래서 주여! 주여! 할렐루야! 할렐루야!하는 통성기도를 뜨겁게 해야 방언기도가 분출되는 것입니다.

배에서 올라오는 통성기도를 집중적으로 하다가 보면 어느 순간에 우리 입에서 우라라라라라라라…. 러러러러러러러러러러러…. 하는 소리가 흘러나옵니다. 이것이 방언입니다. 방언은 우리의 잠재의식을 정화시키고 안정시켜 하나님을 만나게 해주는 '청각 도구'입니다. 기도하다가 입에서 이상한 떨림 소리가 나오면 "아이고~ 나 미쳤나봐!" 하면서 입을 틀어막아버리지 마시고. 입에서 힘을 빼고 저절로 떨리도록 그냥 놔두시고 계속 기도하십시오. 우라라라라라라라…. 러러러러러러….하면서 입술을 맡기는 것입니다.

최초 방언기도를 분출하려면 있는 힘을 다해 큰 소리로 정신 없이 땀을 흘리며 정신나간 사람처럼 배에서 올라오는 소리를 질러대야 합니다. 이렇게 2분이고 5분이고 계속하고 나면 이제 방언의 은사하는 내 것이 된 것입니다. 그러나 이것으로 다 끝난 것은 아닙니다. 다음은 방언기도를 계속 해야 합니다. 시간 나는 대로 혼자 앉아서 소리를 내어 방언으로 기도를 해야 합니다. 또 여러 사람들이 모여 큰 소리로 통성 기도를 할 때, 특히 방언으로 기도를 할 때, 그 틈에 끼어 방언 기도를 열심 있게 해야 합니다. 절대로 주변 사람 의식하지 말고 막해야 합니다. 그래서 아무 때고 마음만 먹으면 방언을 자연스럽게 술술 나오도록 지속적으로 하는 것입니다. 어느 정도 소리 내는 방언기도가 숙달이 되면, 다음에는 그 소리에 내 마음의 간절함을 싣는 방언기도를 합니다. 이상한 소리만 내는 것이 방언 기도는 아닙니다. 마음속의 간절함을 그 소리에 실어 드리는 것이 방언 기도인 것입니다.

셋째, 방언을 받지 못하고 있는 사람들. 방언을 받기 위해 열심히 기도를 하며 노력은 하는데 방언을 받지 못하고 있는 사람들이 있습니다. 이들이 방언을 받지 못하고 있는 이유 중 가장 큰 것은 방언을 잘못 이해하고 있는데 있습니다. 아직 방언을 받지 못하고 있는 사람들 중에는 방언이란 시동을 걸어 놓은 자동차 엔진처럼, 가만히 있어도 방언이 저 혼자 나오는 것인 줄 알고 있는 사람들이 많은 것입니다. 그래서 "방언의 은사를 주시옵소서."하고 기도하고는 이제 입속에서 방언이 나오나 안 나오나 입 다물고 기다리고 있는 것입니다. 이렇게 해서는 방언의 은사는 받지 못합니다. 방언의 은사는 입술이나 혀에서 오는 것이 아니라 내 심령 속에 오는 것입니다. 처음 방언이 터져 나올 때, 입술이나 혀가 경련을 일으키거나 마비되거나 하는 것은 하나님께 이제부터 너에게 방언의 은사를 주노니 앞으로는 방언으로 기도를 해도 좋다고, 하시는 하나님의 신호인 것입니다. 이 하나님의 신호를 통해 내가 방언의 은사를 받았다는 사실을 알게 되면 그때부터는 내 힘으로, 나의 의지로 내 혀와 입술을 움직여 방언을 해야 하는 것입니다. 한마디로 말해서 방언은 가만히 있어도 저절로 입에서 술술 나오는 것이 아니라, 내가 의식적으로 소리를 내고 기도해야 하는 것입니다. 그럼, 어떻게 그게 하나님의 은사냐? 하고 물으실 분도 계시겠지만, 방언이란 소리가 아니라, 그 소리에 실려 올라가는 나의 영의 기도이기 때문입니다.

넷째, 방언은 소리에 그 뜻이 있지 않다. 아직 방언을 받지 못하고 있는 사람들 중 많은 사람들이, 그리고 방언을 이미 받아서 방언 기도를 하고 있는 사람들 중에서도, 적지 않은 사람들이 잘 못 알고 있는 것이 있는데, 그것은 방언할 때 내는 소리 그 자체에 뜻이 있을 것이란 생각입니다. 마치 인간들의 언어처럼 소리나 소리의 순서에 어떤 뜻을 가지고 있을 것이란 것입니다. 명확하게 말하지만, 방언 기도를 할 때 내는 그 소리 자체에는 아무 뜻도 없습니다. 랄랄랄… 하든 룰룰룰… 하든, 또 뭐라고 하던, 소리, 그 자체에는 아무 뜻도 없다는 말입니다. 저도 처음 방언을 받았을 때에는 소리 그 자체에 어떤 뜻이 있는 줄 알았습니다. 그러나 그 후, 그렇지 않다는 것을 깨달아 알게 되었습니다. 내가 방언으로 기도를 시작하면 나의 영이 하나님을 향해, 성령의 이끌림으로 영이 기도를 드리기 시작합니다. 그러니까 밤새도록 입으로는 랄랄랄랄⋯ 하고, 한 가지 소리만 하고 있어도, 기도하는 영은 하나님을 향해 온갖 내용의 기도를 다 드리고 있는 것입니다. 그렇다면, 방언 소리를 듣고 어떻게 그것을 통역하는가 하는 문제가 나옵니다. 이 문제는 방언 통역의 은사를 말할 때 자세히 이야기하기로 합니다.

방언 기도를 하는 사람들 중에는 그저 입술만 놀리고 뭐라고 소리만 내고 있으면 그것이 방언 기도인 줄 알고 있는 사람들도 있는데, 이것 또한 잘못된 생각입니다. 모든 기도는 기도하는 사람의 진정과 간절함과 뜨거운 열정이 있어야 합니다. 그래야 그것이 기도가 되는 것입니다. 입술로만 중언부언하는 기도는 기도가 아닙니다. 마찬가지로 혀와 입술만 움직여 이상한 소리만 낸다고 그것이 방언 기도는 아닙니다. 그 방언에 하나님을 향한 나의 진정과 간절함과 열정이 실려야 하는 것입니다.

다섯째, 방언 받고 조심해야 할 일. 방언의 은사가 열린 다음에 유지하기 위하여 방언으로 뜨겁게 기도해야 합니다. 많은 분들이 방언의 은사가 열려서 방언으로 기도를 합니다. 방언으로 기도하니 무슨 말을 하는지 모르니까 답답하단 말입니다. 계속 간구하는 기도를 하다가 랄랄랄랄… 하면서 방언으로 기도하니 답답합니다. 답답하니까 다시 생각하여 말로 기도를 합니다. 말로기도를 하다가 보니 방언의 은사가 소멸이 됩니다. 그러므로 방언의 은사를 받았으면 지속적으로 방언으로 기도를 해야 합니다.

방언으로 기도할 때 유의해야 할 사항은 반드시 호흡을 배꼽 아래까지 들이쉬고 내쉬면서 방언기도를 해야 성령이 자신을 완전하게 장악을 하게 됩니다. 세상 사람들은 깊은(단전)호흡을 한다고 돈을 주고 배우고 있습니다. 우리는 성령으로 방언기도를 하면서 복식호흡을 하는 것입니다. 이렇게 성령의 역사가 일어나는 방언기도를 해야 기도하면서 자신의 심령이 치유가 되는 것입니다. 이렇게 방언기도를 해야 영적으로 변합니다. 잘못하면 기도는 많이 하면서 구습이 변하지 않는 바리새인이 될 수가 있습니다.

방언은 가장 귀한 은사입니다. 방언은 나의 영이 하나님과 직접 교통하는 수단입니다. 방언은 이렇게 귀한 것이기 때문에 하나님은 믿는 사람 모두가 다 이 방언의 은사 받기를 원하십니다. 그렇긴 하지만, 한 가지 명심해야 할 것은 방언은 모든 은사 중 가장 낮은 은사라는 사실입니다. 가장 귀한 은사지만, 영적으로는 가장 낮은 수준의 은사입니다. 방언의 은사는 모든 신령한 것으로 통하는 문일 뿐입니다. 방언의 은사를 받았다는 것은 이제 내 앞에 신령한 영의 나라로 통하는 문이 막 열렸을 뿐이라는 뜻입니다.

우리가 이 은사를 받고 조심해야 할 첫째는 교만해져서는 안

된다는 것입니다. 모든 은사가 다 그렇지만, 방언도 내 노력으로
된 것이 아니고, 오직 하나님께서 은혜로 거저 주신 것이기 때
문에 결코 그것을 남들 앞에 자랑할 것이 못되는 것입니다. 천사
루시퍼는 자기의 그 아름다움으로 인해서 교만해졌습니다. 그는
자신의 아름다움이 하나님께서 주신 것이란 사실을 잊고 하나님
처럼 뭇 천사들의 찬양을 받으려고 하다가 하늘에서 쫓겨 마귀
가 되었습니다. 하나님께서 주신 것으로 인하여 교만해지는 것
은 그것이 바로 마귀의 마음인 것입니다. 교만은 마귀의 특성이
며, 교만하다는 것은 마귀를 닮았다는 것입니다.

　방언은 모든 신령한 것으로 통하는 문입니다. 이 은사 받아 더
욱 겸손해지고 경건한 생활을 하게 되면 차츰 하나님의 더욱 신
령한 세계가 눈앞에 펼쳐지기 시작합니다. 방언이 귀한 은사라는
것은 그것이 신령한 하나님이 세계로 들어가는 입구하는 점입니
다. 그러나 자칫 교만해져서 그것을 남에게 자랑을 하거나 경박
하게 사용하면 그 신령한 세계로 들어가는 문이 닫히고 맙니다.
하나님께서는 교만한 사람이 신령한 하나님의 세계로 들어오는
것을 원치 않으시기 때문입니다. 여럿이서 한 자리에 모여 방언
으로 기도를 할 때에 유념해야 할 것이 있습니다. 남들이 조용조
용 기도를 하면 나도 조용히 작은 소리로 기도를 하고, 모두들 큰
소리로 외치며 기도를 하면 나도 크게 외치며 기도를 합니다. 그
러나 사람들이 모두 조용히 기도를 하는데 혼자서 큰 소리로 외
쳐대는 것은 옳은 태도가 아닙니다. 어느 작은 교회의 새벽기도

시간이었습니다. 모두들 조용히 소곤소곤 기도를 하는데, 근처에 사는 다른 교회 성도들이 몇 사람 와서 큰 소리로 방언을 외쳐대는 바람에 그만 그 교회의 경건하고 조용한 새벽기도 분위기가 엉망이 되고 말았습니다. 이렇게 자기만 생각하고 외쳐대는 방언은 결코 하나님께서 기쁘게 받아 주시지 않습니다.

　방언을 잘 하는 사람들끼리 한 자리에 모여 방언 기도를 하면 처음에는 마음 속으로 조용조용 시작하다가 차츰 기도 분위기가 고조되기 시작하면 모두들 힘을 다해 외쳐대다가 다시 낮아지기 시작해서 조용해지고, 그러다가 또다시 고조되기 시작하면 모두들 있는 힘을 다해 외쳐댑니다. 여럿이서 한 자리에 모여 기도할 때에는 이렇게 높게 낮게 파도를 타면서 때로는 격렬하게 때로는 잔잔하게 기도를 해 나갑니다. 이렇게 기도를 해 나가면 어느덧 서로의 마음이 하나가 되고, 각자의 영이 하나로 융합이 되고, 각기 외쳐대는 기도의 내용이 하나가 됩니다.

　그리고 놀라운 기도의 응답이 나타납니다. 거듭 말하거니와, 방언을 받았다는 것은 이제 하나님의 신령한 세계를 체험하기 시작했다는 것을 뜻합니다. 하나님의 신령한 세계를 체험하기 시작했다는 것은 귀로만 듣고 알던 하나님을 이제는 직접 체험하게 되었다는 것을 뜻합니다. 열려라 참깨! 하면 보물을 가득히 숨겨 둔 바위 문이 열리듯, 방언을 말하면 놀라운 보화가 가득 숨겨진 신비한 하늘나라의 문이 내 앞에 스르르 열리기 시작하는 것입니다.

7장 카리스마가 분출되는 고급 방언하는 비결

(고전 14:39-40)"그런즉 내 형제들아 예언하기를 사모
하며 방언 말하기를 금하지 말라. 모든 것을 품위 있게 하고
질서 있게 하라"

하나님은 크리스천들이 방언기도를 하되 성령으로 자신의 마
음 안에 있는 성전에서 분출되는 방언기도하기를 원하십니다.
왜, 방언을 말하느냐고 사람들이 묻습니다. 그 대답은 방언을 말
하게 되면 내가 성령으로 충만했다는 확증이 마음속에 생겨나기
때문입니다. 필자도 성령세례 받기 위해서 오랫동안 기도를 했습
니다. 어떤 날은 성령이 충만한 것 같아서 기분이 매우 좋다가 어
떤 날은 기운이 스산하고 괴로울 때는 '아~ 성령 안 받았구나!' 하
루에도 몇 번이나 성령 받은 것 같기도 하고 안 받은 것 같기도 하
고 그러다가 제가 방언을 말하기 시작하자 비로소 마음속에 확증
이 생겼습니다. 사도들이 성령 받고 방언 말한 것처럼 나도 방언
을 말했으니 기분이 좋든 나쁘든 날이 맑은 날이나 날이 흐린 날
이나 나는 성령 받은 사람이다. 왜, 그 증거가 내 입에서 나오는
방언이 있지 않느냐. 그래서 방언을 말하면 성령세례를 받았다는
확실한 증거를 가지고 의심하지 않고 믿음으로 나갈 수가 있기
때문입니다. 그러나 꼭 방언기도를 해야 성령으로 세례를 받았다
고 단정할 수가 없습니다. 성령으로 세례를 받았어도 방언기도

못하는 크리스천이 많이 있습니다. 방언기도 하지 못한다고 의기소침할 필요가 없습니다.

방언기도는 알아듣는 자가 없습니다. 내가 방언을 해도 나도 못 알아듣으니까. 내 마음이 하는 것이 아니라 내 영이 성령으로 더불어 하나님께 기도하고 그것은 하나님과 우리 사람 사이에 비밀의 기도이기 때문에 사탄도 알아듣지 못합니다. 비밀이란 누가 알아들으면 비밀이 안 됩니다. 공개된 것입니다. 방언기도만은 내 마음도 알아듣지 못하고 사탄도 알아듣지 못합니다. 비밀하게 하나님과 교통하는 것입니다.

요사이 젊은이들이 말하는 것을 들으면 사실 못 알아듣는 말이 많이 있습니다. 우리 어른들에게는 비밀스러운 말입니다. 젊은이들은 선생님을 요사이 '샘'이라고 말하고 있습니다. 정말 좋다. 최고 다는 표현으로는 '짱'이라고 말합니다. 그래서 얼굴이 예쁘면 '얼 짱' 몸이 좋으면 '몸 짱' 그렇게 말합니다. 우리가 알아들을 수 없습니다. 그리고 반가워요 하는 말은 '방가' 그렇게 말합니다. 그리고 '썰렁하다'하면 재미없다는 말입니다. '얄딱꾸리하다'는 것은 이상하다는 말인 것입니다. '열 받는다. 뚜껑이 열린다'는 것은 화가 난다는 말입니다. '초딩, 중딩, 고딩'하면 초등학교, 중등학교, 고등학교라는 것입니다. 알아들을 수가 없습니다. 자기들끼리 비밀을 말하는 것입니다. 컴퓨터 채팅을 하거나 핸드폰으로 문자를 보내는 것을 보면 기가 막힙니다. 글자는 하나도 없고 기호나 그림 같은 것을 서로 주고받는데 저 같은 사람이 보면 그게

글인지 그림인지 도무지 알 수가 없습니다. 그런데도 젊은이들끼리는 서로 잘 통합니다. 왜 그렇습니까? 그것은 그들만이 주고받는 언어이기 때문입니다.

이처럼 우리가 방언을 말하면 우리와 하나님 사이에만 통하는 말이 됩니다. 우리의 영은 우리의 사정을 알기 때문에 마귀가 알아듣지 못하게 하나님께 우리를 위해서 간절히 기도를 해주는 것입니다. 사탄이 알면 미리 가서 다 방해를 하기 때문에 안 됩니다. 우리가 말로 하면 마귀가 알아듣고서 미리 훼방을 놓을 수 있지만 우리의 영이 마귀도 알아듣지 못하고 우리 마음도 알아듣지 못하게 우리의 속사정을 하나님께 방언으로 다 아뢰면 하나님이 알아들으시고 우리를 위해서 역사해 주기 때문에 마귀도 속수무책이고 훼방할 수가 없게 되는 것입니다. 그러므로 하나님과 비밀적인 언어로써 기도한다는 것은 굉장히 중요하고 그 비밀의 언어가 바로 방언인 것입니다.

첫째, 잠재의식이 정화되는 방언기도를 하라. 그 사람의 현재 말하고 추구하고 행동하는 모든 것들이 잠재의식에서 나오는 것이 90%라고 합니다. 그렇기 때문에 카리스마가 불출되는 고급방언을 하려면 잠재의식을 생명의 말씀과 성령으로 정화해야 합니다. 잠재의식이 정화되는 방언기도가 되려면 자신 안에 성전에서 성령으로 방언기도가 분출되어야 합니다.

이사야 28장 11절로 12절을 읽어 보겠습니다. "그러므로 생소한 입술과 다른 방언으로 이 백성에게 말씀하시리라 전에 그들에게 이르시기를 이것이 너희 안식이요, 이것이 너희 상쾌함이니 너희는 곤비한 자에게 안식을 주라 하셨으나 그들이 듣지 아니하였으므로" 생소한 입술과 다른 방언이라고 말한 것입니다. 생소한 입술을 영어로는 "스테머링 립스"라고 하는데 푸~우 하는 이것이 생소한 입술입니다. 어떠한 사람은 방언한다고 하면서 '따따따따따… 뚜뚜뚜뚜…'하는 사람이 있습니다. "저게 무슨 소리냐. 저게 무슨 방언이냐?" 그러나 생소한 입술입니다. 성령이 오시면 방언을 말할 때 그렇게 우리가 듣기에는 입술 떠는 어린 아이의 소리 같지만 그러나 그것도 하나님이 우리에게 말씀하시는 일종의 방법인 것입니다.

생소한 입술과 다른 방언으로 이 백성에게 말씀하시리라. 전에 그들에게 이르시기를 이것이 너희 안식이요 이것이 너희 상쾌함이라고 말한 것입니다. 방언은 우리에게 안식을 주고 우리에게 상쾌함을 준다고 말하고 있는 것입니다. 오늘날 많은 사람들은 마음에 상쾌함이 없고 여유와 기쁨을 잃은 채로 살아갑니다. 스트레스를 받아서 마음에 병이 들어차고 염려, 근심, 불안, 초조, 절망이 가득 들어찹니다. 아무리해도 마음에 다가오는 불안과 공포, 염려가 사라지지 않습니다. 오늘날 같이 경제적으로 어렵고 내일을 바라볼 수 없는 불안에 쌓였을 때 모든 사람들은 스트레스에 처해 있고 즐거움이 없습니다. 슬픔이 꽉 들어차고 조금만 잘못하면 서로 분쟁을 하고 논쟁을 하게 되는 것입니다.

어떻게 하면 우리는 이 마음속에 깊이 있는 스트레스 염려, 근심, 불안, 초조, 절망에서 해방되어 마음에 상쾌함을 가지고 평안을 얻을 수가 있겠습니까? 오늘날 우리 모든 사람들은 가슴속에 벽장을 가지고 있습니다. 심리학자들은 말하기를 우리는 현재의식과 잠재의식이 있는데 우리가 깨닫지 못하는 우리의 의식 10분의 9가 잠재의식이라고 말합니다. 우리가 이 세상에서 당하는 염려, 근심, 불안, 초조, 절망, 고통을 현재에 감당하지 못하니까 전부 잠재의식 속에 밀어 넣습니다. 마음의 다락 속에 모두 다 밀어 넣어 놓고 있습니다. 마음의 다락 속에 밀어 넣은 염려, 근심, 불안, 초조, 절망, 고통, 괴로움이 냄새를 풍깁니다. 아무 일도 없는 것 같은데 냄새가 납니다. 마음에 슬프고 고통스럽고 혹은 머리가 아프고 관절염이 다가오고 가슴이 두근거리고 소화가 안 됩니다. 그런데 아무 이유가 없습니다. 왜 그럴까? 왜 그럴까? 왜 그럴까? 사람들은 그 마음속에 다락 속에서 이러한 모든 것들이 부패하고 썩어져가고 있다는 것을 모르고 있는 것입니다. 시골에 가면 우물물이 아주 맑고 좋습니다. 그러나 비가 오고 난 다음 우물물을 들여다보면 기름띠가 올라와서 누렇게 기름이 물에 둥실둥실 떠있습니다. 왜 그럴까요? 보통 때는 안 그런데 비가 와서 물이 많이 차여오고 우물물이 높아지니까 우물 밑에 있는 것이 솟아오릅니다. 그래서 우물을 청소해보면 애들이 고양이 죽인 것도 우물에 던져놓고, 강아지 죽인 것도 던져 넣고 신발도 던져 넣고 이런 것이 다 가라앉아서 보통 때는 없는 것 같지만 물이 불어나니까 이것이 떠오르기 시작하는 것입니다. 우리의 마음속에 있는 다락 즉, 잠재의식 속에 상처 입은 모든 것들이 어떻게 청소될 수 있습니까? 우리가 현재 생각하기 싫은 것은 전부다 밀어 넣고 있습니다. 나는 잊어 버렸다고 하지만 잊어버린 것은 하나도 없습니다. 모두다 우리의 잠재의식 속에 밀어 넣고 있는 것입니다. 이것을 청소할 수 있는 길이 어디 있습니까?

요사이는 정신분석학자나 심리학사를 찾아가서 꿈 해석을 해주고 여러 가지 질문을 해서 속에 감추인 것을 풀어내 주어서 마음을 고치고 마음으로 말미암아 다가온 질병들을 고치려고 합니다. 그러나 방언으로 기도하면 방언은 우리가 알지 못하는 말로써 우리 영이 우리 마음의 다락 속에 들어가서 청소해 주는 것입니다. 성령이 방언이란 빗자루를 들고 들어가서 우리의 마음속에 있는 잠재의식 속에 있는 모든 불안, 초조, 절망, 미움, 원한, 상처 입은 것을 다 쓸어서 청산해 주는 것입니다. 그렇기 때문에 쾌쾌한 냄새가 없어지는 것입니다. 마음이 평안해지고 상쾌해지는 것입니다. 방언기도를 오래하면 마음이 상쾌해지고 날이 갈 듯이 기뻐지는 것은 아주 어두컴컴한 방에 썩어져가는 것이 잔뜩 있던 것들을 청소하고 나면 방안이 상쾌해지고 즐거워지는 것과 똑같은 것입니다. 내 마음의 다락이 청소가 되고 깨끗해지면 마음속에서 향기가 나고 즐거움이 있습니다.

둘째, 하나님께 몰입하고 집중하는 방언기도를 하라. 성령의 이끌림을 받아 자신 안에 성전에 들어가 하나님께 몰입 집중하는 방언기도가 되어야 카리스마가 분출되는 것입니다. 몰입상태는 일종의 의식과 무의식의 경계면인 가수면 상태에서 나오는 아이디어의 세계라고 할 수 있습니다. 대부분 필자가 예배드리거나, 기도하거나, 영적인 글을 쓰거나, 성경을 가르치거나, 성령 사역할 때, 1분 이내로 들어갈 수 있는 상태는 성령의 이끌림을 받는 하나님의 임재상태입니다. 몰입상태와 임재상태와 조금은 비슷합니다. 그런데 방언기도를 인간적으로 몰입하여 하지 말고, 성령의 이끌림을 받아 하나님께서 임재하신 상태로 몰입하라는 것입니다. 솔직하게 성령님의 이끌림으로 하나님의 임재가 이끄는 몰입이 되어야지, 한 개인의 몰입으로 기도하니 트렌스 현상과 비슷한 형상이 일어나는 것입니다. 트렌스 현상은 2부에 자세하게 설명이 됩니다.

몰입은 주로 방언기도 대상인 하나님에 대한 극도의 집중상태입니다. 대부분 호흡하는 사람 안에는 창조주 하나님의 성품이 담겨있기에 인간적인 몰입은 간접적인 하나님의 체험입니다. 부분적이고, 제한적인 능력체험들입니다. 하지만, 성령의 이끌림으로 창조주 하나님 그분 안으로 들어가는 임재체험은 그분의 모든 것 안으로 하나 되는 연합한 상태의 체험입니다. 인간적인 몰입체험은 부분적으로 하나님 아는 체험이고, 성령의 이끌림을 받는 하나님 임재체험은 전부되신 하나님을 입체적으로 만나는 체험입니다. 성령의 이끌림으로 방언기도에 몰입하여 하나님의 임재

체험을 하라는 것입니다.

깊은 몰입상태에서는 탁월성이 나오게 됩니다. 극도의 이완상태이기에 몸도 마음도 자유 함을 느끼고, 수많은 행복호르몬들이 나오게 됩니다. 이 몰입상태가 지속되면, 깨달음의 순간, 대각의 순간 감동의 순간을 경험합니다. 핵폭발과 같은 내면속의 하나님의 초자연적인 에너지가 깨여나고, 극도의 연합된 초자연적인 자아가 활동하게 됩니다. 이 초사연적인 상태에서는 모든 오감들이, 세포들이 깨여납니다.

성령으로 말미암지 않으면 동물적 감각들이, 초능력들과 텔레파시, 투시 등 다양한 마귀적인 능력들이 생겨날 수가 있습니다. 그래서 방언기도는 조심해야 한다는 것입니다. 대부분 타종교 기적사역하시는 분들은 이러한 극도의 몰입상태에서 주로 사역하시는 분들입니다. 그러나 성령사역자들은 성령의 이끌림을 받는 몰입 상태에 들어가야 내적치유도, 귀신축사도, 강력한 성령사역도, 능력사역도 나타납니다. 성령사역하시는 분들은 이렇게 성령의 이끌림을 받는 몰입상태에 들어가 사역을 해야 합니다. 그런 깊은 영성을 개발하여 분출해야 합니다. 그런데, 요즘 예배에서는 이렇게 깊은 몰입예배로 인도하시는 예배인도자분들이 별로 없어서, 조금은 아쉽습니다. 필자는 이런 몰입 상태에서 예배와 집회를 인도하고 있습니다. 그래서 주일날도 강력한 성령의 역사로 내적치유도, 귀신축사도, 강력한 성령사역도, 능력의 역사로 일어납니다.

여기에서 실제적인 영적인 현상을 설명하겠습니다. 대부분 타종교나 수련법들은 몰입상태가 행복한데, 끝나면 바로 급속도로 우울해집니다. 일반 기독교 부흥회, 성령집회도 마찬가지입니다. 이는 인간적인 몰입이기 때문입니다. 인간적인 몰입은 일시적인 쾌락이나 기쁨을 얻는 것과 마찬가지이기 때문입니다. 트랜스 현상으로 잠시 은혜가 된 것입니다. 그래서 방언기도를 할 때는 충만하고 기분이 좋아졌는데 집으로 돌아가 몇 시간 지나면 전과 동일한 것입니다.

진짜로 가장 행복한 순간은 하나님의 임재로 몰입된 상태로 하는 자신 안에 성전에서 올라오는 성령으로 하는 방언기도입니다. 일대일로 진리의 말씀되신 하나님과 하나가 되어 사랑의 데이트가 가장 행복한 것입니다. 자신 안의 성전에서 분출되는 카리스마가 영원한 것입니다. 자신 안에서 은혜가 흘러넘치는 것입니다. 그래서 하나님은 이렇게 말씀하시는 것입니다. "내가 주는 물을 마시는 자는 영원히 목마르지 아니하리니 내가 주는 물은 그 속에서 영생하도록 솟아나는 샘물이 되리라(요 4:14)" 이렇게 자신 안에서 영생하도록 솟아나는 방언기도를 하라는 것입니다.

귀신 쫓고, 걷지 못하는 자 일어나고, 시각 장애인이 눈을 뜨는 기적, 천국 경험들 솔직히 오래 못 갑니다. 모두다 일시적인 것입니다. 많은 사람들이 죽을병 걸려서 고통당하다가 기도해서 병나았는데, 하나님 떠나는 경우가 있는 것입니다. 인간안의 이기심은 끝이 없습니다. 종교적 대각성, 영적 체험, 기적 행함들! 충분히 인간적으로 몰입하면 생겨날 수가 있습니다.

하지만, 대상에 대한 몰입이 주는 행복 너머에 진짜 영원한 진리 되신 하나님을 향한 멈추지 않는 사랑이 없다면, 헛것입니다. 예수님의 사랑을 떠난 대상에 대한 몰입은 자칫 자기 열심으로 구원을 이루려는 인간적인 것으로 종교적 행위적 열심만 남을 수도 있으니 주의하지 않으면 안 됩니다. 하나님과 상관이 없을 수가 있다는 말입니다. 우리는 참된 예수님의 사랑이 되고 싶어야 합니다. 하나님 앞에 부끄러움 없는 예배자가 되고 싶어야 합니다. 예수님을 향한 그 간절한 목마름만이, 사랑만이 내 삶의 흔적으로, 페이지로 남기를 바라야 합니다. 우리는 이런 방언기도를 해야 합니다. 성령의 이끌림을 받아 자신 안에 하나님께서 자신을 통하여 밖으로 나타나는 방언기도가 되어야 합니다.

셋째, 성령으로 성전에서 분출되는 방언 기도하는 비결. 바람은 자도 파도는 친다는 말이 있습니다. 우리는 아무리 깊이 잠들어도 쉼 없이 머리칼이 자라고 있으며 심장은 계속 뛰고 있습니다. 이는 우리 표면 의식이 잠들어도 잠재의식은 항상 깨어 있는 상태로 양쪽(표면 의식과 현제의식)으로 열려 있어서 현제의식에서 오는 생명의 에너지가 잠재의식을 통해 작용하기 때문입니다. 잠재의식이 깨끗하면 잠재의식에서 생명의 에너지가 그대로 현제의식에 반영되어 하나님의 뜻에 부합된 삶을 살아가게 되는 것입니다. 그러나 반대가 되는 경우도 많습니다. 그렇기 때문에 성전에서 분출되는 방언기도로 잠재의식을 정화하는 것입니다. 잠재의식의 정화는 아주 중요합니다.

마찬가지 현상이 간절한 소원에서도 일어납니다. 우리가 누구를 간절하게 사랑하게 되면 비록 의식이 잠들더라도 잠재의식은 깨어 있어서 꿈에서까지 사랑하는 사람을 보게 됩니다. 그러므로 간절한 소원은 잠재의식에 새겨지게 되므로 아무리 표면의식이 잠들어도 그 메시지는 잠재의식의 작용에 의해 과녁을 향해 날아가는 화살과 같이 잠재의식과 현제의식 사이에 연결된 통로를 통해 흘러가게 됩니다.

그런데 여기에 문제가 하나 있습니다. 잠재의식과 현제의식을 연결하고 있는 마음의 통로에 부정적인 마음이나 증오나 저주, 탐욕 같은 어두운 마음이 있다면 그 어두운 마음이 장벽이 되어 간절한 메시지가 한마음에 도달되지 못하고 가로막히게 됩니다. 설사 현제의식에 메시지가 전달되더라도 한마음에서 나오는 에너지는 어두운 마음의 장벽에 가로막혀 극히 일부만이 외부로 발현될 뿐입니다. 잠재의식의 정화가 정말로 중요합니다. 잠재의식은 무식한 능력이 될 수가 있기 때문입니다. 잠재의식의 정화 없이는 마음성전에서 성령으로 분출되는 방언기도가 되지를 않습니다.

그러므로 간절한 소원을 성취시키기 위해선 우선 내 마음속의 어두운 마음들을 제거하는 일이 시급한 실정입니다. 그렇지 않고서는 아무리 열과 성의를 다하여 무시로 기도를 한다 해도 무주공산(無主空山)이 될 공산이 큽니다. 그래서 선각자들은 다음과

같은 난제를 화두로 잡게 됩니다. '소원을 성취시키는 동시에 마음을 정화시키는 방법이 없을까?'

　비행기가 초음속으로 공기를 가르며 날 때면 대단히 큰 소음이 실내로 들어옵니다. 그러면 이 소음과 정확하게 반대되는 음파를 객실에 투사하면 시끄러운 소음이 일거에 소멸된다고 합니다. 이를 '반소음파에 의한 소음제거방법'이라고 합니다. 기도가 성취되는데 가장 방해되는 요인은 바로 매사에 부정적인 마음, 냉정한 마음들입니다. 그리고 이 마음들의 공통점은 바로 어두운 마음입니다. 그렇다면 어두운 마음의 반대되는 마음이 무엇이겠습니까. 바로 밝은 마음입니다. 하나님의 자비와 평화와 범사에 감사하고 매사에 겸손한 마음들이 바로 밝은 마음입니다. 밝은 마음은 성령으로 분출되는 방언기도로 채워질 수가 있습니다.

　잠재의식을 정화하여 밝은 예수님의 마음을 만들기 위하여 성전에서 분출되는 방언기도를 하는 것입니다. 하는 방법은 자신의 배꼽아래에 의식을 둡니다. 마음으로 예수님을 생각합니다. 방언하는 기도소리에 집중을 하면서 기도합니다. 기도하기 전에 자신 안에 성전이 있다는 믿음이 중요합니다. 자신 안에 있는 성전에서 성령으로 방언기도가 분출되어야 한다는 의식을 가지고 있어야 합니다. 잠재의식의 선조들로부터 자신에 이르기까지의 발자취들이 자신의 방언기도를 방해할 수가 있다는 것을 알고 잠재의식의 정화에 관심을 가져야 합니다. 영적인 기본이 되어 있어야 성전에서 분출되는 방언기도를 할 수가 있습니다.

호흡법을 활용하는 것이 좋습니다. 왜냐하면 호흡을 함으로써 자신의 마음이 열려서 성령께서 혼(이성)을 뚫고 육을 거쳐서 분출되면서 자신의 전인격을 지배하고 장악하시기 때문입니다. 지속적으로 사심 없이(인간적인 생각 없이) 방언기도를 합니다. 방언기도 속에 어떤 바람을 섞는다면 그것은 성령께서 하시는 방언기도가 아니기 때문입니다. 밥 먹을 때 밥만 먹고 잠잘 때 잠만 자듯이 오직 방언기도만 할 뿐입니다.

왜냐하면 자신의 소원을 가지고 기도하게 되면 내가 잠을 자든지 방언기도를 하든지 상관없이 시위를 떠난 화살처럼 현재의 식으로 나타나기 때문에 성령으로 성전에서 분출되는 방언기도가 될 수가 없습니다. 단지 우리는 날아가는 화살이 마음 장벽에 가로막히지 않게 그 마음을 성령님께 열어드리면 되는 것입니다. 그러므로 성령으로 하는 방언기도는 그동안 어두운 마음의 장벽에 가로막혔던 하나님의 간절한 소원을 직통으로 자신의 마음에 전달되게 도울 뿐만 아니라, 마음에서 발현되는 초자연적인 에너지 또한 막힘없이 외부로 발산되게 도와줍니다. 지속적으로 방언기도 소리에 집중하면서 기도하면 어느날 자신의 성전에서 성령으로 분출되는 방언기도가 될 것입니다. 이렇게 되어야 방언기도하면 할수록 자신의 전인격이 변화되고 자신 안에서 예수님의 마음이 흘러나오 초자연적인 카리스마가 분출되는 것입니다. 주변 사람들이 자신을 볼 때에 완전하게 딴사람이 된 것과 같이 변화되는 것입니다.

8장 성전에서 카리스마가 분출되는 방언하는 기술

(고전 2:10-12)"오직 하나님이 성령으로 이것을 우리에게 보이셨으니 성령은 모든 것 곧 하나님의 깊은 것까지도 통달하시느니라. 사람의 일을 사람의 속에 있는 영 외에 누가 알리요 이와 같이 하나님의 일도 하나님의 영 외에는 아무도 알지 못하느니라. 우리가 세상의 영을 받지 아니하고 오직 하나님으로부터 온 영을 받았으니 이는 우리로 하여금 하나님께서 우리에게 은혜로 주신 것들을 알게 하려 하심이라."

하나님은 예수를 믿는 크리스천들이 모두 성령으로 세례를 받고 자신 안에 있는 성전에서 성령으로 분출되는 방언기도를 원하십니다. 그래서 무턱대고 기도하거나 신앙생활을 하는 것 보다, 이러한 영적 원리를 알고, 영성 훈련과 기도 훈련을 하게 되면 보다 빠른 시일 내에 어느 수준까지 영적 지각의 개발이 가능 한 것입니다. 그래서 바른 영적이고 깨어있고 체험 있는 지도자를 만나는 것이 중요합니다. 영적인 지도자가 영적인 원리를 바르게 설명하여 이해시키고 체험하게 하므로 혼이 이해를 하고 받아들이니 영이 자꾸 깨어나 휘하에 있는 성도들의 믿음이 자라는 것입니다. 따라서 강력한 능력도 좀 더 빠르고 쉽게 이끌어낼 수가 것입니다.

방언은 일반적으로 많이 주어지고 또 흔하기 때문에 은사 중에서 조금 경홀히 취급되거나 스스로도 별로 소중하게 여기지 않는 경향이 있습니다. 그러나 아닙니다. 결코 아닙니다. 하나님이 주신 은사 중에 귀하지 않은 것이 어디 있겠습니까마는 능력적인 은사 중 가장 기초적이며, 또한 반드시 필요한 것이 방언의 은사입니다. 반드시 그렇지는 않겠지만 대부분의 은사들은 이 방언의 은사의 기초위에서 열려져가고 깊어져 갑니다. 방언의 은사 없이는 어렵습니다. 방언은 모든 은사 세계의 열림의 영적 능력의 원자로와 같은 것입니다.

예를 들면 은과 금이나 보리나 쌀 중에 어느 것이 귀하냐고 물으면 은과 금이라고 대답하실 것입니다. 그러나 조금만 깊이 생각해보면 아닙니다. 은과 금은 그 희귀성 때문에 귀한 것으로 여겨지는 것이지 정작 더 소중한 것은 쌀과 보리입니다. 은과 금은 없어도 죽지 않지만 쌀과 보리는 없으면 우리의 생명을 유지하기 어려우니까요. 그러므로 흔하고 많은 것들을 우리는 별 대수롭지 않게 여기는 경향성이 있지만 아닙니다. 정작 우리에게 필요하고 중요한 것이기에 하나님이 많이 주시는 것입니다. 방언의 경우도 마찬가지라고 생각하시면 됩니다. 필요하고 중요하고 기초가 되는 것이기에 은사로 많이 주시는 것입니다.

첫째, 왜 마음 성전에서 성령으로 방언기도를 해야 할까. 원래 방언이란 말은 지방사투리를 의미하지만 언제부터인지 종교에서는 일정한 소리를 반복 기도하는 행위를 말합니다. 대부분 혀를 빠르게 움직여 말하듯 발음하거나 노래로 부릅니다. 영어에서는 혀라는 영어단어의 복수 즉 '텅스Tongues' 라고 합니다. 실제로 방언은 정확하게 규명된 뜻이 없기 때문에 언어라고 정의할 수가 없습니다. 남미 아마존강 유역에서 고립된 원시인처럼 사는 원주민이 코카인에 취해 병자를 치유하는 동영상을 보면 모두 한 결 같이 방언을 합니다. 이런 점으로 보아 방언은 종교이전부터 이미 인류가 해왔나고 봅니다. 지금도 신 내렸다는 무속인들의 방언과 같은 맥락입니다. 이런 원시적 방언은 곧 종교로 이어져 이슬람교, 힌두교, 불교 등에서 널리 하고 있습니다. 우리 기독교 경우는 성경에서 장려 할 정도입니다.

그러면 왜 일부 종교인들은 방언에 심취할까요? 방언기도를 하고 나면 짓눌렸던 마음이 평온해지고, 경우에 따라서는 어떤 문제의 해답을 얻었다고도 말합니다. 이 때문에 신자들은 방언을 한번 체험하고 나면 자기가 믿는 하나님과 대화를 했으므로 자신은 하나님과 특별한 관계라고 믿습니다.

어떤 목회자들은 방언기도야말로 성령의 은사 중 하나이며, 은사에 따라 삶이 달라진다고 강조합니다. 특히 '오순절'은 시종일관 방언으로 예식을 치릅니다. 그런가 하면 방언에 대한 비난도 많습니다. 왜냐하면 방언을 한다고 해도 특별히 인성(인간성)에 변화가 없으며 오히려 개인 의견을 신의 뜻이라고 믿기 때문에 방언은 100% 거짓 언어이며 악령의 소행이라고 단정하려고 합니다. 이래서 종교계는 방언에 대한 설전이 그치지 않습니다.

과학은 방언을 어떻게 정의할까요? 물론 과학이 방언을 집중 분석하여 어떤 과학적 결론을 내렸다는 소리는 듣지 못했습니다. 하지만 우리는 과학적인 상식으로 방언은 언어가 아니라는 결론을 내릴 수 있습니다. 왜냐하면 언어는 대화로 이어지지만 방언은 대화가 성립되지 않기 때문입니다.

언어는 100% 두뇌서 구성됩니다. 그러면 언어가 아닌 방언을 하려면 두뇌에는 어떠한 반응이 나타날까요? 미국서 뇌파측정 수면뇌피(EEG)기구를 이용해서 여러 명의 신자가 방언할 때 조사한 결과 오른쪽 귀 뒤에 있는 측두부뇌(Temporal)에서 장파인 알파파(7- 12Hz)가 집중적으로 검출됐다고 합니다. 이 파장은 깊은 영의기도나 깊은 수면에 빠졌을 때 나타나는 현상과 같은 파장입니다. 물론 일상대화를 할 때는 그런 장파는 나타나지 않는 것이 보통입니다. 이와 같이 과학이 밝힐 수 있는 기술은 방언을 하면 뇌의 어느 부분이 활성화 된다는 현상 정도지 방언의 본질을 캐어내지는 못했습니다. 인간이 신적인 것을 알아낸 다는 것이 불가능하기 때문입니다.

그러면 방언 현상을 더 깊이 알 방법은 없을까요? 이를 위해서는 뇌파를 해독할 수 있어야 하는데 현재는 과학이 밝혀낸 두뇌에 관한 자료들을 분석해 추론할 수밖에 없습니다. 과학은 많은 노력을 하지만 뇌의 지도에서 부위마다 나타나는 반응을 감지할 수 있을 뿐입니다. 이 정도도 21세기 들어와서 뇌를 입체로 찍을 수 있는 MRI같은 입체영상 분석기가 개발되었기에 가능했습니다. 분석기로 밝혀진 두뇌는 우주만큼이나 복잡합니다.

두뇌가 약 1천 억 개의 세포로 구성되었음은 알고 있었지만, 그 운동량이 상상을 초월하는 것은 놀라왔습니다. 뇌세포 하나가 정보를 수신하고 송신할 때 보통 1만 에서부터 30만 곳과 정보를 나눕니다. 이것은 뇌세포의 최대 통신능력이 수 백 조에 이른다는 말입니다. 실제로 뇌의 통신을 정밀 분석한 결과 매 초에 4천 억 개의 정보가 교환되고 있음이 확인되있습니다. 언어는 의식에 의해서 이루어지는데 의식으로 인해서 발생하는 뇌의 통신은 매초 2천 개에 불과했습니다. 이런 결과를 보면 '나'라는 존재를 만드는 뇌의 운동량은 2억분에 1밖에 안된다는 결론입니다. 이 의미는 뇌운동의 대부분은 우리의식과 거의 상관없는 일을 하고 있는데 누구의 지시에 의해서 그런 광대한 작업을 하는지? 심리학에서는 이를 '나' 속에 존재하는 또 하나의 '나'라하며, 잠재의식이라 부르고 있지만, 이에 대해서 우리는 아는 바가 거의 없습니다.

하지만 우리 속에 엄연히 존재하고 있는 실체입니다. 방언이 의식을 넘어 잠재의식과 어떤 접촉이 이루어졌을 가능성이 큽니다. 왜냐하면 지금까지 관찰된 초자연적인 현상들을 보면 대부분 잠재의식의 소행이 많았기 때문입니다. 잠재의식은 이성적이지는 않지만 우주적 차원의 능력이 있어, 접하면 방언같이 평온함을 느낀다고 합니다. 이런 점으로 보아 인류는 종교적인 개념을 넘어 우주가 지닌 영성의 차원을 새로이 추구해야 할 때입니다.

이를 깨달으려면 하나님의 입장으로 돌아가 자신을 들여다보며 깨닫고 체험해야 가능한 것입니다. 그래서 인간의 내면세계를 바르게 이해하려면 생명의 말씀과 성령으로만 가능한 것입니다. 사람의 심령구조는 깊고도 오묘하고 넓기 때문에 사람이 사람의 내면세계를 깨닫는 것은 불가능한 일입니다. 오로지 성령님만이 밝히 아시고 계십니다. 사람의 심령구조에 대하여는 "강력한 능력을 이끌어내는 영적비밀"을 읽어보시기를 바랍니다.

둘째, 카리스마가 분출되는 고급방언에 도달하라. 고급방언을 하려면 기본적으로 깨달아야 할 것이 있습니다. 자신 안에 하나님의 성전이 있다는 것입니다. 성전에서 성령으로 카리스마가 분출된다는 것입니다. 방언기도의 대상이 자신 안에 있는 성전에 계신다는 것입니다. 그렇기 때문에 기도할 때 마음으로 예수님을 생각하면서 배꼽아래에 의식을 두고, 마음이 열리게 하기 위하여 호흡을 들이쉬고 내쉬면서 방언기도 소리에 집중하면서 기도하는 것입니다. 이렇게 집중적으로 끝을 보고 말겠다는 생각을 가지고 방언기도를 하면 어느날 자신 안에 성전에서 성령으로 분출되는 방언기도를 할 수가 있습니다. 절대로 일어나는 현상에 치중하지 말아야 합니다. 현상에 치중하면 방언기도라고 할지라도 인간적인 기도밖에 되지 못하는 것입니다.

우리의 의식을 가장 크게 자극하는 감각은 '청각'입니다. 어떤 소리가 고막을 통과하면 그 소리는 잔잔한 호수에 돌을 던질 때 동그라미를 그리며 퍼져나가는 물결처럼 온 몸에 퍼져나갑니다. 우리의 의식 안에는 5만 가지의 생각이 꼭 들어 차 있습니다. 기도를 방해하는 것은 외부적인 요인보다는 이 5만 가지나 되는 생각들입니다. 기도하려고 눈을 감으면 온갖 생각들이 먼지처럼 일어납니다. 이 오만 잡생각을 잠재우는 손쉬운 방법은 어떤 '소리'를 물결처럼 의식 안에 공명시키는 방법입니다. 잡생각을 잠재우기 위하여 방언기도 소리에 집중하고 계속 방인기도를 하는 것입니다. 절대로 다른 곳에 정신을 두지 말고 오로지 방언기도 소리에 집중하는 것입니다. 방언기도 소리에 집중하는 것이 참으로 중요합니다. 그렇게 하다보면 어느 순간 성전에서 성령으로 분출되는 기도가 되는 것입니다. 이렇게 되도록 지속적인 훈련이 필요합니다.

방언기도가 분출되는 것은 자신 안 성전에 계시는 하나님과 연결되는 때입니다. 그래서 방언기도를 분출시키려면 자신 안에 하나님께 몰입하고 집중해야 합니다. 방언기도와 같이 울림이 있는 소리의 반복은 우리의 의식 속에서 신기하게도 수많은 생각들이나 언짢은 기분들이나 잡스러운 기운을 몰아내는 효과가 있습니다. 그래서 배꼽아래에 의식을 두고 호흡을 들이쉬고 내쉬면서 방언기도 소리에 집중하고 기도하는 것입니다. 이렇게 집중해서 성전에서 성령으로 분출되는 방언기도 되면 잠재의식이 정화되기 시작을 하는 것입니다. 차츰 자신 안에 성령님이 지배하고 장악하십니다. 관심과 의지를 가지고 노력하면 됩니다.

셋째, 잠재의식에 많은 쓰레기가 내장되어 있다. 잠재의식이 정화되는 방언기도가 되도록 하는 것이 급선무입니다. 방언으로 기도하면서 잠재의식이 정화되지 않으면 기도가 잘못된 기도이니, 무엇이 잘못되었는지 깨닫고 빠른 시간에 시정하여 성령의 이끌림을 받는 방언기도가 되어야 합니다. 사람들은 자주 하는 말속에서 의외로 자신의 '잠재의식적 상태'를 있는 그대로 잘 표현하는 경우들이 많습니다. 이 표현에서도 알 수 있듯이 실제로 잠재의식적 차원에서 자아가 무너지는 것입니다. 우리는 환자를 치유하기 위해 성령으로 기도하게 하며 '잠재의식상태'로 유도해야 무의식에 숨어있던 '무너진 자아'가 그 모습을 드러내기 시작합니다. 이 잠재의식 속에 자리 잡고 있던 '무너진 자아'는 왜곡되고 편집되어 버린 여러 가지 감정과 '잠재의식적 이야기'들을 성령께서 의식위로 떠올려 주시는 것입니다. 각각의 감정이 '인격화'되면서 자신의 잠재의식의 억제된 현상들을 표현하게 됩니다. 이러한 현상들은 세상에서 사용하는 '최면' 상태에서 종종 일어납니다. 세상에서는 잠재의식을 실상을 드러나게만 할 수 있지 치유할 수는 없습니다. 그러나 크리스천은 성령으로 잠재의식을 폭로하게 하여 성령의 역사로 밖으로 배출하여 치유하는 것입니다. 성령의 역사로 '적절한 처리작업'을 거치면서 서서히 회복되어 갑니다.

사람들에게는 종족의 대를 이어오면서 공통적으로 공유하는 인간의 보편적인 경험들이 있습니다. 이러한 것들은 '높은 곳에 올라갔을 때 일어나는 자동적인 공포심'이나 숲속에서 '뱀을 볼 때 본능적으로 몸에 긴장'을 하는 등 대부분의 인간조상들의 경험을 통해 후손들에게 잠재의식적 반응으로 전달되어 각인됩니다. 이렇게 전달되어 내려오는 경험 중에는 소위 말하는 '실연의 경험' 또한 포함 될 수 있으며, 다른 경험들도 함께 전해져 내려올 수 있습니다. 모두 잠재의식에 심겨져 있는 것입니다.

이런 경험들은 특별한 촉발상황이나 잠재의식 상태로 들어가지 않는 이상 의식적으로 잘 드러나지 않습니다. 심한 충격을 받거나 스트레스상황에서 이러한 잠재의식의 정보들이 의식의 수면위로 드러나게 되는데 이런 상황에서 사람들은 흔히 말하는 제정신이 아니거나 평소에 자신이 아닌 것과 같은 모습을 보여주기도 합니다. 인간의 잠재의식은 알면 알수록 무한한 정보들을 품고 있는 것이 아닌가 하는 생각이 들게 합니다.

심리학자들은 말하기를 사람의 심리는 100%로 말하면 90%는 잠재의식이라고 해서 우리 생각하지 못하는 마음 잠재의식 속에 있고 우리가 생각하는 마음은 10%밖에 없어요. 그러므로 90%는 마음에 숨어있는 생각이고 우리가 생각하고 사는 생각는 10%밖에 안 됩니다. 사람들은 고통스럽고 괴로운 것을 견디지 못하면 전부 잠재의식 속에 집어넣어 버립니다. 옛날에 얻어맞았던 것, 옛날에 미웠던 것, 옛날에 박대 받았던 것, 자랄 때 부모에게 사랑 못 받았던 것, 원한 있는 것 다 잊어버린 것 같습니다만 잠재의식 속에 다 가라앉아 있는 것입니다. 그러다가 내가 어려운 고통이나 충격을 당하면 이것이 떠올라 와서 온갖 정신적인 육체적인 병을 일으키는 것입니다. 이는 마치 강물이 평소에 흘러갈 때 죽은 강아지도 던져 놓고 새도 던져 놓고 돌멩이도 던져 놓고 거름더미도 던져 놓으면 강물바닥에 전부 가라앉기 때문에 안보이고 위에는 맑은 물이 흘러서 강이 전부 맑은 것 같습니다. 그러나 홍수가 나서 강이 한번 뒤엎어지면 밑에 있는 쓰레기와 죽은 짐승의 시체와 더러운 것들이 다 위로 떠올라 오는 것입니다. 그와 같이 우리 사람들의 마음속에는 잠재의식 속에 여러 가지 부정적이고 파괴적이고 절망적인 생각이 들어있는 것입니다.

마음속에는 처리할 수 없는 그러한 것들이 마음에 쓰레기 더미가 되어서 숨어 있는 것입니다. 현재의식은 안보입니다. 그러나 내가 어렵고 고통과 충격을 당할 때 이것이 다 떠올라 와서 고통과 괴로움을 갖다 주는 것입니다. 이것들이 마음 안에 있는 성전 속의 하나님께 나아가는 길을 막고 있습니다. 그런데 이 마음속을 어떻게 우리가 소제할 수 있습니까? 우리는 모릅니다. 안 들여다보입니다. 그러나 우리 속에까지 들어와서 그것을 하나하나 끄집어낼 수 있는 자가 누구냐? 성령이 그렇게 하시는 것입니다. 마음 안에 성전에서 분출되는 방언으로 기도하면 성령이 우리 속에 들어와서 우리 잠재의식을 소제해 주는 것입니다. 마음을 청소해 주는 것입니다. 어릴 때 고통당한 것, 상처 입은 것, 해를 입은 것, 원한, 슬픔, 괴로움 이 모든 것이 마음 밑에 깔아 앉아 있던 것이 전부 방언기도 할 때 성령께서 들춰내어서 소제해서 청소해서 밖으로 버리는 것입니다. 그렇기 때문에 성전에서 분출되는 방언기도를 하면 마음이 건강한 마음이 되고 치료받은 마음이 된다는 것을 말하고 있는 것입니다.

겉으로는 평안한 것 같지요. 그래도 위기가 닥쳐오면 바닥에 깔려있는 공포와 좌절, 불안과 절망 등이 우리를 괴롭히고 뛰어 올라오는 것입니다. 청소하지 않으면 안 되는 것입니다. 오늘날 이것을 청소 못하는 사람은 병원에 가서 심리학자에 여러 가지 과거 이야기를 하라고 하면 과거이야기를 하고 꿈 이야기를 하면 꿈 이야기를 하면 심리학자들이 하나하나 뽑아내는 것입니다. 당신 이런 점이 모르지만 있습니다. 이런 과거에 상처 입은 기억이 있습니다. '이것을 회개하시고 치료 하십시오' 라고 말합니다. 그런데 우리 방언을 말하는 사람은 심리학자를 찾아갈 필요 없이 성령이 우리 속에 들어와서 뽑아내는데요. 성령이 소제하고 정화해 내버리기 때문에 우리 마음이 고침을 받고 아주 평안하게 되는 것입니다.

그러므로 방언 기도는 성령께서 우리 마음속에 깊숙이 남아있는 부정적인 것들을 다 청소해 줍니다. 우리 마음이 다스릴 수 없이 슬퍼지고 비정상적일 때 자신의 마음 안에 있는 성전에서 성령으로 분출되는 방언기도를 하십시오. 그럴 때 마귀는 쫓겨나가고 마음속에 있는 모든 쓰레기 더미는 청소되고 우리 마음이 치료를 받을 수 있게 되는 것입니다. 그렇기 때문에 방언을 마귀는 못하게 자꾸 하는 것입니다. 방언기도를 하면 "야, 네가 하는 기도지 성령이 하는 기도가 아니라"고 자꾸 협박을 하는 것입니다. 그 협박을 들어서 넘어가지 마십시오. 방언은 성령이 자신을 통해서 하는 것이지 자신이 만들어서 하는 것이 아닙니다.

넷째, 잠재의식이 정화되면서 일어나는 형상에 환영하라. 자신 안에 성전에서 성령으로 분출되는 방언기도가 되면 잠재의식이 정화되면서 이런 현상이 일어납니다. 이는 성령의 권능으로 자신이 지배되고 장악되면서 잠재의식에 숨어있던 세상의 영이 떠나가면서 일어나는 현상입니다. 몸이 뻣뻣해집니다. 몸이 불이 붙은 것과 같이 뜨겁거나 따뜻합니다. 반대로 몸이 시원해지기도 합니다. 얼굴에 바람이 부딪치는 것이 느껴집니다. 몸이나 손에 전기에 감전된 것과 같이 찌릿찌릿합니다. 성령의 감동이 옵니다. 자신도 모르게 눈물이 납니다. 자꾸 뒤로 넘어지려고 합니다. 전신에 힘이 주어집니다. 몸에 힘이 빠집니다. 기분 나쁘지 않는 소름이 끼칩니다. 향기가 납니다. 몸이 떨리거나 흔들립니다. 손이 저리는 느낌이 듭니다. 몸이 떨리거나 흔들립니다. 근육이나 피부의 한 부위가 떨립니다. 호흡곤란을 느끼기도 합니다.

신체의 한 부위가 커지는 느낌이 듭니다. 손이 커지는 느낌이 듭니다. 물을 먹는 것 같은 느낌이 오기도 합니다. 몸이 잔잔하게 부상하는 느낌을 체험합니다. 이유 없이 마음이 기뻐집니다. 영적인 생각이 나면서 흥분됩니다. 소리가 질러집니다. 훅훅하면서 입으로 뜨거운 바람이 나오기도 합니다.

자신은 낮아지고 하나님의 경외하심이 느껴집니다. 방언 찬양이 나옵니다. 배가 묵직해지면서 힘이 들어갑니다. 술에 취한 것 같이 몸이 흔들리면서 어지러움을 느끼기도 합니다. 잠이 오는 것 같이 나른해지기도 합니다. 성령께서 분출되는 방언기도하면 반드시 몸으로 느낄 수가 있다는 것입니다. 성령은 살아있는 영이기 때문입니다.

그런데 이러한 현상은 성령으로 완전하게 지배되고, 장악되면 더 이상 느끼지 못합니다. 왜냐하면 성령님이 지배 장악하여 하나님의 나라가 되었기 때문에 더 이상 나타나지 않는 것입니다. 이와 같은 단계에 이르도록 자신 안에 성전에서 성령으로 분출되는 방언기도를 하는 것입니다. 그러나 앞에 설명한 것과 같은 무슨 현상이 자신에게 나타나는 것에 치중하여 방언기도를 하면 더 이상 진전이 되지 않고 앉은뱅이 신앙인이 될 수가 있습니다. 온전한 가운데 성령의 지배를 받아 하나님의 음성을 듣고, 살아계신 하나님의 역사를 눈으로 보며 하나님의 뜻을 따르는 크리스천이 되려고 해야 합니다. 그래서 예수님이 이렇게 말씀을 하시는 것입니다. "그 날에는 내가 아버지 안에, 너희가 내 안에, 내가 너희 안에 있는 것을 너희가 알리라(요 14:20)" 예수님과 하나가 된 상태라는 것입니다. 이러니 여러 현상이 일어날 필요와 이유가 없는 것입니다.

마치 욥이 고통 중에도 하나님을 원망하지 않고 인내하면서 하나님의 영광을 구하자, 영적인 사람으로 완전하게 변한 것과 같은 이치입니다. 그래서 욥이 이렇게 신앙고백을 합니다. "내가 주께 대하여 귀로 듣기만 하였사오나 이제는 눈으로 주를 뵈옵나이다(욥 42:5)" 하나님과 하나가 된 상태라는 것입니다. 우리도 이 단계에 이르기 위하여 자신 안에 성전에서 성령으로 분출되는 방언기도를 해야 합니다.

2부 카리스마와 상관없는 방언기도 유형

9장 방언과 천사의 말을 해도 사랑이 없으면 헛것

(고전 13:1-3)"내가 사람의 방언과 천사의 말을 할지라도 사랑이 없으면 소리 나는 구리와 울리는 꽹과리가 되고, 내가 예언하는 능력이 있어 모든 비밀과 모든 지식을 알고 또 산을 옮길 만한 모든 믿음이 있을지라도 사랑이 없으면 내가 아무 것도 아니요. 내가 내게 있는 모든 것으로 구제하고 또 내 몸을 불사르게 내줄지라도 사랑이 없으면 내게 아무 유익이 없느니라."

하나님은 방언기도를 유창하게 하고, 찬양방언을 하고, 천사의 말을 해도 사랑이 없으면 아무것도 아니라고 말씀하십니다. 사랑은 예수님의 품성입니다. 사랑이 없다는 것은 그 사람 안에 예수님이 계시지 않는다는 것입니다. 고린도 교회에 성령의 은사와 관련한 문제가 있었습니다. 성도들 중 일부가 자신들이 받은 은사를 자랑하며, 교만하게 행하였습니다. 특히 이들은 방언의 은사를 받은 사람들이었는데, 그들은 방언을 천사의 말이라고 생각했습니다. 그래서 스스로를 천사와 같은 존재가 되었다고 뽐내었던 것입니다. 이러한 사람들 때문에 고린도 교회 안에 혼란이 생겼습니다.

오늘 하나님의 말씀의 뜻을 간단하게 정리하면 성령의 은사는 성령께서 그 뜻대로 각 사람에게 주시는 것으로, 오직 교회의 유익을 위한 것이라고 했습니다. 또한 성령의 은사는 여러 가지로 다양하지만, 주님의 몸 된 교회를 섬긴다는 점에서는 모두 똑같이 중요합니다. 그러므로 서로 비교할 필요 없고, 주신 은사를 가지고 충성하면 됩니다.

이런 원칙에서 볼 때 고린도 교회는 성령의 은사에 대해 잘못 생각하고 있었던 것이 분명했습니다. 왜냐하면 받은 은사를 가지고 서로 다투었기 때문입니다. 그들은 성령의 은사를 마치 자신들의 신앙이 얼마나 좋은지를 증명하는 표시 정도로 생각했습니다. 몸 된 교회의 지체들을 섬기라고 주신 은사를 자기를 위해 사용한 것입니다.

오늘 본문 1~3절 말씀을 보시기 바랍니다. "내가 사람의 방언과 천사의 말을 할지라도 사랑이 없으면 소리 나는 구리와 울리는 꽹과리가 되고, 내가 예언하는 능력이 있어 모든 비밀과 모든 지식을 알고 또 산을 옮길 만한 모든 믿음이 있을지라도 사랑이 없으면 내가 아무 것도 아니요. 내가 내게 있는 모든 것으로 구제하고 또 내 몸을 불사르게 내줄지라도 사랑이 없으면 내게 아무 유익이 없느니라."

이 말씀에서 사도 바울이 강조하는 내용은 사랑이 없으면 성령의 은사도, 지식도, 믿음도, 구제도, 희생도 모두 소용이 없다는 것입니다. 그런데 여기에 나오는 성령의 은사, 지식, 믿음, 구제,

희생은 기독교 안에서 가장 중요한 가치들입니다. 이것을 절대로 무시하거나 소홀히 할 수 없습니다. 하지만 사도 바울은 사랑이 없으면 그렇게 중요한 모든 것들이 아무 소용이 없다고 말씀합니다. 사랑은 하나님이시기 때문입니다. 방언기도를 유창하게 하고 찬양방언을 해도 그 마음 안에 하나님께서 계시지 않기 때문에 사랑이 없는 것입니다.

첫째, 사랑이 없으면 무익하다. 사람의 방언과 천사의 말을 할지라도 사람들의 모든 삶은 소리 나는 구리와 울리는 꽹과리가 된다고 말하는 것입니다. 오늘날처럼 사람의 방언, 즉 외국어를 필요로 할 때가 없습니다. 이제는 온 지구가 한 촌락이 되고 말은 것입니다. 그러기 때문에 오늘 세계화 속에서 세계 많은 공통용어를 사용한다는 것은 참으로 좋습니다. 더구나 영어는 세계의 만국어가 되어 있기 때문에 이제는 영어를 하지 않고는 세계인으로서 살아갈 수 없을 정도로 되어 있는 것입니다. 세계 여러 가지 나라 말을 하고, 또한 말을 얼마나 잘하기에 천사처럼 말을 하므로 모든 사람들을 감동시키고 감동감화 시키고 설득시키는 그런 힘이 있다고 할지라도 그 사람의 마음속에 진실한 사랑의 동기로서 말을 하지 않는다면 그 많은 언어구사력도 천사같이 말하는 그 사람 자체에 아무런 의미가 없다는 것입니다. 사랑이 없이 만국어를 말하고 아무리 천사같이 훌륭한 말을 해도 그 사람은 아무런 내용이 없는 소리 나는 구리와 울리는 꽹과리가 되고 만다는 것입니다.

오늘날에 와서는 예언하는 능력이란 얼마나 중요한지 모릅니다. 순식간에 세계역사가 변화되는 사건들이 일어나고 있는 것입니다. 그러기 때문에 정치계도 내일을 예견할 수 있어야 올바른 정치를 할 수가 있습니다. 경제계도 내일을 예견할 수 있어야 세계적인 상황에서 어떻게 경제를 운영해 나갈지 알 수 있는 것입니다. 이러므로 우리가 내일을 바라보는 미래학이란 오늘날 생애 속에서 얼마나 중요한지 모릅니다. 그런데 그 미래를 꿰뚫어볼 수 있는 힘이 있어서 정치적으로 경제적으로 군사적으로 사회적으로 다가올 생애를 환하게 다 알고 있다고 할지라도 그 마음속에 사랑이 없으면 그것은 아무 유익이 없다는 것입니다.

그렇게 지혜와 총명이 있다고 해도 하나님께서 보시기에는 그는 아무 가치가 없는 존재라고 말하고 있는 것입니다. 어떠한 사람은 굉장한 마음의 신념이 있어서 산을 옮길만한 그런 믿음으로 거창한 일을 합니다. 빌딩을 세우고 나라를 세우고 사업을 일으키고 불가능을 가능케 하는 그러한 큰일을 한다고 할지라도 그 속에 사랑이 없으면 하나님은 그 사람보고 "너는 아무 것도 아니다. 너는 필요 없는 사람이라"고 그렇게 말한다는 것입니다. 어떤 사람은 내게 있는 모든 것으로 다 구제해도 그 구제하는 것이 참으로 뜨거운 사랑으로 하지 않고 자기이름을 내기 위해서 명예를 내기 위해서 정치적인 목적을 달성하기 위해서 구제하면 그 구제는 아무 유익이 없게 된다는 것입니다.

어떠한 사람은 애국을 하기 위해서 또는 이웃을 위해서 몸을 불사르게 내어준다고 할지라도 그것이 진실한 사랑의 동기에 일어난 것이 아니고, 자신의 명예나 지위나 영광을 위해서 했다면 그것도 아무런 유익이 없다는 것입니다. 그러므로 인간의 모든 일체의 삶의 행동의 그 근본적인 동기가 사랑이 아니면 하나님께서는 그것을 무효로 생각하고 아무 이익이 없는 것으로 생각하고 하나님은 전혀 인정해 주지 않는다는 것입니다.

둘째, 사랑이란 도대체 어떠한 것일까요? 우리의 마음속에 가지고 있는 그 사랑의 근본적인 내용이 어떠한 것일까요? 햇빛을 프리즘에 통하면 적, 주황, 황, 녹, 청, 남, 자 일곱 가지 색깔로 쫙 나누어집니다. 사랑을 성령의 프리즘을 통하면 사랑은 열두 가지로 갈라지는 것입니다. 오늘날 우리가 쉽게 마음속에 사랑, 사랑하는데 그 사랑의 내용은 바로 성령의 프리즘을 통해서 열두 가지 모양으로 갈라져서 우리에게 상세하게 내용을 보여주고 있는 것입니다. 성경은 말하기를 사랑은 오래 참는다고 했습니다. 어머니가 자식을 사랑하기 때문에 그 자식의 진자리 마른자리 갈아 누이며 그 못되게 구는 것도 참고 오래 참고 십년 이십년 길러서 훌륭한 사람으로 자라게 하는 것입니다.

만일 어머니가 자녀를 사랑하지 않는다면 그렇게 길게 못된 것을 참고 지낼 수가 없는 것입니다. 사랑은 오래 참습니다. 그렇게 때문에 상대를 사랑하게 되면 상대의 모든 결점과 모자란 점과

못된 점이 있음에도 불구하고 오직 오래 참음으로 상대를 용납하는 그런 성격이 있습니다. 사랑은 온유합니다. 사랑은 부드럽고 따뜻하게 대합니다. 부모가 자식을 불쌍히 여기고 부드럽게 따뜻하게 대하는 것처럼 우리가 이웃을 사랑하면 이웃에 대해서 참으로 부드럽고 따뜻하게 이웃이 마음에 안심하고 와 있을 수 있도록 그렇게 만들어주는 것입니다. 사랑은 온유합니다. 사랑은 투기하시 않습니다.

사랑하는 상대가 잘되는 것을 보고 시기하고 투기할 사람이 있습니까? 자식이 잘되는 것 부모가 투기하는 것이란 좀처럼 볼 수 없습니다. 사랑이란 것은 사랑하는 상대가 잘되면 잘될수록 함께 기뻐하지 그것을 질투해서 못되게 하는 그것은 사랑이 아닌 것입니다. 사랑은 자랑하지 않습니다. 사랑은 내가 자랑하므로 이웃 사람에게 시기와 질투를 일으켜서 번민하게 만들어주어서는 안 됩니다. 그렇기 때문에 사랑은 자기가 아무리 자랑할 만한 것이 있더라도 스스로 일어나서 이웃사람에게 으스대고 자랑하지 않는다는 것입니다. 사랑은 교만하지 않습니다. 자기가 제일이라고 해서 고개를 들고 모든 사람에게 자기를 나타내려고 하는 그러한 교만은 사랑이 아닙니다. 이웃을 사랑하면은 자기를 낮추고 이웃이 절대로 마음속에 시험에 빠지지 않도록 그렇게 행동하는 것입니다.

사랑은 무례히 행동하지 않습니다. 어린 사람들이 노인들을 공경하지 않고 무례하게 행동하는 젊은이들이 종종 있습니다. 모두가 그렇다는 것이 아닙니다. '에레베이터'를 탈 때에 노인들을 뒤로 하고 자기들이 먼저 들어가고, 지하철이나 버스 안에서 노인들이 아무리 서 있어도 자기들끼리 이야기하면서도 노인들에게 자리를 양보하지 않는 젊은이가 있습니다.

이제는 무례한 시대가 다가왔습니다. 그러나 사랑은 무례히 행치 않습니다. 사랑은 무례한 말하지 않고 무례한 행동하지 않고 무례한 요구를 하지 않습니다. 오늘날도 사랑이 있다고 하면서 무례하게 행동하는 사람이 굉장히 많습니다. 그러나 사랑은 무례히 행치 않습니다. 또 사랑은 자기의 유익을 구치 않습니다. 사랑은 사랑하는 상대가 잘되기를 원하고 자기가 희생하더라도 그들의 유익을 구하지 자기 유익을 구하고 상대를 손해나게 하는 이러한 일을 하지 않습니다.

사랑은 또한 성내지 않습니다. 성을 자주 내면은 사랑이 아닙니다. 사랑은 성을 내면은 분위기를 긴장하게 만들고, 고통을 가져오기 때문에 성내는 것은 사랑이 아닙니다. 성내는 것은 하나님의 의를 이루지도 못합니다. 이러므로 우리가 성이 날 때는 사랑을 생각하고 하나, 둘, 셋, 넷 열 번까지만 헤아리고 있다가 성을 내면은 성이 사라지는 것입니다. 반대로 참지 못하고 성을 내면은 분위기가 완전히 사라집니다. 얼음장같이 되고 슬퍼지고 분위기가 고통스러워지는 것입니다. 영성이 소멸되는 것을 느낍니다. 스스로도 자신이 대단히 못나 보입니다. 사랑은 성내지 않습니다. 사랑은 악한 것을 생각하지 않습니다. 사랑은 하나님의 성품인데 하나님의 성품을 가진 사람이 어떻게 악을 생각하고 악을 도모하는 것입니까? 이 세상에 가장 비참한 것이 악한 사람과 서로 만나서 서로 대화해야 된다는 것입니다.

악은 자기스스로도 괴롭히고 남을 괴롭히는 것입니다. 사랑을 하는 사람이 남을 괴롭히는 생각을 할 턱이 없는 것입니다. 사랑은 불의를 기뻐하지 않습니다. 정의를 기뻐하지 사랑은 남을 속이고 남을 못되게 하고 불공평하게 하고 불의를 행해서 고통을 당하게 하는 이런 것을 기뻐할 턱이 없습니다. 사랑은 정의를 좋아하는 것입니다. 그리고 사랑은 진리를 기뻐하는 것입니다.

거짓말을 하고 사랑한다고 말할 수 없는 것입니다. 사람들을 속이고 사기 치는 이런 것이 사랑에서 나온 것은 아닙니다. 사랑은 진실을 말합니다. 진리를 좋아합니다. 참을 기뻐하는 것이 사랑인 것입니다. 사랑이 마음속에 있으면 사랑을 가지고 모든 것을 꾹 참습니다. 사랑은 결과를 보아야 되기 때문에 오래 오래 하나님을 의지하고 참습니다.

사랑은 또한 끝까지 믿습니다. "하나님을 사랑하는 자 곧 그 뜻대로 부르심을 입은 자들에게는 모든 것이 합력 하여 선을 이룬다."고 말하고 있는 것입니다. 그러므로 하나님께서 끝에 가서 선을 이뤄줄 것을 믿고 견디는 것입니다. 사랑은 그러므로 바랍니다. 사랑은 언제나 긍정적인 마음의 태도를 가집니다. 사랑을 하고 있으면 끝에는 잘될 것입니다. 그래서 긍정적인 마음의 자세를 가지고 바라고 있습니다. 바라봄의 법칙으로 좋은 것이 일어날 것을 바랍니다. 사랑은 안 되고 못되고 망하고 파멸할 것을 바라지 않습니다. 사랑은 영혼이 잘됨같이 범사에 잘되며 강건하고 생명을 얻되 넘치게 얻게 될 것을 바라고 끝까지 견디게 되는 것입니다. 그렇기 때문에 인생을 살아가는데 있어서 이 사랑보다 더 귀하고 소중한 것은 없습니다.

셋째, 사랑을 가지고 살자. 우리가 인생을 살아갈 때에 이 사랑을 가지고 살아가야 되는 것입니다. 사랑이 우리 삶의 본연의 자세인 것입니다. 하나님은 사랑이시고 하나님이 하나님의 형상과 모습으로 우리를 지었기 때문에 우리는 바로 사랑인 것입니다. 우리가 사랑을 따라 생각하고 말하고 행동하고 살아야 참의와 평강과 희락을 가지고 행복을 추구할 수 있는 것입니다. 돈이 아무리 많아도 사랑이 없으면 그 돈이 행복을 가져오지 못합니다. 지위나 명예나 권세가 아무리 높아도 사랑이 없으면 그것은 아무의미가 없습니다. 사랑이 없는 삶은 무한하게 고독한 삶인 것입니다. 오늘날 사람들은 사랑을 잃어버리고 그들은 행복을 구하기 위해서 온 세상을 향하여 고함치며 소용돌이치며 뛰어가고 있는 것입니다. 돈, 돈, 지위, 지위, 명예, 명예, 권세, 권세, 쾌락하고서 그들은 정신없이 뛰어갑니다. 그러나 그것에 가서 사랑을 얻었느냐, 사랑을 구하지 못한 이상은 마음속에 행복은 다가오지 않습니다.

행복은 하나님께로부터 오는 것이며, 하나님께로부터 온 행복이 영원한 것입니다. 그 하나님은 사랑이라는 채널을 통해서 우리에게 행복을 갖다 주는 것입니다. 이러므로 우리가 서로 사랑하는 것이 행복에 들어갈 수 있는 가장 첫째인 것입니다. 비록 초가집에서 산나물을 먹고살지라도 부부간에 가족 간에 서로 뜨겁게 사랑하면 그것이 초가집으로 느껴지지 않습니다. 가마니 위에 살더라도 가마니위로 느껴지지 않습니다. 산나물을 먹고살더라도 그들 마음속에 슬프지 않습니다. 사랑이 있으면 그 속에 황홀함이 있고 기쁨이 있고 삶의 의미와 가치가 있게 되는 것입니다.

성경에는 예수님은 바로 사랑이시라고 말하고 있는 것입니다. 하나님이 세상을 이처럼 사랑하사 독생자를 주셨으니 예수님은 우리들을 이처럼 사랑하사 그의 생명을 버렸었습니다. 사랑은 입술로만 말하는 것이 사랑이 아닙니다. 사랑은 증명 되어야 되는 것입니다. 증명되지 않은 사랑은 사랑이라고 말할 수 없는 것입니다. 우리가 이웃을 사랑하면 사랑하는 마음의 동기로서 무엇이라도 이웃을 잘되게 해주는 조그마한 증명이라도 해야 되는 것입니다. 부부간에 서로 사랑하나다면은 사랑한다고 말해야 사랑이 증명될 수 있는 것입니다. 말과 행동이 동일해야 합니다. 많이 사랑하면 많이 증명되고 적게 사랑하면 적게 증명됩니다. 하나님이 세상을 이처럼 사랑해고 얼마나 사랑했습니까? 증명하십시오! 얼마나요? 독생자를 주시기까지 사랑했고 예수님이 우리를 이처럼 사랑했고 어떻게 사랑했습니까? 증명해 보십시오. 자기의 몸을 십자가에 못박아 몸을 찢고 피를 흘려서 우리 죄를 대신 다 짊어지고 우리를 구원하시기 위해서 온갖 고통을 한 몸에 걸머지도록 사랑했고 그러므로 이 사랑은 증명되는 것입니다. 사랑은 증명되어야 됩니다.

그런데 하나님께서 우릴 얼마나 사랑했던지 우리가 죄를 짓고 불의하고 추악하고 버림을 당하여 마땅한 인생임에도 불구하고 죄로 말미암아 마귀의 노예가 되고 더럽고 추악한 삶을 살고 병들고 헐벗고 굶주리고 낭패와 실망을 당하고 지옥에 떨어져서 영원히 지옥 불에 불탈 것을 불쌍히 여기셔서 우리를 구원하기 위해서 죄 없는 그 아들 예수그리스도를 동정녀 마리아를 통해서 태어나게 하시고, 이 땅에서 우리의 죄와 불의 추악과 저주와 절망과 죽음을 다 한 몸에 대신 짊어지고 십자가에 올라가서 우리 죄를 대신해서 벌을 받아 몸을 찢고 피를 흘리고 온갖 고생을 다 해도 하나님께서 그를 면하지 않게 했습니다. 주님께서 끝가지 죽음을 통해서 우리의 죄를 다 청산해 주었습니다.

그러므로 이제는 죄를 지었음에도 불구하고 못났음에도 불구하고 버림을 받아야 마땅함에도 불구하고 죄 있는 그대로 못난 그대로 빈 손든 그대로 예수를 믿기만 하면 용서를 받고 죄사함을 얻고 의롭다함을 얻고 하나님의 백성이 되고 천국에 들어가게 만들어 주시는 것입니다. 이 큰사랑을 무엇으로 견줄 수가 있겠습니까? 그러므로 우리가 하나님의 사랑을 받아들일 수 있는 길은 예수그리스도를 나의 구주로 모시어 들이는 것입니다. 예수그리스도야말로 우리에 대한 하나님이 사랑의 표시인 것입니다.

그러므로 예수그리스도를 내가 구주로 모시어 들일 때 하나님의 사랑을 내가 받아들이게 되는 것이요, 하나님의 사랑을 받아들이게 된 사람마다 영원한 삶을 얻게 되는 것입니다. 그러므로 예수그리스도로 말미암아 하나님의 사랑이 성령의 능력으로 우리의 마음속에 부은바 되는 것입니다. 예수그리스도 이외에 하나님의 사랑을 우리 마음속에 받아들일 길은 없습니다. 죄를 지은 인생들이 마귀에게 짓밟히고 미움으로 이지러진 인생이 도로 복구되는 것은 예수 안에 하나님의 사랑을 받아들이는 길밖에 없습니다. "누구든지 그리스도 안에 있으면 새로운 피조물이라 이전 것은 지나갔으니 보라 새것이 되었도다." 미움의 옛날모습은 지나가고 사랑의 새 모습으로 변화되는 것입니다. 그러므로 그리스도 예수 안에서 주시는 하나님의 사랑을 받아들이고 우린 그 사랑을 가지고 살아야 되는 것입니다.

예수님을 우리 삶의 척도로 삼고 예수그리스도의 그 행위를 우리가 늘 생각하면서 인생을 살아나가면 우리가 사랑으로서 인생을 살아갈 수가 있는 것입니다. 사랑은 사람의 힘으로 되는 것은 아닙니다. 예수그리스도를 받아들이므로 성령의 능력으로 사랑이 우리 마음속에 부은바 되는 것입니다. 이렇기 때문에 우리는 항상 우리를 돕기 위해서 와 계시는 성령님께 부탁해야 되는 것입니다. 그렇기 때문에 자신의 마음 안에 성전에서 성령으로 방언기도를 분출하는 것입니다. 성령으로 방언기도가 분출될 때 예수님의 성품이 자신에게 나타나는 것입니다. 아무리 방언기도를 유창하게 하더라도 예수님의 인품이 나타나지 않으면 방언기도의 출처를 분별해 보아야 합니다.

하나님은 보좌에 계시고 예수님은 십자가에서 우리 구원을 다 이루시고 보좌 우편에 계시지만 성령은 오순절 날부터 이 땅에 오셔서 지금 우리와 함께 계시고 우리 안에 거하시고 우리를 채우시고 우리와 교통하고 계시며 성령은 우리 연약함을 도우시기 위해서 이 자리에 와 계신 것입니다. 성령도 우리 연약함을 도우신다고 성경은 분명하게 말하고 있는 것입니다. 성령은 눈에 안 보입니다. 그러나 바람처럼 우리와 함께 계신 것입니다. 성령은 바로 이 자리에 계십니다. 한번 크게 심호흡을 해봅시다. 한번 바람을 마셔 들입시다. 바람을 보셨나요? 바람을 손에 잡아 보았나요? 바람이 맛이 있습디까? 바람이 없나요? 바람은 밖에도 있고 속에도 있습니다. 성령은 바람과 같습니다. 눈에 보이지 않습니다. 손으로 잡아 볼 수 없습니다. 성령은 맛이 없습니다. 그러나 성령은 우리 곁에 계시고 우리 속에 와 계시고 성령이 계시를 통해서 우리가 예수님을 알게 되고 성령을 통해서 우리 하나님을 감사하고 기뻐하고 기도하게 되고 성령을 통하여 우리가 신앙생활 하게 되고 이 성령은 우리들을 돕기 위해서 자신 안에 임재하여 계신 것입니다. 성령은 인격을 가지고 계십니다. 지식과 감정과 의지를 가지고 계신 것입니다.

이러므로 우리가 방언으로 기도할 때 성령께 늘 부탁해야 됩니다. 성령이여 하나님 아버지와 우리 주 예수그리스도의 사랑을 우리 속에 부은바 되게 하여 주시옵소서. 성령이 저희 속에 사랑으로 가득하게 채워 주시옵소서. 그리고는 우리가 믿음으로 사랑을 실천하면서 살아야 되는 것입니다. 사랑을 실천하려면 언제나 십자가를 걸머져야 되는 것입니다. 십자가는 자신이 죽는 것입니다. 이 세상은 미움이 꽉 들어차고 죄악이 꽉 들어찬 세상입니다. 이 세상은 이기주의적인 세상이요 마귀가 지배하고 있습니다. 이

속에 우리 주 예수그리스도의 사랑을 실천하고 살려면 내가 십자가를 걸머져야만 되는 것입니다.

가정에서도 내가 사랑을 하고 살려면 다른 사람의 모든 고집과 성내는 것과 고통 주는 것을 참아야 되기 때문에 십자가를 걸머지는 것입니다. 내가 이웃과의 같이 사는데도 이웃이 못되게 굴고 이웃이 상처를 주더라도 이것을 참고 견뎌 나가기 위해서는 십자가를 걸머져야 되는 것입니다. 대인관계에서도 사람들은 우리에게 손해를 끼치고 우리를 모욕되게 하고 우리에게 상처를 입혀도 우린 그것을 참고 견디어 나가도록 십자가를 걸머져야만 되는 것입니다. 십자가를 걸머지지 않고 사랑은 되지 않는 것입니다. 사랑은 십자가를 걸머지고 내가 상처를 입을 때 사랑은 더 넘쳐나는 것입니다. 십자가 없는 사랑은 사랑이 아닌 것입니다.

그러나 그러면 내가 항상 십자가를 걸머지고 손해만 보란 말입니까? 그렇지 않습니다. 십자가를 걸머지면 부활도 다가오게 되는 것입니다. 예수님이 사람들에게 멸시를 당하고 무시당하고 짓밟히고 찢겨서 십자가에 못 박혔지만 하나님께서는 그를 부활시켜서 모든 이름 위에 높은 이름을 주시고 하나님 보좌 우편에 만왕의 왕 만주의 주로 앉혀주신 것입니다. 우리가 십자가를 걸머지고 사랑을 하면은 그 다음에는 하나님이 부활을 주는 차례가 다가오는 것입니다. 하나님께서 믿음, 소망, 사랑의 부활을 주시며 의와 평강과 희락의 부활을 부시며 사랑의 십자가를 걸머지는 자에게는 마음에 흐뭇한 행복의 부활로 채워주시는 것입니다. 방언으로 기도하면 할수록 이렇게 사랑이 흘러넘쳐야 합니다.

10장 귀신이 따라하는 이성적인 방언기도

(딤전 4:1-2)"그러나 성령이 밝히 말씀하시기를 후일에 어떤 사람들이 믿음에서 떠나 미혹하는 영과 귀신의 가르침을 따르리라 하셨으니, 자기 양심이 화인을 맞아서 외식함으로 거짓말하는 자들이라."

하나님은 반드시 성령으로 세례를 받고 마음 안에 성전에서 분출되는 방언기도 하기를 소원하십니다. 귀신방언이라는 것도 있을까? 무슨 귀신이 하는 방언이 있을까 생각할 수도 있겠지만 실제로 그러한 비슷한 방언을 하는 사람이 오늘날 성도들 중에 있습니다. 오늘 이 장에서는 귀신방언이라는 무엇이며, 그것을 어떻게 구분할 것이며, 귀신이 따라하는 방언을 떨쳐 버리고 어떻게 참된 방언을 할 수 있는지를 살펴보도록 하겠습니다.

먼저, 방언이 무엇이며 그것의 유익과 한계가 무엇인지부터 잠깐 정리해보도록 하겠습니다. 방언이란 사람의 영의 언어입니다(고전14:14). "내가 만일 방언으로 기도하면 나의 영이 기도하거니와(고전14:14)" 즉 방언이란 사람이 자신의 영을 사용해서 하나님께 어떤 비밀을 말하는 것입니다(고전14:2). 그러므로 우리의 귀로는 알아들을 수가 없습니다. 통역을 해봐야 그 내용이 무엇인지를 알아들을 수 있는 것입니다. 어떤 사람은 방언이 기도라고 하는데, 방언은 기도만을 의미하지는 않습니다. 왜냐하면 방언은 크게 4가지를 포함하고 있기 때문입니다. 하나는 정말 그것이 기도이기 때문입니다(고전14:14). 방언은 사람 안에 있을 수 있는 성령이 아닌 다른 영의 기도일 수가 있는 것입니다. 그것은 방언기도는 기독교의 전용물이 아니기 때문입니다. 또 하나는 그것이 사람의 영의 찬양이라는 것입니다(고전14:15). "내가 영으로 찬송하고 또 마음으로 찬송하리라(고전14:15)" 그리고 마지막으로 하나는 그것이 성령께서 주시는 위로와 권면의 말씀이거나 책망의 말씀도 된다는 것입니다(롬8:26). "이와 같이 성령도 우리의 연약함을 도우시나니 우리는 마땅히 기도할 바를 알지 못하나 오직 성령이 말할 수 없는 탄식으로 우리를 위하여 친히 간구하시느니라(롬8:26)" 그래서 방언은 어쩌면 예언을 포함하고 있다고 할 수 있습니다(고전14:3,24). 방언의 내용이 이와 같다는 것은 방언을 통역해보면 금방 알 수 있을 것입니다.

그러므로 방언은 성령으로 바르게 하면 영적으로 매우 유익한 것입니다. 그래서 사도바울은 방언은 자기 자신의 영혼을 세워주는 것이라고 했습니다. 한편 방언은 실용적인 측면에서 유익하다고 할 수 있습니다. 방언이 우리의 기도생활을 한층 더 풍성하게 해 주기 때문입니다. 마음과 입술로 기도하는 일반적인 기도가 되지 않을 때에 방언으로 이어서 기도를 하게 되면 오래 기도할 수 있으며, 깊이 기도할 수 있습니다.

그러므로 오늘날 사람이 알아듣지 못하는 방언 말하는 것을 옹알거리는 소리나 쓸데없는 소리라고 주장해서는 아니 됩니다. 이는 체험하지 않고 모르고 하는 말입니다. 어떤 사람은 여기에 한 걸음 더 나아가 초대교회 이후에 방언을 비롯한 모든 은사는 중단되었다고 주장하는 이들도 적지 않게 있습니다. 하지만 오해한 것입니다. 오순절 날 이후에 성도들이 받은 성령과 지금 우리가 받는 성령이 다르다면 혹시 그렇게 말할 수도 있겠지만, 그들이 받은 성령과 우리가 받은 성령이 같기 때문에 성령이 존재하는 한 우리의 영이 성령과 더불어 기도하는 방언은 중단되지 않을 것이며 계속될 것입니다. 결국 방언이 중단되었다고 말하는 것은 성령의 은사를 제한하는 것이 되며, 기도생활을 하지 못하게 방해하는 사탄 마귀의 역사를 돕는 일이 되는 것이니 삼가 해야 할 것입니다. 방언기도는 설사 잘못된 기도라고 할지라도 하지 못하게 방해하면 그 사람은 영적인 면이 죽을 수가 있으니 삼가야 합니다. 이는 뒤에 16장에서 자세하게 설명하겠습니다.

그렇다고, 방언이 만능인 것처럼 생각하는 것도 조심해야 합니다. 우리나라 일부 성도들은 방언기도만 하면 다된 것으로 착각하고 지내는 분들이 있습니다. 잘못 이해한 것입니다. 방언이 귀하고 좋은 것이기는 하지만, 방언이 대신할 수 없는 것도 있다는 것을 알아야 합니다. 방언은 결코 회개기도를 대신할 수 없으며, 방언은 결코 신앙고백을 대신하지 못합니다. 방언으로 회개해야 할 것을 대신 회개할 수는 없기 때문입니다. 회개는 우리의 마음을 다해 입술로 해야 합니다. 만약 어떤 사람이 언어를 사용해 기도하지 않고 처음부터 끝까지 방언으로 기도만 하는 사람도 있는데, 이러한 방언은 검증을 해 볼 필요가 있습니다. 왜냐하면 귀신이 우리의 기도를 방해하기 위해 아예 기도를 못하도록 방언을 하는 것처럼 속이는 일도 있기 때문입니다. 그러므로 기도할 때에는 반드시 성령의 역사가 기도를 이끌어가게 하기 위해서 먼저 알아들을 수 있는 언어로 기도를 해야 합니다. 그리고 이어서 방언으로 기도하는 것이 좋습니다. 급하게 하지 말고 성령의 이끌림을 받는 방언기도가 되도록 해야 합니다.

첫째, 귀신도 방언을 말할 수 있는가? 귀신도 방언할 수 있다고 보아야 합니다. 남미 아마존강 유역에서 고립된 원시인처럼 사는 원주민이 코카인에 취해 병자를 치유하는 동영상을 보면 모두 한 결 같이 방언을 합니다. 이런 점으로 보아 방언은 종교이전부터 이미 인류가 해왔다고 봅니다. 지금도 신 내렸다는 무속인들의 방언과 같은 맥락입니다. 이런 원시적 방언은 곧 종교로 이어져 이슬람교, 힌두교, 불교 등에서 널리 하고 있습니다. 그렇기 때문에 성령으로 세례를 받지 않고 성령의 이끌림이 없이 방언기도하면 다른 영이 말하는 방언기도를 할 수가 있다는 것입니다.

귀신방언이 있다 없다 논쟁이 심합니다. 필자가 개별성령치유사역을 하면서 체험한 바로는 이렇게 설명할 수가 있습니다. 그래서 두 가지 견해로 설명이 가능합니다. 첫째로 최초 방언기도를 분출시킬 때 잘못된 경우입니다. 최초 방언기도를 분출시킨 사역자를 조종하는 귀신이 침입을 한 것입니다. 개별사역을 하다가 보면 이런 경우가 의외로 많습니다. 특정한 기도원이나 교회에서 최초 방언기도를 분출시킨 사람들이 거의 동일한 소리로 방언기도를 하기 때문입니다. 이런 경우에 축사하는 데 시간이 많이 소요됩니다. 강력한 성령의 역사가 완전하게 지배하고 장악하지 않으면 절대로 떠나가지 않습니다. 또 하나는 귀신이 그 사람을 장악한 다음 방언기도 소리를 흉내 내는 것입니다. 귀신이 방언기도를 따라한다는 것입니다. 태중에서부터 들어와 잠재의식을 장악하고 있는 귀신은 방언기도를 만들지 못합니다. 최초부터 자신의 혈통으로 역사하던 귀신은 스스로 방언기도를 하지 못합니다. 그래서 방언기도를 따라하는 것입니다. 물론 이것도 귀신의 방언이라고 할 수 있는데 정확히는 가짜방언인 셈입니다.

그렇다면 어떻게 귀신이 방언을 할 수 있다는 말일까요? 그것은 귀신이 그 사람 속에 이미 들어가 있는 상태라면 언제든지 가능한 일임을 인정하는 것이 좋습니다. 사람은 누구에게나 의지를 가지고 있습니다. 그런데 그 의지를 귀신에게 빼앗겨버리게 되면 자기도 모르게 귀신이 자기의 입술을 통해서 말을 하게 되는 것입니다. 이것이 기도의 형태처럼 나오게 되면 그것이 곧 귀신방언이 되는 것입니다. 무당이 귀신을 부르는 소리 같이 말입니다. 잘못하면은 자신이 방언으로 귀신을 부르면서 기도하는 형태가 될 수도 있다는 것입니다. 그래서 필자가 날마다 강조하는 것이 마음으로 예수님을 생각하면서 기도소리에 집중하면서 성령의 이끌림을 받으면서 기도하라고 하는 것입니다.

그렇다면 어떤 사람이 자신의 기도가 귀신의 영향을 받는 방언을 하고 있는지 아닌지는 어떻게 구별할 수 있습니까? 4가지로 확인해보면 알 수 있습니다. 첫째는 방언하는 사람의 모습을 보면 알 수 있습니다. 기도하면서 얼굴에 평안이 없고 질려서 기도하는 경우입니다. 팔을 강하게 흔들면서 기도하는 경우입니다. 이는 무속의 영의 영향일 가능성이 있습니다. 필자는 이런 분들 여럿을 축사하여 온전하게 한 체험을 가지고 있습니다. 둘째는 방언 기도하는 사람의 기도 소리를 들어봐도 짐작할 수 있습니다. 쉿쉿쉿… 쉿쉿쉿… 뱀 소리를 하면서 입에서 무엇을 끄집어내면서 기도한다든지, 방언기도 소리를 듣고 있노라면 기분이 좋지 않고 소름이 듣기에 거북한 소리와 소름을 끼치게 하는 소리를 내고 있으면 귀신방언일 확률이 높습니다. 필자가 매주 토요일 개별 집중 치유할 때 보면 이런 소리를 내는 방언 기도할 때 조금 있다가 귀신들이 따나갔습니다. 본인도 목사님 듣기 싫고 등골이 오싹한 방언기도가 나오더니 귀신이 떠나갑니다. 이는 성전에서 성령으로 분출되는 방언기도의 권능에 잠복하여 있던 독한 귀신이 정체가 폭로되니 떠나가는 경우도 있습니다. 여러 가지 복합적인 역사이므로 한 가지로 확증하는 것은 금해야 합니다. 보편적으로 귀신이 사람의 인격을 장악한 경우는 말을 할 때 상당히 빈정거리는 소리나 비웃는 것과 같은 소리를 냅니다. 듣고 있노라면 기분이 나쁜 소리가 나오는 것입니다. 그래서 성령치유 사역자는 인내력이 강한 사람이어야 합니다. 그리고 꼭 그러한 경우는 아니지만 단순한 단어를 계속해서 반복하는 경우나 아주 빠른 말소리도 한 번쯤은 의심해 볼 필요가 있습니다. 만약 자신이 지금 귀신방언을 하고 있다면 일반적으로 드리는 언어기도를 잘 못할 것입니다. 그리고 잠재의식의 영향으로 방언기도를 하고 있는 것입니다. 그리고 귀신이 생각을 다른 곳으로 유도하기 때문에 기도에 집중도 안 되는 것이 보통입니다. 그래서 필자는 주여! 주여! 하면서 기도소리에 집중하라고 하는 것입니다. 교회 가기도 싫어지고, 교회 가서도 교회는 왔지만, 설교소리가 들리지를 않아서 다른 행동을 하다가 가는 것입니다.

그리고 계속해서 영적인 질병이나 정신적인 질병과 육채적인 질병이 주기적으로 일어날 것입니다. 그러므로 귀신방언은 중단되도록 처리해야 합니다. 사역자가 분별하여 말해 줄 때 본인이 인정해야 떠나갑니다. 셋째는 온전한 성령사역자와 성령 충만한 크리스천들이 모여서 뜨겁게 방언으로 기도하다든지, 안수기도를 받아보면 금방 들통이 납니다. 그 속에 들어있는 귀신이 견딜 수 없어하기 때문입니다. 넷째로 방언기도는 유창하게 잘하는데 전인격에 변화가 없고 항상 얼굴에는 두려움과 불안이 덮여져 있는 사람입니다. 원래 얼굴은 자신의 마음 속 영적 상태가 얼굴에 나타나는 것입니다. 쉽게 설명하면 자신의 잠재의식에 무엇이 있느냐에 따라서 얼굴에 나타난다는 것입니다. 우리 충만한 교회 오래 다닌 분들은 얼굴에 광체가 납니다. 성령이 충만한 것이 얼굴에 나타나기 때문입니다.

둘째, 귀신방언을 하고 있다면 이렇게 하라. 그렇다면 이제 만약 자신이 귀신의 방언을 하고 있는데, 그것을 성령이 주셨던 방언으로 잘못 알고 있었다고 한다면 어떻게 해야 하는지를 살펴보겠습니다. 그때에는 내 안에 들어있는 귀신을 쫓아내려고 관심을 가져야 합니다. 거울을 보라고 하는 분들이 계시는데 이는 근거 없는 사람의 말입니다. 개별 축사사역을 해보지 않고 사람소리

듣고 말하는 것입니다. 신빙도가 떨어집니다.

　그러면 어떻게 해야 할까요? 성령이 강하게 역사하는 장소에 가서서 아랫배에 의식을 두고 아랫배에 힘을 주면서 코로 호흡을 강하게 들이쉬고 내쉴 때는 힘을 **빼고** 내쉬는 것입니다. 절대로 혼자 기도해서는 귀신이 정체를 폭로하지 않습니다. 우리 충만한 교회와 같이 성령의 역사가 강하게 일어나는 장소에 가서서 그곳에 계시는 분들과 뜨겁게 소리 내어 필자가 알려준 대로 기도하는 것입니다. 그렇게 기도하면 70%는 귀신이 정체를 폭로합니다. 성령이 충만한 장소에는 담당 목회자가 성령으로 충만하여 축귀를 쉽게 하는 분들입니다. 그분에게 안수를 받는 것입니다. 자신이 인정한 것이므로 쉽게 축사가 됩니다. 귀신도 순수하기 때문에 쉽게 정체를 폭로하고 쉽게 떠나가는 것입니다. 필자는 자신에게 역사하는 귀신은 자신의 성향과 비슷하다고 생각하면 100% 맞는다고 생각하는 편입니다.

　그런데 이렇게 자신이 힘을 다하여 기도해도 귀신이 정체를 폭로하지 않으면 어떻게 하느냐 입니다. 보통 이렇게 기도해도 귀신이 정체를 폭로하는 않는 경우는 이곳저곳에 은혜와 능력을 받는 다고 돌아다녀서 자신에게 역사하는 귀신이 내성이 길러져서 꼼작하지 않는 것입니다. 항생제 내성이 길러진 것과 같은 이치입니다. 여러 곳을 다녀서 알기는 조금 아니까, 전하는 말씀을 분별하고 의심하고 뚜드려 보고 별별 이상한 질문을 다하는 순수하지 못한 분들입니다. 사역간 필자를 제일로 힘들게 하는 분들입니다. 이런 분들은 잠간잠간 안수하고 기도해서는 효과가 없고 최대 2시간 이상 안수를 해야 정체를 폭로합니다. 본인이 인정해야 2시간 만에 정체를 폭로합니다. 대체적으로 이런분들이 자신에게 귀신이 역사하지 않는다고 믿고 있습니다. 왜냐하면 기도하고 안수해도 아무런 현상이 나타나지 않기 때문입니다. 아주 의인이 된 것과 같이 교만합니다. 이런 분들은 자신의 삶을 뒤돌아 보면 금방 이해 할 수가 있습니다. 열매가 좋지 않기 때문입니다. 우리 충만한 교회에서는 이런 크리스천들을 위하여 매주 토요일 예약하여 2시간 30분씩 개별집중치유를 하는 것입니다.

그런데 자신에게 귀신이 역사하고 있다고 인정하고 축귀를 받으면 사람이 점점 영적으로 변한다는 것입니다. 얼굴이 달라집니다. 성령의 역사가 얼굴에 나타나기 때문입니다. 그러면 왜 귀신의 영향아래 있을 때는 그렇게 은혜로운 얼굴이 나타나지 않았을까요? 더러운 영의 역사가 잠재의식을 장악하여 그 사람 안에 성전에서 성령의 역사가 100% 밖으로 나타나지 못하기 때문입니다. 그래서 필자는 방언으로 기도할 때 잠재의식을 정화해야 한다고 강조하는 것입니다. 생명의 말씀과 성령으로 잠재의식이 정화되어야 자신 안에 계신 성령의 역사가 100% 나타납니다. 방언기도는 아무렇게나 소리만 잘하면 안 되는 것입니다. 반드시 성령으로 세례를 받고 자신 안에 성전에서 성령으로 분출되는 방언기도를 습관화해야 합니다. 그래야 방언기도 할 때 잠재의식이 정화되면서 성령의 지배와 장악이 되어 항상 성령하나님과 동행하는 상태가 되는 것입니다. 열매가 좋게 되는 것입니다. 참으로 방언기도는 중요합니다. 중요한 만큼 정확하게 해야 합니다.

셋째, 귀신방언을 하는 크리스천을 어찌해야 하나. 결론부터 말하자면 절재하며 못하게 하지 말고 그냥 하도로 내버려 두라는 것입니다. 귀신방언 한다고 못하게 하면 그 사람의 고통은 이만저만이 아닙니다. 필자가 성령치유 사역을 하다가 보니 교회에 방언통역을 한다는 성도들로 하여금, 교회 성도들에게 상처를 주고, 피해가 막심하다는 것입니다. 작년 추석 집회할 때 어느 여전도사가 와서 저에게 이렇게 상담을 했습니다. 목사님 우리 교회 전도사 중에 나름대로 방언 통역을 한다는 여전도사가 있는데, 새벽 기도할 때 성도들의 방언기도를 들어보고 나름대로 평가하여 담임 목사님에게 이야기 하면 목사님이 그 성도에게 방언기도를 하지 못하게 한다는 것입니다. 그 피해자 중에 자기도 포함이 된다는 것입니다. 그래서 자기가 방언으로 기도를 못하니 가슴이 답답하여 미칠 지경이라 휴일을 택해서 치유 받으러 왔다는 것입니다.

그래서 말씀 듣고 안수하고 막힌 영의통로를 뚫어서 잠재의식을 성령으로 치유하고 제가 그 전도사의 방언을 들어보니 이상이 없는 성령으로 하는 영의 방언이었습니다. 그래서 이제 걱정하지 말고, 누구의 말에도 눌리지 말고 누가 무어라고 해도 방언으로 기도를 막하라고 조언한 일이 있습니다. 필자가 성령치유 사역을 오래하다가 보니 개척교회나 큰 교회나 할 것이 없이 목회자 분들이 영안이 열렸다, 방언 통역을 한다하는 성도들의 말을 잘도 믿는 다는 것입니다. 분별해 보지도 않고 그 소리를 다 믿는 다는 것입니다. 좌우지간에 문제가 많습니다.

귀신방언을 하면 안수하여 귀신을 쫓아내어 정확한 방언기도를 하도록 하는 곳이 교회입니다. 그런 일을 하라고 직분 자들과 담임목사를 세운 것입니다. 귀신방언 한다고 못하게 하는 곳이 교회가 될 수가 없습니다. 저의 임상적인 견해로는 방언을 어떤 소리로 하든지 상관할 필요가 없다는 것입니다. 방언은 계속적으로 바뀝니다. 방언을 하다가 불같은 성령을 강하게 체험하고 영의 통로가 열리면 방언이 달라지고 바른 방언이 됩니다.

그러므로 방언하는 것 들어보고, 귀신 방언인가 아니가 판단하여 절재 시키지 말고, 귀신 방언하나 알려고 방언 통역을 할 것이 아니고, 목회자가 불같은 성령을 체험하고 성령의 능력을 받아 안수기도하면서 영의 통로를 뚫어주면 성령의 강력한 역사에 의하여 잘못된 방언도 바른 영적인 성령의 인도를 받는 영의 방언으로 바뀌더라는 것입니다. 절대로 교회에서 자기 나름대로 방언 통역한다는 사람들의 심령 상태를 진단해 보아야 한다고 저는 강력하게 주장을 합니다. 왜냐하면 방언을 가장 듣기 싫어하는 것들이 귀신입니다. 귀신들은 방언하는 소리를 가장 듣기 싫어합니다. 그래서 귀신에게 눌렸던 성도들이 방언을 받으면 귀신들이 많이 축사되는 것입니다.

특히 영으로 속으로 하는 방언에는 귀신들이 정말로 듣지 못하고 축사됩니다. 그러므로 방언 통역한다고 들어보고 귀신 방언한다고 못하게 하는 그 성도가 바로 귀신 방언을 하는 것입니다. 방어기도를 어떻게 분별하느냐, 이것은 본인이 분별하는 것입니다. 본인이 방언기도를 하고 나면 마음이 뜨겁고 성령의 충만함이 나타나면 영으로 하는 방언입니다. 그러나 방언 기도를 하면 할 수 록 심령이 갑갑하고 영성에 변화가 없으면 잘못된 방언입니다. 그래서 본인이 분별 가능한 것입니다. 이렇게 잘못된 방언을 하다가도 어느날 불같은 성령을 체험하면 바른 방언으로 바뀌니까, 너무 성급하게 판단하여 낙심하거나 의기소침하면 영성에 해가 되니 참고하시기를 바랍니다. 그리고 방언통역은 심령이 성령으로 장악되고 치유되어 영감이 풍성하고 영안이 열리면 다 할 수 있는 은사입니다.

필자는 방언통역은사가 있다고 다된 것은 아니라고 생각합니다. 심령에서 성령의 생수가 올라오는 성도가 되는 것이 더 문제입니다. 사람이 하는 말에 신경 쓰지 말고 방언으로 기도하세요. 때가 되어 성령으로 충만해지면 방언도 바뀝니다. 그리고 필자가 지금까지 방언으로 기도하면서 나름대로 체험한 간단하게 자신의 방언기도를 분별하는 방법은 이렇습니다. 방언으로 기도했는데 마음이 평안해지고 성령으로 충만해지고 몸이 가벼워지고 날아갈 것 같은 기분이 든다면 바른 방언기도입니다.

그러나 방언으로 기도를 했는데 기도 한 것도 아닌 것 같고 가슴이 답답하고 평안함이 없고 몸이 무겁고 나른하다면 잘못된 방언으로 분별을 해보아야 합니다. 그러므로 방언기도는 자신이 분별할 수가 있는 것입니다. 자신의 방언기도를 자신이 분별할 수 있도록 분별력을 기르시고, 분별해보시기를 바랍니다.

방언기도를 수년 동안 많이 열심히 했는데 영-혼-육에 변화가 없다면 기도하는 방법을 바꾸어볼 필요가 있습니다. 구송기도로 바꾸어서 호흡을 들이쉬고 내쉬면서 주여! 호흡을 들이쉬고 내쉬면서 주여! 이렇게 지속적으로 하다가 보면 분명하게 자신에게 역사하던 영적인 존재가 정체를 폭로할 것입니다. 둘째로 예수님을 생각하면서 아랫배에서 올라오는 방언기도의 소리에 집중하면서, 아랫배에서 올라오는 소리로 방언기도를 하라는 것입니다. 절대로 생각을 다른 곳에 내어주지 말아야 합니다. 셋째로 가끔씩은 참된 방언을 하는 지도자에게 영적점검을 받거나 성령 충만한 분의 안수기도를 받아보는 것이 좋습니다. 필자는 주일날 성도들을 일일이 안수하며 영적검진을 하여 성령으로 기도하도록 돕고 있습니다. 성도들은 주일날이 굉장하게 중요합니다. 지금 세상에 살아가기 힘들어서 주일 밖에 교회에 나오지 못하는 크리스천들이 부지기수입니다. 주일날은 성경책 끼고 교회에 와서 담임목사님께 눈도장을 찍고 가는 날이 아닙니다. 하나님께 영과 진리로 예배를 드리면서 자신의 심령에 있는 스트레스와 잠재의식의 상처를 치유하면서 내면을 강하게 하는 날입니다. 정기적으로 영적검진을 받는 날입니다. 아주 중요한 날입니다. 육체도 2년에 두 번씩 건강검진을 받지 않습니까? 이와 마찬가지로 영적검진도 담임목사님을 통하여 주기적으로 받아야 합니다.

넷째로 밖으로 나타나는 현상이나 소리와 은사를 쫓아가지 말고 하나님의 말씀과 성령으로 자신의 심령에 채워야 합니다. 예수님의 인격으로 변화가 일어나는 믿음 생활을 해야 합니다. 귀신이 나갔으나 자신이 나왔던 사람의 몸에 하나님의 말씀으로 성령으로 채워지지 않자 일곱 귀신을 데리고 들어가 나중형편이 더 악화될 수도 있으니 말입니다(마12:43-45).

11장 트렌스 현상과 유사한 방언기도

(고전 14:18-19)"내가 너희 모든 사람보다 방언을 더 말하므로 하나님께 감사하노라. 그러나 교회에서 네가 남을 가르치기 위하여 깨달은 마음으로 다섯 마디 말을 하는 것이 일만 마디 방언으로 말하는 것보다 나으니라."

방언이라는 것은 자기가 하는 말이 아닙니다. 배워서 하는 말이 아닙니다. 하나님의 성령이 임하셔서 우리의 입술과 혀에 기적을 베풀어서 내가 배우지 않은 말이 기도할 때 입을 통해서 나옵니다. 그것은 하나님 성령의 기적입니다. 오순절 전까지는 하나님은 유대인의 하나님이요 유대인만이 선민이었습니다. 그러므로 하나님 말씀이 히브리어나 아람어로 전해졌고 히브리어나 아람어로 기록되었습니다. 유대인밖에 하나님을 갖고 있지 않았습니다.

그러나 오순절 이후에는 예수님께서 십자가에 못 박혀서 몸을 찢고 피를 흘린 것이 유대인만 위한 것이 아니요, 세계 만민을 위한 것입니다. 그래서 하나님은 그리스도를 통해서 만민의 하나님이 되시고, 모든 민족이 하나님의 백성이 되며, 하나님의 복음을 듣고 하나님의 은혜로 구원받을 수 있다는 것을 알리기 위해서 모두 다 성령 충만하여 방언으로 말하기 시작한 것입니다. 그들은 세계 각국의 말로서 말하기 시작한 것입니다. 이제 복음은 유대인만의 복음이 아닙니다. 세계인의 복음인 것입니다. 하나님은 유대인의 하나님뿐 아니라, 온 세계의 하나님이 되시고, 그리스도는 유대인의 구주일 뿐 아니라, 온 세계의 구주가 되었다는 것을 방언을 통해서 보여주신 것입니다. 이러므로 이 방언을 통해서 이제는 성령이 각 나라 말로 전달되고 하나님의 복음이 각 나라 말로 다 기록되게 된 것을 선언하는 것입니다.

그리고 또 이 방언을 통해서 하나님께서는 사람과 사람 사이의 말이 아니라, 사람과 하나님 사이에 이야기할 수 있는 차원 높은 언어의 채널을 열어주셨습니다. 우리는 이 세상에서 사람의 말로서 말합니다. 또 다른 나라 말은 배워서 말합니다. 그러나 방언은 배워서 말하지 않습니다. 방언은 성령이 오셔서 기적으로 하늘나라 말을 하게 하는 것입니다. 이 하늘나라 말을 통해서 인간의 차원을 뛰어넘어 하나님과 대화를 하게 됩니다.

방언을 해서 무슨 이익이 있는가? 방언은 알아듣지도 못하는데 무엇 때문에 하는가? 그렇게 말하는 사람 많습니다. 그러나 예수께서 말씀하기를 누구든지 내 이름으로 귀신을 쫓아내며 새 방언을 말할 것이라고 말씀하셨습니다. 바울은 너희 모든 사람보다 내가 방언 많이 말함을 하나님께 감사하게 생각한다고 말씀했습니다. 필자는 방언으로 기도 많이 합니다. 아는 말로 기도하고 방언으로 기도하고 아는 말로 찬송하고 방언으로 찬송합니다. 이 방언기도는 우리에게 굉장한 하나님과의 교제를 갖게 해주시는 것입니다.

이 방언을 왜 하느냐? 우리는 하나님께 비밀을 말하기 위해서 방언을 말합니다. 고린도전서 14장 2절에 "방언을 말하는 자는 사람에게 하지 아니하고 하나님께 하나니 이는 알아듣는 자가 없고 그 영으로 비밀을 말함이니라." 세상 사람들은 알아듣지 못합니다. 그러나 방언 말하는 사람은 그 영으로 하나님과 비밀을 말합니다. 그 비밀을 말해서 무슨 소용이 있느냐? 원수하고 비밀을 말합니까? 안 합니다. 친구들하고 비밀을 말합니까? 안 합니다.

비밀을 말하게 될 때에는 굉장히 가까운 사람끼리 비밀을 말하는 것입니다. 비밀을 말할 정도면 굉장히 가까운 사람입니다. 우리가 방언으로 말하면 영으로 하나님과 비밀을 말하게 됨으로 하나님과 굉장히 가까워지는 것입니다. 그러므로 방언으로 기도하면 하나님의 영광이 우리 영혼 속에 충만해짐을 느끼게 되는 것입니다.

또 성경에는 방언을 말하는 자는 자기의 덕을 세운다고 말하는 것입니다. 헬라어로 '호이코도메오'라고 말하는데 이 '호이코도메오'라는 말은 벽돌을 한 장 한장 쌓아올린다는 말입니다. 고린도전서 14장 4절에 "방언을 말하는 자는 자기의 덕을 세우고 예언하는 자는 교회의 덕을 세우나니" 예언을 잘하고 설교를 잘하면 그 듣는 사람들의 마음에 신앙의 덕이 차곡차곡 쌓아집니다. 그런데 방언을 말하는 자는 자기의 신앙의 덕이 쌓아진다는 것입니다. 신앙이 자라지 않고 신앙이 약한 사람은 방언으로 많이 기도할 때 그 마음속에 신앙의 벽돌이 한 장 한 장 쌓아 올라가서 신앙의 덕이 쌓아지는 것입니다.

그 다음에는 또 우리가 방언을 말하는 것은 우리가 기도할 줄 모를 때 성령이 우리에게 기도를 해주는 것입니다. 내가 기도하지 못할 때 답답할 때 이웃 사람에게 기도를 부탁하지 않습니까? 그처럼 우리가 정 답답할 때는 하나님의 성령이 우리를 위해서 기도를 해 주시는 것입니다. 로마서 8장 26절에 "이와 같이 성령도 우리 연약함을 도우시나니 우리가 마땅히 빌 바를 알지 못하나 오직 성령이 말할 수 없는 탄식으로 우리를 위하여 친히 간구하시느니라." 성령께서 친히 우리 마음을 통해서 직접 기도해 주십니다. 그러므로 시도 때도 없이 하나님 성령의 감동으로 기도하고 싶을 때는 엎드려서 막 방언으로 기도하면 아직까지 우리에게 닥쳐오지 않는 미래의 사건에 대해서 하나님이 더 큰 축복의 문을 열기도 하고 위험을 미연에 방지해 주기도 하는 것입니다.

또한 방언기도는 우리 이 복잡하고 고단한 세상 속에서 스트레스를 해소해 줍니다. 사람의 문제는 스트레스로 출발하는 것입니다. 마음에 염려 근심 고통 괴로움 무서운 경쟁 속에 우리들은 스트레스에 걸리고 사람들은 그러므로 정신적으로 불안하고 고통 속에 있고 수많은 사람들이 정신병에 걸립니다. 이런 정신적인 스트레스에 우리를 붙들어 주고 강함을 넣어주고 위로해 주는 것이 무엇입니까? 방언은 우리 정신적인 건강을 가져와 줍니다. 그러므로 필자가 미국 어느 종교단체에서 발표한 것을 보니까 방언을 말하는 사람 중에 정신병원에 입원해 있는 사람이 없다는 것입니다.

이사야서 28장 11절로 12절에 보면 "그러므로 생소한 입술과 다른 방언으로 이 백성에게 말씀하시리라 전에 그들에게 이르시기를 이것이 너희 안식이요 이것이 너희 상쾌함이니 너희는 곤비한 자에게 안식을 주라 하셨으나 그들이 듣지 아니하였으므로" 라고 말한 것입니다. 이 성경에 보면 생소한 입술과 다른 방언으로 이 백성에게 말씀하겠다. 생소한 입술이라는 것은 부르르르 떨리는 입술(Stammer Lip)인 것입니다. 어떠한 사람은 방언 말한다고 하면서 우르르르… 우르르르… 어떤 사람은 따다다… 따다다… 하고 있습니다. 저게 무슨 방언이냐 아유 웃기네! 합니다. 그건 생소한 입술입니다. 떨리는 입술, 성경에는 "떨리는 입술과 다른 방언으로 이 백성에게 말씀하시리라" 하셨습니다.

그리고 한번 소리 내며 읽어 보십시오. "저들에게 이르기를 이것이 너희 안식이요. 이것이 너희 상쾌함이니 너희는 곤비한 자에게 안식을 주라" 방언으로 말하는 것이 우리에게 안식이 되고 우리에게 상쾌함이 되기 때문에 곤비한 사람에게 이것을 주라고 말했습니다. 마음이 곤비하고 육체가 곤비하고 생활이 곤비해서 쓰러지며 넘어지며 자빠지는 사람에게 방언을 주라. 방언으로 기도하면 마음이 휴식을 얻고 마음이 상쾌함을 얻어서 이 곤비함을 이길 수가 있다는 것입니다. 오늘날 많은 기독교 신자들이 마음에 기쁨을 잃어버리고 곤비하고 예수 믿는다면서 피곤해 지는 것은 성령 충만하여 성령의 말하게 하심을 따라 다른 방언으로 말하게 하는 은혜를 받지 못했기 때문에 그런 것입니다.

다른 방언으로 말하는 사람은 이 곤비함을 이기고 마음에 안식과 상쾌함을 언제나 누릴 수가 있는 것입니다. 이렇기 때문에 성령이여 방언으로 임하여 주시옵소서. 충만한 방언으로 임하여 주시기를 우리는 기도해야 되겠습니다.

첫째, 자신의 방언기도를 분별해보라. 도대체 이 방언은 무엇일까요. 필자는 가끔 이런 생각을 합니다. 내가 성령의 은사로서의 방언을 받은 것인가 아닌가? 은사를 구분하는 가장 중요한 기준은 하나입니다. 그 은사로 인해 개인의 삶에 예수 그리스도와 더 깊은 친밀함이 깊어지느냐, 그리고 그로 인해 자신과 가정과 교회에 덕이 되느냐는 것입니다.

병 고치는 은사를 받았다는데…. 그래서 병자가 낫긴 낫는데…. 그 사람으로 인해 교회에 분란이 일어나고 목사님 대적하고, 그 사람 주위로 사람들이 모여들면서 그 사람을 추앙하고…. 그렇다면 그건 은사를 받은 게 아니라, 혼의 잠재력 즉 초능력이 나온 것이라고 할 수도 있습니다. 사람에게서 초능력은 나올 수 있으나, 그건 개인을 위한 것일 뿐 결코 교회를 위한 것은 아니라는 것입니다. 방언도 그렇습니다. 방언을 하게 됨을 통해 심령에 변화가 생기고, 더 하나님을 알고 싶고, 더 하나님을 찾고, 더 하나님의 은혜를 구하고 싶다면 그러한 방언은 분명 주님이 은혜로 주신 은사요, 선물이 될 것입니다. 성경은 언제나 그리 말씀하십니다. "그 열매로 그들을 안다" 즉, 열매가 삶의 열매가 좋지 않다면 그 사람에게 주어진 은사는 개인적 차원의 초능력이나 개인의 무의식적 소산물이라 볼 수 있습니다.

원래 사도행전에 나타난 방언은 구체적인 외국 언어였습니다. 그 당시는 복음이 전 세계로 전해져야 해야만 했던 시기였기에 하나님은 마가의 다락방에 모인 120문도에게 불의 혀와 같은 것이 갈라지면서 그들 머리 위에 그 불이 임했을 때 그들은 방언으로 하나님이 행하시는 일을 증거 하였던 것입니다.

마가의 다락방에서 벌어진 이 놀라운 현상은 오래 전 노아홍수 이후 바벨탑 사건으로 인한 저주가 풀리는 상징성을 갖고 있었습니다. 바벨탑은 언어가 모두 다 혼돈 상태가 되면서 언어가 각기 달라지는 계기가 되었습니다. 즉 인간의 죄악으로 인해 언어가 분열된 것인데 이 분열된 언어가 예수 그리스도를 통해 성령으로 말미암아 다시 하나가 된 것입니다. 즉 각기 다른 말을 하게 되었지만 그 핵심은 예수 그리스도의 행하심의 증거였습니다. 다시 말하지만 원래 방언은 정확한 외국어였습니다.

그러나 사도 바울은 고린도 전서에서 이미 고린도 교회 안에 요즘과 같은 외국어가 아닌 이상한 언어를 토해내는 방언이 있다는 것을 알고 서신을 쓰게 됩니다. 바울의 결론은 병 고침의 은사이든 방언의 은사이든 예언을 할 수 있는 은사이든 모든 은사보다 더 큰 은사는 바로 사랑의 은사이기에 사랑을 구하기를 힘쓰라고 권고하고 있습니다.

그럼 정신분석적으로 방언을 어떻게 이해할 수 있을까요? 정신분석에서는 사람의 마음을 의식과 무의식(잠재의식)으로 나눕니다. 의식은 우리가 살아가고 느끼는 정신의 현실을 의미합니다. 그리고 잠재의식은 현실에서 용납될 수 없는 혹은 고통스러운 경험이나 기억, 관계들의 저장소로 보면 됩니다.

그런데 최초 방언을 분출시킨 사람들을 관찰해 보면 한 결 같이 그들이 받은 방언이 신앙체험이 강렬해지는 분위기에서 시작되었다는 것입니다. 다시 말해 의식에서는 억압과 불안과 좌절이 증폭되면 될수록 그런 사람들의 내면에는 해방과 평안과 성취를 갈구하게 마련입니다. 그러나 평소에는 그런 갈망들이 드러나지 않습니다. 그러다가 같이 모여 뜨겁게 기도하거나, 신앙적 감정이 몰입이 될 경우에 의식은 잠시 긴장을 풀게 됩니다. 그래서 설교 말씀을 들을 때 아멘을 잘하라고 하는 것입니다. '아멘' 할 때 마음이 열리기 때문입니다.

마음이 열려서 의식에서 풀려진 감정은 당연히 잠재의식의 문을 두드리게 됩니다. 그 때 억압된 감정들이 솟구쳐 나올 수 있습니다. 즉 한 맺힌 것이 잠시 풀어지는 순간 언어는 감정을 담아야 하지만 언어가 담을 수 없는 감정의 폭발이 일어납니다. 그래서 필자가 성령치유하면서 방언기도 하는 소리는 들어보면 '에이씨벌…' '에이씨벌…' 하면서 기도하거나, 어떤 특정한 사람을 부르면서 욕을 하거나, 악을 쓰거나 별별 이상한 일이 다 일어납니다. 이는 성령님이 잠재의식에 쌓여있던 울분을 푸는 것이라고 생각합니다.

그 순간 우리의 의식은 언어의 세계를 잠시 닫게 됩니다. 그리고 언어를 토해내는 의식의 기능과 그것을 말해내는 혀의 기능에 잠시 부조화가 발생합니다. 자기가 생각하지 못한 평소에 잠겨있던 소리가 분출되는 것입니다. 중요한 건 어떤 말을 어떻게 하느냐가 아닙니다.

방언을 하는 동안 그 말을 아무도 알아듣지 못하지만, 그렇게 방언을 토해내는 상황 속에서 하나님께 자신의 내면 깊숙한 곳의 상처나 억압이나 사연을 잠시 방어나 초자아의 감시 없이 토해낸다는 것입니다. 그래서 방언기도를 하면 평소보다 많은 시간을 기도하게 되는 것입니다. 시간의 흐름을 잊은 것입니다. 그러면서 자신의 여러 가지 고통을 잠시 잊는 것입니다. 삶의 고통도, 가정의 고통도, 자녀의 문제도, 사업의 문제도 잠시 잊게 됩니다. 좀 더 쉽게 표현한다면 방언으로 기도하는 순간 마음의 평화를 체험하는 것입니다. 그래서 성전에서 성령으로 분출되는 방언기도를 하라고 강조하는 것입니다. 성령으로 방언기도가 될 때 잠재의식을 정화 할 수가 있기 때문입니다.

알아야 할 것은 방언은 잠시 트렌스 상태와 비슷한 상태에 빠지는 경우가 있습니다. 분별해야 합니다. 트렌스 상태는 몽롱한 상태나 황홀한 중에 심지어는 자기 최면에 빠지거나 마취가 되는 것과 비슷한 체험을 하는 것입니다. 그러나 이런 기분은 오래가지 못합니다. 의식이 돌아와 현실에 접하게 되면 다시 종전과 같은 답답함이 느껴지는 것입니다. 그러면 그것을 잊기 위하여 다시 교회에 가서 방언으로 기도를 합니다.

트랜스 현상과 유사한 방언기도는 순간적인 환희와 이성의 만족을 가져오는 것이고, 자신의 마음 안에 있는 성전에서 성령으로 분출되는 방언은 영원히 끊어지지 않는 샘물이 되는 것입니다. 그래서 필자가 자꾸 마음 안에 성전에서 성령으로 분출되는 방언기도를 하라고 하는 것입니다. 이런 위험성이 있으니까, 항상 자신의 방언기도를 진단하여 보아야 합니다.

여기서 크리스천들이 알아야 할 사실은 방언이 결코 기독교만의 전유물이 아니라는 것입니다. 타종교에서도 방언은 존재하기 때문입니다. 이슬람도, 힌두교도, 심지어 불교도, 천주교, 무당들도 방언을 합니다. 방언할 때 그들 나름대로 트랜스 현상을 체험합니다. 무당들은 방언기도 소리에 따라서 등급이 결정 된다는 것입니다. 큰 귀신을 부르는 방언을 해야 등급이 높다는 것입니다.

방언의 궁극성은 방언 그 자체에 있지 않습니다. 방언의 궁극성은 성령님의 이끌림을 받아서 하나님 앞에서 자신의 사연을 있는 그대로 토로해 낸다는 것입니다. 그것이 어떠한 형태를 띠고 있던 상관없습니다. 성령의 이끌림을 받는 방언은 하나님 앞에서 가장 솔직하게 자신을 표현해 내려하는 몸부림입니다. 그래서 자신 안에 성전에서 성령으로 방언을 해야 합니다. 성경은 "이와 같이 성령도 우리의 연약함을 도우시나니 우리는 마땅히 기도할 바를 알지 못하나 오직 성령이 말할 수 없는 탄식으로 우리를 위하여 친히 간구하시느니라. 마음을 살피시는 이가 성령의 생각을 아시나니 이는 성령이 하나님의 뜻대로 성도를 위하여 간구하심이니라. 우리가 알거니와 하나님을 사랑하는 자 곧 그의 뜻대로 부르심을 입은 자들에게는 모든 것이 합력하여 선을 이루느니라(롬 8:26-28)"

둘째, 자신의 변화가 있는지 살펴라. 그렇기 때문에 자신의 방언이 트렌스 현상을 일으키고 있는지 분별해야 합니다. 분별의 기준은 걸어 다니는 성전의식을 가지고 있고, 어디서나 하나님이 생각나고, 수시로 기도가 되며, 기도하면 할수록 자신의 전인격이 변화되고 있고, 삶에서 열매가 나타나고, 교회에 가서 여러 사람들과 방언으로 기도할 때와 같은 황홀함을 항상 지속되느냐, 그렇지 않느냐는 것입니다. 그렇지 못하고 방언 기도할 때는 기분이 좋고 상쾌하고 날아가는 것과 갖은 환희를 체험하는데 조금 지나면 소멸된다면 지신은 지금 트렌스현상을 일으키는 것입니다. 즉 자신 안에 성전에서 성령으로 분출되는 방언기도가 아닐 수가 있다는 것입니다. 그러면 무엇일까요? 답은 나와 있습니다. 다른 이교도들과 같이 자신의 열심과 이성이 기도하는 것입니다. 그래서 순간 쾌락을 맛보는 것입니다. 마치 '프로포폴'을 투약한 것과 같은 잠시 고통을 잊는 것입니다.

이런 분들은 잠재의식을 정화하는 시간을 가져야 합니다. 잠재의식을 정화하여 자신의 마음 안에 있는 성전에서 성령으로 방언기도를 하도록 바꾸어야 합니다. 그러기에 방언을 할 줄 안다고 자랑할 것도 없고, 방언 못한다고 좌절할 것도 없습니다. 다만 누군가에게는 이해할 수 없는 언어로 하나님께 자신의 상태를 고백하는 것이고 누군가에게는 이해할 수 있는 언어로 고백할 뿐입니다. 그러나 먹고 살기 힘든 세상에서… 누구라도 한 번은 의식을 내려놓고 의식의 스위치를 끄고 싶을 때가 있듯 누군가에게는 언어가 아닌 자신조차 알아들을 수 없는 언어로 자신의 처지를 하나님께 고백하고 싶은 방언의 트랜스에 사로잡히고 싶은 충동이 올라오는 건 당연한 일입니다. 여기에 분별없이 빠지면 귀신의 노리개가 될 수가 있습니다.

평소에 기도생활이 소홀했음에도 삶에서 지속적으로 방언이 나온다면 그건 자신의 중심이 여전히 하나님을 향해 열려 있어야 함을 의미합니다. 가장 중요한 것은 사도 바울의 가르침처럼 방언의 궁극적 목적은 방언 그 자체에 있지 않고 사랑에 있다는 사실입니다. 하나님 사랑, 이웃 사랑, 그리고 자기 사랑… 그 사랑의 지향성 속에 방언은 자리 잡게 되는 것입니다. 그리고 우리의 언어로 모두 다 담아낼 수 없는 삶의 사연을 가장 원초적인 옹알이로 하나님께 고백하는 자신만의 언어라는 점에서 방언은 내면의 은밀한 지성소의 기도라고 정의할 수 있는 것입니다.

셋째, 성전에서 분출되는 방언기도를 습관화하라. 자신 안에 성전에서 성령으로 방언을 하라는 것입니다. 관심을 가지면 쉽게 될 수가 있습니다. 그러면 예수님께서 말씀하신 "내가 주는 물을 마시는 자는 영원히 목마르지 아니하리니 내가 주는 물은 그 속에서 영생하도록 솟아나는 샘물이 되리라(요 4:14)"는 뜻을 자동으로 이해하게 될 것입니다.

　아무리 좋은 음식이라도 너무 과식하면 몸에 해롭기 때문에 하나님이 주시는 성령의 은사인 방언도 질서 있고 절도 있게 하면 정말로 귀한 축복이 되는 것입니다. 목사님이 설교하는데 혼자서 고함을 치고 방언을 하면 그것은 설교를 방해하는 것입니다. 다른 성도는 찬송하는데 자기는 찬송 안하고 방언찬송만 하면 정신이 이상한 성도가 됩니다. 방언은 사람들 들으라고 하지 않고 하나님과 나와 비밀을 말하는 것이기 때문에 통성기도 할 때나 방언으로 기도하고 집에서 골방에 들어가서 방언기도하고 산기도 갈 때 방언기도, 사람에게 들으라고 하지 않고 하나님 듣고 내가 듣고 하나님과 나 사이에 하는 말이기 때문에 비밀로 기도하시므로 사람들에게 시험이 안 되도록 해야 되는 것입니다. 그렇기 때문에 방언으로 기도하면 할수록 변화가 나타나야 합니다.

　무질서 하게 하지 말고 자기 과시를 위해서 하면 교회와 하나님께 누를 끼치게 되므로 질서 있게 하면 굉장한 축복이 되는 것입니다. 이렇기 때문에 하나님이 우리에게 제일 많이 은사로 준 것이 방언기도인 것입니다. 다른 은사는 선택해서 받지만, 방언의 은사는 누구든지 받을 수가 있는 것입니다. 고린도전서 14장 18절 말씀 사도바울 선생이 고린도교인들에게 뭐라고 말했습니까? "내가 너희 모든 사람보다 방언을 더 말하므로 하나님께 감사하노라" 이 원어를 보면 너희들이 다 합쳐서 하는 방언보다도 나 혼자서 하는 방언을 더 많이 한다고 한 것입니다. 바울선생이 그 많은 고통을 이기고 그 먼 여행을 하면서 편만하게 구라파를 복음화한 것은 그 근본적인 힘이 기도에 있고 그 기도에 근본적인 능력이 방언에 있었던 것입니다.

39절로 40절에 "그런즉 내 형제들아 예언하기를 사모하며 방언 말하기를 금하지 말라 모든 것을 품위 있게 하고 질서 있게 하라"고 말한 것입니다. 우리가 방언 말하기를 금하지 말고 품위 있고 존경받는 방법으로 기도를 하라는 것입니다. 성령을 받고 방언을 한 때 하다가 안 한 사람은 오늘부터 새로운 각오로 방언을 하십시오. 우리말로 기도하고 방언으로 기도하고 우리말로 찬송하고 방언으로 찬송하십시오. 아직 성령을 받지 못한 사람은 성령을 받고 방언을 하려고 하십시오. 꼭 성령세례 받고 방언 하겠다고 결심을 하고 하나님께 부르짖으면 오늘날은 성령을 선물로 주시는 시대이기 때문에 한 시간 이내 성령 받을 수 있습니다. 누구든지 성령을 받을 수 있는 것입니다.

성령을 받고 방언을 말해야 기초 무장이 되어서 마귀와 싸우고 세상과 싸워서 이기는 승리의 신앙생활을 할 수 있는 것입니다. 그것이 없으면 혼자 기도의 힘으로는 이겨 나갈 수가 없습니다. 보혜사가 와 계셔도 와 계신 줄도 모르고 도움도 못 받는 것입니다. 방언으로 기도하면 보혜사의 도움을 끊임없이 받을 수 있는 것입니다. 방언을 통해서 보혜사 위해서 기도해 주고 보혜사가 같이 계신 것을 믿을 수 있으니 의지할 수 있고 혼자 믿는 것이 아니라 성령과 함께 믿게 되는 것입니다. 그러니 성전에서 성령으로 분출되는 방언기도를 하면 카리스마가 말할 수 없이 강하게 분출되는 것입니다.

12장 시간만 낭비하는 습관적인 방언기도

(렘 22:21)"네가 평안할 때에 내가 네게 말하였으나 네 말이 나는 듣지 아니하리라 하였나니 네가 어려서부터 내 목소리를 청종하지 아니함이 네 습관이라"

하나님은 습관적인 방언기도를 경계하라고 하십니다. 제가 그동안 성령치유 사역을 하면서 개인 안수사역을 하면서 체험한 바로는 습관적인 방언기도를 하는 분들이 많이 있다는 것입니다. 목회자도 습관적인 방언을 합니다. 성도도 습관적인 방언기도를 합니다. 더군다나 시간을 때우는 기도를 합니다. 이렇게 습관적이고 시간 때우는 방언기도를 하니 아무리 기도를 많이 해도 심령의 변화가 없다는 것입니다. 아무런 영적유익이 없습니다. 우리가 바로 알아야 할 것은 반드시 성령으로 방언기도를 하면 심령이 변한다는 것입니다.

방언기도는 성령의 초자연적인 역사가 일어나게 하는 적극적인 수단이기 때문입니다. 자신의 심령에서 성령의 초자연적인 역사가 일어나면 반드시 변해야 맞습니다. 제가 성령치유 사역을 하면서 바르게 방언기도를 하게 했더니 심령이 변하더라는 것입니다. 아니 변하게 되어 있습니다. 방언기도 간에 내면의 상처가 치유되고 잠재의식에 있는 상처들이 치유됩니다. 그래서 방언기도를 분별해 보아야 합니다.

왜냐하면 요즈음 절에서 하는 법회에서 불교신도들이 인간이

지어낸 방언을 많이 말합니다. 그들은 기독교의 방언이 하나님의 초자연적인 언어라는 주장에 대해서 받아들이지 않습니다. 자신들도 방언을 말하는데 그 방언은 부처님으로부터 오는 것이라고 믿습니다. 이것은 마치 모세가 바로 앞에서 지팡이가 뱀이 되게 하는 이적을 보여주자 이집트 술사들도 자신들의 지팡이를 던져 뱀이 되게 했던 것과 같습니다. 그러나 모세의 뱀이 술사들의 뱀을 잡아먹었습니다. 이것은 장차 우리가 겪게 될 영적 싸움의 모형으로 행하신 기적입니다. 불교신자들이 방언으로 기도하면 말할 수 없는 기쁨을 맛본다고 자랑합니다. 이것은 명상원에서 명상을 하는 사람들이 느끼는 황홀경(무아경)과 같은 것입니다. 이것은 영이 강력하게 우리 몸에 임할 때 육체가 느끼는 것으로 하나님의 영이나 악령이나 거의 동일한 것입니다. 그래서 불교신자들은 그들이 행하는 참선을 통해서 영적 감흥을 맛보는 것입니다.

방언을 말할 때도 그런 즐거움을 느끼는 것입니다. 그래서 더욱 더 그 곳에 말려들어갑니다. 불교신자들이 말하는 방언을 통해서 그들은 갖가지 환상과 이상을 경험합니다. 이것도 우리와 비슷한 것입니다. 이 모든 영적 증상들은 동일하지만 결정적인 차이가 하나 있습니다. 그것이 바로 영적 싸움에서 하나님의 영이 이 모든 것을 제압한다는 것입니다. 이집트 술사들도 뱀을 만들어내는 능력을 행함으로써 바로의 마음을 흐뭇하게 만들었습니다. 그러나 다음 순간 바로의 얼굴은 일그러졌습니다. 이처럼 오늘날 우리 가운데에서도 이런 증거들이 그대로 나타납니다. 방언을 유창하게 말하면서 기도하는 불교신자가 이 점을 자랑합니다. 그런데 우리가 여기서 알아두어야 할 것이 있습니다. 영적인 일이라고 해도 우리가 그 일을 계속하면 우리 몸은 그 일에 익숙해져서 영의 힘이 아닌 육신의 힘으로 그 일을 하게 된다는 점입니다. 방언을 계속하게 되면 우리 혀는 그 말에 익숙해져서 자동으로 방언을 말하게 되는 것입니다. 이것이 방언이 습관이 된 것입니다. 이 경우에는 우리가 하는 방언은 영의 일이 아니라 육체의 일이 되는 것입니다. 이렇게 하는 방언으로는 아무런 유익을 얻지 못합니다. 습관이 된 방언기도에는 영적 능력이 담겨 있지 않기 때문에 강력한 변화를 경험하지 못합니다.

영적 싸움에서도 이런 습관화 된 방언으로는 효과를 거둘 수 없습니다. 그런 방언은 지루해서 사람을 지치게 만듭니다. 방언이 영으로 하는 것이 아닐 경우에는 도움을 얻지 못하며 우리의 영은 강해지지 못하는 것입니다. 이처럼 불교신자들도 자신들이 나름대로 지어낸 육체의 방언을 합니다. 이런 경우 그들도 역시 습관적인 방언기도와 마찬가지로 삭막합니다. 그러나 영으로 방언을 하는 경우 본인이 그 점을 즉각 느낍니다. 능력 있는 그리스도인 앞에서 불교신자가 아무리 영으로 하는 방언을 말하려고 해도 되지 않습니다. 그 사람은 이상하다면서 오늘 기도발이 받지 않는 것 같다고 변명합니다. 불교 신도들이 하는 방언은 분명하게 악한 영의 역사라는 것이 증명된 것입니다. 불교신자들이 자신들만 모인 곳에서는 기도도 잘 되고 황홀경을 경험합니다. 그런데 그곳에 능력 있는 그리스도인이 가면 그런 분위기가 사라집니다. 그들은 이곳에 부정한 사람이 들어와 있다면서 사방을 살펴 그리스도인을 지적해냅니다.

그리고 그곳을 떠나라고 합니다. 그들만이 있을 때는 마귀는 달콤함을 주어 그들을 사로잡지만, 그리스도인이 있으면 그 평화가 깨어지고 맙니다. 자신들을 이길 강력한 성령이 그 자리에 임하므로 마귀는 힘을 쓸 수 없게 되는 것입니다. 이와 같이 그리스도인이 있는 곳에 강한 마귀의 영을 지닌 사람이 들어오면 찬물을 끼얹은 것처럼 썰렁해집니다. 이 경우 그들의 영이 마귀의 영을 이기지 못하는 것입니다. 성령의 역사가 반감했기 때문입니다.

영의 실체가 실린 방언은 그 효과가 나타납니다. 성령은 능력으로, 예언으로, 자신의 영은 회개라는 열매를 만들어냅니다. 그러나 습관이 되어서 하는 방언은 아무런 증거를 보이지 않습니다. 우리는 이런 방언을 많이 하게 됩니다. 의무적으로 기도하는 사람이나 영의 흐름을 파악하지 못합니다. 무지하게 방언으로 기도하는 사람의 경우 습관 된 기도를 하게 됩니다. 예수님은 바리새인들이 그런 습관 된 기도를 하고 있다고 지적했습니다.

이런 기도를 중언부언의 기도라고 하듯이 방언으로 하는 기도에도 역시 이런 중언부언이 있는 것입니다. 이런 기도로는 영적 싸움을 할 수 없습니다. 우리가 영으로 예민하고 늘 성령의 흐름을 민감하게 느끼려는 생각이 있어야 합니다. 그래야 불교신자들이 하는 것과 같은 맹목적이고 감각적인 즐거움을 좇아가는 어리석은 기도에서 벗어날 수 있는 것입니다.

불교신자들이 그들이 모이는 참선집회에서 느끼는 감각적인 즐거움이 거짓이라는 것이 참이신 그리스도의 영을 접할 때 들어납니다. 홀로 기도할 때 깊은 명상에 들어간다고 자랑하는 사람이 그리스도인 앞에서는 그것이 잘 되지 않으니 이상하다고 이야기합니다. 이것이 영적 싸움에서 승리하는 증거입니다. 우리는 거짓 평안과 즐거움을 몰아내고 참되신 주님의 평안을 전해야 하는 책임이 있습니다. 그러기 위해서 우리는 스스로 영의 흐름에 대한 분명한 의식이 있어야 하는 것입니다.

기도할 때 우리를 감싸는 세 가지 종류의 영의 분위기를 제대로 이해할 수 있어야 합니다. 그것은 직접 경험할 수 있을 때 구분하는 능력이 생깁니다. 말로 설명이 되지 않는 감각의 영역이기 때문에 우리 각 사람은 이 기능을 스스로 개발해야 합니다. 제가 "영안 열리면 귀신들이 보이나요"와 "영안을 밝게 여는 비결" 책에서 강조한 것과 같이 영을 보며 분별의 능력을 개발해야 합니다.

우리는 육체의 평안이나 마귀가 가져다주는 일시적인 황홀경을 경계해야 합니다. 육체적으로 근심된 일이 없을 때 우리는 평안한 기분을 느낍니다. 이것은 세상이 주는 평안이며, 주님이 주시는 평안을 그것과 다르다고 말합니다. 그 평안을 맛보아야만 육체적 평안과 구분할 수 있습니다. 성령이 주시는 평안의 실체를 경험하기 위해서 우리는 극한의 고난과 갈등이 주어지고 그런 환경에서 부여되는 실체적 평안을 우리는 맛보게 됩니다.

이럴 경우 그 평안의 근원이 어디인지를 기억하는 사람이 별로 없는 듯합니다. 그 평안과 육체적 평안이 어떻게 다른지를 제대로 기억하지 못하는 것은 모조품이 있다는 사실을 사전에 알지 못하기 때문입니다. 우리는 방언을 통해서 우리 안에 역사하는 영의 흐름을 읽을 수 있을 뿐만 아니라, 자신의 영적 상태를 점검할 수 있습니다. 무기력하고 습관적인 방언만 하고 있다면 죄의 문제를 보아야 합니다. 성령 충만을 방해하는 것은 죄이기 때문입니다. 불순종은 하나님으로부터 오는 모든 은혜를 가로막는 장애물입니다.

방언으로 기도할 때 새로운 힘이 들어오는 것을 느끼지 못한 채로 기도만 한다면 그것은 습관적으로 기도하는 것입니다. 기도할 때 하나님이 주시는 힘으로 하지 않고 자신의 의지로만 한다면 이는 괴로운 일임을 알아야 합니다. 시작은 자신의 힘으로 하지만 얼마 가지 않아서 영의 힘이 실리는 것을 느껴야 합니다. 그힘이 악한 영으로부터 오는 것인지 선한 영으로부터 오는 것인지를 제대로 파악할 수 없다면, 아주 유치하거나 이에 대한 의식이 없는 것입니다. 기도할 때 자신의 영안에 흘러들어오는 다양한 능력과 힘을 느낄 수 있도록 예민해져야 하며, 그러기 위해서는 아무런 의식 없이 하는 습관에 젖은 기도에서 벗어나야 합니다. 하나님의 영은 분명한 의식을 가지고 그 영을 환영하고 모셔드릴 때 더욱 풍성해지는 것입니다. 불교신자들이 느끼는 즐거움이나 우리가 느끼는 기쁨이나 다를 바가 없습니다.

그러나 이 두 가지가 서로 충돌할 때에는 분명하게 들어납니다. 짝퉁은 그것 자체로 즐거움을 줍니다. 그러나 진품이 곁에 있으면 그것은 수치스러운 물건이 되듯이, 거짓 즐거움과 방언은 그것만을 가지고 행할 때는 아무런 문제가 없는 듯이 보이다가도 하나님의 것이 들어오면 그것은 엄청나게 사람을 괴롭게 하는 악한 존재의 본성을 들어냅니다.

　마귀의 방언을 하면서도, 타성에 젖은 습관적 방언을 말하면서
도 평안하고 기쁠 수 있는 것은 영적 싸움을 시도하지 않았기 때
문입니다. 마귀는 대항할 때 물러나고 그 본성을 들어냅니다. 우
리는 늘 스스로 마귀를 예수의 이름으로 쫓아내는 일을 해야 합
니다. 우리가 기도할 때 하는 방언에는 분명히 다른 요소들이 스
며든다는 점을 잊지 말아야 합니다. 하나님으로부터 오는 것은
환영하고 받아들여야 하지만 악한 영으로부터 오는 것은 배척하
여야 합니다. 이것을 구분하지 않는 무지한 상태를 마귀는 제일
좋아합니다. 분명하게 성령의 이끌림을 받으면서 방언기도를 하
면 자신이 영육의 변하는 것을 느끼고 체험하게 됩니다.

　습관적인 방언기도를 하지 않기 위하여 기본적으로 깨달아야
할 것이 있습니다. 자신 안에 하나님의 성전이 있다는 것입니다.
성전에서 성령으로 카리스마가 분출된다는 것입니다. 방언기도
의 대상이 자신 안에 있는 성전에 계신다는 것입니다.

　그렇기 때문에 기도할 때 마음으로 예수님을 생각하면서 배꼽
아래에 의식을 두고, 마음이 열리게 하기 위하여 호흡을 들이쉬
고 내쉬면서 방언기도 소리에 집중하면서 기도하는 것입니다. 이
렇게 집중적으로 끝을 보고 말겠다는 생각을 가지고 방언기도를
하면 어느날 자신 안에 성전에서 성령으로 분출되는 방언기도를
할 수가 있습니다. 절대로 일어나는 현상에 치중하지 말아야 합
니다. 현상에 치중하면 방언기도라고 할지라도 인간적인 기도밖
에 되지 못하는 것입니다.

13장 잠재의식의 상처로 분출되는 방언기도

(고전14:4)"방언을 말하는 자는 자기의 덕을 세우고 예
언하는 자는 교회의 덕을 세우나니"

방언으로 기도하면 성령이 충만해지므로 성령이 우리의 잠재
의식을 정화해 주는 것입니다. 마음을 청소해 주는 것입니다. 어
릴 때 고통당한 것, 상처 입은 것, 해를 입은 것, 원한, 슬픔, 괴로
움 이 모든 것이 마음 밑에 깔아 앉아 있던 것이 전부 방언을 하면
방언이 그를 들춰내어서 소제해서 청소해 버리는 것입니다. 우리
가 알아야 할 것은 이러한 잠재의식의 상처 뒤에 마귀가 역사하
고 있다는 것입니다. 마귀역사가 성령의 역사에 견디지 못하고
나오는 것입니다. 왜냐하면 방언으로 기도하면 성령이 충만한 역
사가 일어납니다. 성령의 충만한 역사는 초자연적인 역사입니다.
초자연적인 성령의 역사가 일어나니 성령의 역사보다 약한 모든
것이 떠나가는 것입니다. 그렇기 때문에 마음으로 방언기도를 하
면 마음이 건강한 마음이 되고, 치료받은 마음이 된다는 것을 말
하고 있는 것입니다. 겉으로는 평안한 것 같습니다. 그래도 위기
가 닥쳐오면 바닥에 깔려있는 공포와 좌절, 불안과 절망 등이 우
리를 괴롭히고 뛰어 올라오는 것입니다. 이것을 성령으로 청소하
지 않으면 안 되는 것입니다. 오늘날 이것을 청소 못하는 사람은
병원에 가서 심리학자에 여러 가지 과거 이야기를 하라고 하면
과거이야기를 하고, 꿈 이야기를 하면 심리학자들이 하나하나 찾

아서 해결해 가려고 하는 것입니다.

심리학자가 당신은 이런 점이 모르지만 있습니다. 이런 과거에 상처 입은 기억이 있습니다. '이것을 회개하시고 치료 하십시오' 라고 말합니다. 그런데 우리 방언을 말하는 사람은 심리학자를 찾아갈 필요 없이 성령이 우리 속에 들어와서 뽑아내는데요. 성령이 소제해 내버리기 때문에 우리 마음이 고침을 받고 아주 평안하게 되는 것입니다. 그러므로 방언 기도는 성령께서 우리 마음속에 깊숙이 남아있는 부정적인 것들을 다 청소해 줍니다. 상처가 없다는 사람은 교만한 사람이고, 거짓말하는 사람입니다.

우리 마음이 다스릴 수 없이 슬퍼지고 비정상적일 때 방언으로 기도하십시오. 그럴 때 성령의 역사로 마귀는 쫓겨나가고 마음속에 있는 모든 쓰레기 더미는 청소되고 우리 마음이 치료를 받을 수 있게 되는 것입니다. 그렇기 때문에 방언을 마귀는 못하게 자꾸 하는 것입니다. 방언기도를 하면 "야, 네가 하는 기도지 성령이 하는 기도가 아니라"고 자꾸 의심을 하도록 하는 것입니다. 그 교묘한 미혹을 듣고 넘어가지 마십시오. 방언은 성령이 나를 통해서 하는 것이지 내가 만들어서 하는 것이 아닙니다.

첫째, 잠재의식이 정화되는 방언기도를 하라. 영적인 상태란 수면직전의 상태에서, 육신을 평안히 쉬는 상태에 놓고, 뇌는 아직 잠들지 않은 상태에서 마음을 열어줌으로 성령께서 역사하시도록 만들어 놓은 상태입니다. 이러한 상태가 영적상태(알파파)이며, 이때에 내안에 계신 성령께서 활동을 시작하면서, 잠재의식을 치유하십니다. 수면상태(알파파)에서도 일종의 치유가 일어나고 있지만, 진정한 잠재의식의 치유는 영적상태에서 일어납니다.

호흡을 들이쉬고 내쉬면서 마음으로 방언기도를 하여 자신 안에 있는 성전에서 성령으로 방언기도가 분출되는 상태입니다. 이러한 영적상태는 몸에 힘이 빠져 모든 것이 영에 이끌려 가는 상태입니다. 이성과 육신은 아직은 깨어 있지만, 잠자는 상태처럼 힘을 잃고, 오직 영만 활성화되는 상태입니다. 의식과 몸이 영과 분리된 상태입니다. 의식이 아직 잠들지 않고 있는 상태에서 영적상태로 들어갑니다. 영적상태에서는 의식과 몸은 잠자는 상태와 똑 같으므로 피로회복의 효과는 깊은 수면과 마찬가지입니다. 이런 상태를 자꾸 훈련하면, 밤에 잠을 자면서도 계속 기도하고, 하나님과 교제하게 됩니다. 영적인 상태로 되지 않은 상태에서 수면에 들어가면 안 됩니다. 수면직전상태에서 하나님을 만나고 영적인 것을 정리하는 묵상을 하루 한 시간씩 가지세요. 영적상태에서 하나님을 묵상하면 하나님으로부터 많은 평강, 은총이 임하게 됩니다. 잠재의식이 정화됩니다. 진정 편안함은 육체의 편안이 아니라, 그것을 느끼는 내면의 편안함이 문제입니다. 그러므로 영적상태를 자꾸 훈련함으로 내면에 하나님의 평안을 풍성하게 담으려고 하세요.

자면서 영으로 하는 기도를 훈련하세요. 하나님을 사랑하고 하나님의 사랑을 받고, 앞날을 위해서 기도하세요. 이렇게 되기까지 시간이 걸립니다. 그러나 영적상태의 훈련이 되면 나중에는 서서 눈을 감으면 바로 영적상태(알파파)가 됩니다. 심신이 안정된 상태가 된다는 것입니다. 그리고 눈을 뜨고서도 기도합니다. 소리를 들으면서도 기도합니다. 성경을 보면서도 기도합니다. 마음이 늘 하나님께로 가 있는 기도를 하게 됩니다. 이렇게 하나님께 온전하게 집중하는 상태가 바로 진정한 영적상태입니다. 이런 영적상태에 잠재의식을 정화합니다. 마음으로 방언기도를 하면서 잠재의식을 정화하는 시간을 많이 갖기를 바랍니다.

둘째, 잠재의식의 상처를 정화하면서 일어나는 현상을 이해하라. 잠재의식의 상처가 성전에서 올라오는 방언기도를 방해합니다. 잠재의식은 무식한 능력입니다. 잠재의식이 정화되지 못하면 성전에서 분출되는 방언기도를 방해합니다. 필자가 지난 16년간 개별성령치유 사역을 하면서 체험한 성전에서 분출되는 방언기도를 방해하는 잠재의식의 역사는 이렇습니다. 방언기도가 성전에 연결되면 잠재의식이 정화되어 잠재의식에 역사하던 영적인 존재가 떠나가야 하기 때문에 기를 쓰고 방행하는 것입니다. 쉽게 설명한다면 잠재의식의 상처가 치고 들어와 성전에 연결되는 방언기도를 못하게 하는 것입니다. 이를 바르게 알고 대처해야 성전에서 분출되는 방언기도를 할 수 있고 잠재의식이 정화되기 시작하는 것입니다. 여러 가지 현상이 일어나면 치유되는 것으로 미혹당하거나 속기 쉽습니다. 다음에 설명되는 현상이 일어나면 치유되는 것으로 속지 말고 기도를 지속하여 잠재의식의 역사를 뿌리 뽑아야 합니다.

방언기도가 성전에서 분출되려면 잠재의식에서 기침을 하게 합니다. 기침에 정신을 집중하니 성전에서 분출되는 기도가 되지 않는 것입니다. 본인이나 사역자는 기침할 때 잠재의식의 상처가 치유된다고 생각하는데 그렇지 못한 경우가 더 많습니다. 이는 잠재의식에 역사하는 영들에게 미혹당하는 것입니다. 방언기도가 성전에서 분출되려면 잠재의식에서 흐느끼거나 울음이 나오게 합니다. 흐느끼고 우는 것에 마음을 빼앗기니 성전에서 분출되는 기도가 되지 않는 것입니다. 방언기도가 성전에서 분출되려면 잠재의식에서 고성을 지르게 합니다. 고성으로 소리를 지르는 것에 관심을 두니 성전에서 분출되는 기도가 되지 않는 것입니다. 조현병 환자가 치유되지못하는이유는 잠재의식이 현재의식에 영향을 끼쳐서 성전에서 성령의 카리스마가 분출되지 못하기 때문입니다. 조현병 환자가 정상적으로 치유 되려면 스스로 기도하여 성전에서 성령의 카리스마가 분출되면 치유가 되기 시작을 합니다. 이런 상태로 얼마가지 않으면 정상으로 복귀하는 것입니다.

　방언기도가 성전에서 분출되려면 잠재의식에서 이상한 소리를 하게 합니다. 이상한 소리에 마음을 빼앗기니 성전에서 분출되는 기도가 되지 않는 것입니다. 방언기도가 성전에서 분출되려면 잠재의식에서 이상한 방언기도를 하게 합니다. 이상한 방언기도에 정신이 팔리니 성전에서 분출되는 기도가 되지 않는 것입니다. 필자가 개별 집중치유 하면서 체험한 바로는 이상한 방언이 나오더라도 무시하고 성령께서 분출되도록 호흡을 들이쉬고 내쉬게 했더니 반드시 더러운 영들이 떠나갔습니다. 이상한 방언소리가 나오면 환자는 개의치 말고 계속 호흡을 들이쉬고 내쉬면서 성전에서 성령님의 역사가 올라오도록 해야 합니다. 조금 지나면 귀신들이 기침이나 소리나 발작 등을 일으키면서 떠나갑니다. 방언기도가 성전에서 분출되려면 잠재의식에서 앓는 소리를 하는 경우도 있습니다. 환자가 괴로워서 앓는 소리를 하는 것과 같은 소리를 30-40분간하기도 합니다. 처음 듣는 사람은 방언 기도하는 소리로 오인할 수가 있는 소리입니다. 앓는 소리에 마음을 팔리니 성전에서 분출되는 기도가 되지 않는 것입니다.

방언기도가 성전에서 분출되려면 잠재의식에서 허허허 하면서 웃음이 나오기도 합니다. 웃는 것에 마음을 빼앗기니 성전에서 분출되는 기도가 되지 않는 것입니다. 이외에도 여러 가지 현상을 일으키면서 방언기도가 성전에서 분출되는 것을 방해합니다. 사역자나 환자는 이에 관심을 두지 말고 속지도 말고 호흡을 들이쉬고 내쉬면서 기도하여 성령의 역사가 지속되게 해야 성전에서 분출되는 방언기도를 할 수 있습니다.

필자는 성령께서 감동하시는 데로 환자가 잠재의식에서 역사하는 대로 따라가지 못하도록 조치를 합니다. 어느 때는 호흡을 깊게 들이쉬고 내쉬면서 주여! 하도록 합니다. 그런데 문제는 조금 지나면 다시 잠재의식이 주여! 를 바르게 못하도록 역사하여 어여! 어여! 한다는 것입니다. 다른 방법은 방언 기도하는 것을 멈추고 "호흡을 들이쉬면서 마음으로 예수님! 내쉬면서 사랑합니다." 하도록 할 때도 있습니다. 이경우도 조금 지나면 이상한 소리로 둔갑하는 것입니다. 으흐흥…! 으흐흥…! 한다든지, 두두두… 따다다… 하는 소리가 올라옵니다. 그러면 환자에게 정확하게 발음을 하면서 기도하게 합니다. 잠재의식을 통과하여 성전에서 분출되는 방언기도가 되어야 전 인격이 성령의 지배 장악을 하실 수가 있으므로 사역자가 관심을 가지고 있어야 합니다. 그러면 얼마가지 않아서 잠재의식에 역사하던 더러운 세력들이 떠나가기 시작을 합니다. 그래서 사역자나 환자는 성령의 역사에 전폭적으로 동조하면서 인내해야 잠재의식이 정화될 수가 있습니다.

이렇게 되면 잠재의식이 정화되기 시작을 하여 기도하면 할수록 자신의 전인격의 변화를 눈으로 보고 느낄 수가 있습니다. 영적인 현상을 주시하면서 인내해야 마음 안의 성전에서 분출되는 방언기도를 할 수가 있습니다. 방언기도를 많이 하는데 변화가 되지 않는 것은 이런 다양한 현상에 속아서 성전에서 분출되는 방언기도가 되지 않으니 기도한 만큼 전인격이나 권능이나 환경에 변화가 일어나지 않는 것입니다. 정확하게 성전에서 분출되는 방언기도를 하면서 전인격이 변화되지 않을 수가 없습니다.

셋째, 잠재의식이 분출될 때의 여러 현상들. 잠재의식에 쌓여 있는 것들이 분출될 때 여러 가지 이해하지 못하는 현상들이 나타납니다. 이러한 현상을 바르게 분별하지 못하는 실정입니다. 일부 교회에서는 '성령 임재'와 잠재의식에서 표출되는 '샤머니즘적 강신역사'를 분별하지 못합니다. 대략 잠재의식에서 분출되는 샤머니즘적인 기도의 대표적인 현상들은 이렇습니다. 일부 기도원이나 나름대로 성령이 충만하다고 자부하는 교회의 기도회와 부흥회에서 이런 일이 종종 일어납니다.

"큰 소리로 기도하고, 누군가는 괴성을 지르며 발작 증세를 보이기도 합니다. 박수를 이상하게 치는 것은 기본이고 춤을 추거나 노래를 부르는 이도 있습니다. 각종 부흥회와 기도회 등에서 흔히 볼 수 있는 풍경입니다. 부흥회, 기도회라는 단서를 달지 않으면 여느 무속신앙의 신내림과 큰 차이점을 보이지 않습니다. 과연 기독교의 '성령 체험'과 샤머니즘의 '강신'은 어떻게 다를까요?" "한국 교회 일부에서는 부흥회를 통한 신비적인 체험만을 성령의 임재로 강조하는 경향이 있습니다. 트렌스현상을 일으켜서 성도들로 하여금 순간 기분 좋아 헌금하게 하려는 고도의 장난이 일어날 수가 있는 것입니다. 다른 측면은 성령의 임재를 몸의 신비 체험을 통해 인식할 수 있다는 것이라면서 말씀이 없고 바르지 못한 체험을 강조합니다." 그래서 일부 기독교인들은 이러한 신비 현상을 체험하길 원하며, 일부 교회는 이를 성령운동이라는 명명으로 근거 없이 주장하고 있습니다. 필자는 이런 현상을 잠재의식이 분출되면서 일어나는 트렌스현상과 비슷한 현상이라고 해도 과언은 아니라고 생각합니다.

왜냐하면 이렇게 광신적인 행동을 해도 자신의 인격이나 삶에 열매가 보이지 않기 때문입니다. 분명하게 말하자면 바른 성령운동은 예수님의 성품으로 변하여 삶에서 성령의 열매가 보이는 것입니다. 바르게 생명의 말씀을 전하고 성령을 체험하면 변하지 말라고 해도 변할 수밖에 없습니다. 성령으로 기도하여 변화되는 성령체험을 하도록 해야 합니다. 그러나 이러한 신비적 체험을 분석해 보면, 여러 가지 면에서 타종교의 신비 체험과 별로 다르지 않음을 발견하게 됩니다. "무당들의 강신 체험에서 일어나는 황홀경과 부흥회 등에서 강조하는 기독교 성령 체험의 현상들이 특별히 다른 점이 없기 때문입니다" 이는 잠재의식의 분출현상이라고 단정해도 과언은 아니라고 생각합니다. 필자가 이렇게 광신적인 행동을 하면서 기도하는 사람들을 축사한 결과 귀신들이 떠나갔습니다. 축사로 귀신이 떠나간 이후로는 점잖게 기도를 했습니다. 잠재의식이 정화되었기 때문입니다.

우리가 바르게 알아야 짚고 넘어가야 할 것은 "기독교의 성령 체험이 종교 혼합주의적 신비의 현상 가운데 하나인지, 아니면 정말 기독교의 성령 임재의 현상인지를 성경의 증언에 기초해 분석해 볼 필요가 있다는 것입니다" "그리고 잠재의식에 자리 잡고 있는 상처나 영적인 존재들이 순간의식을 장악하여 자신(영적존재)의 정체를 폭로하는 형상일 수가 있습니다." "영적인 면에 무지한 일부 교회는 성령 임재 현상과 잠재의식에서 표출되는 귀신의 강신(무당 신내림) 현상을 명백히 분별하지 못하고 그대로 수용하고 있는 것이 사실입니다" 반드시 분별하여 잠재의식을 치유해야 합니다. 그래야 성도들이 바른 신앙으로 바른 기도하여 하나님과 친밀하게 지낼 수가 있습니다. '성경적 영성'은 "그 본질은 예수 안에서 성령으로 이루어지며 근본은 영에 있으며, 영의 인격적 기관인 마음을 통해 작용하는 것으로 사람들의 삶에 원동력을 부여해 주며, 전인격적인 행동을 행하도록 도와주는 모든 활동"입니다. "하나님의 말씀에 순종하며 그 분의 형상을 회복하는 그리스도인의 삶 자체가 성경적인 영성"입니다. 그리고 예수님과 같이 변화되는 것을 목적으로 합니다.

반면 샤머니즘에서의 영혼은 "살아있는 사람의 영혼이 아니라 죽은 사람의 영혼"이며 샤머니즘은 그런 영혼에 대해 "신에 대한 두려움을 갖고 신을 숭배하는 사상을 갖고 있습니다" "신에게 잘 보이기 위하여 열심을 내고, 자신의 문제를 신에게 해결해 달라고 손과 발이 닳도록 비는 것입니다" "더 나아가 자연을 숭배하는 정령사상을 가지고 있어 샤머니즘의 영성은 다신론적이며 범신론적입니다. 즉 초인적 존재에 의한 길흉화복의 욕구를 충족시키는 것이 샤머니즘적 영성"입니다. 결국 "샤머니즘적 영성은 전인격적 삶에 초점을 두는 성경적인 영상과는 완전히 다르다는 것을 알아야 합니다." 성경에 나타난 '성령 체험' 현상의 특징은 권능. 능력. 예언. 황홀경. 재능. 지혜. 방언. 환상. 음성. 장소의 진동. 급하고 강한 바람 같은 소리 등으로 나타납니다.

오늘날 '신비적 성령운동'의 현상들로 넘어짐. 웃음. 짐승의 소리. 괴성. 불. 환영 등을 들 수가 있습니다. 필자는 이러한 요상한 현상들이 잠재의식이 분출된 것이라고 생각합니다. 왜냐하면 최초 방언을 분출시킨 사람들을 관찰해 보면 한 결 같이 그들이 받은 방언이 신앙체험이 강렬해지는 분위기에서 시작되었다는 것입니다. 다시 말해 의식에서는 억압과 불안과 좌절이 증폭되면 될수록 그런 사람들의 내면에는 해방과 평안과 성취를 갈구하게 마련입니다. 그러나 평소에는 그런 갈망들이 드러나지 않습니다. 그러다가 같이 모여 뜨겁게 기도하거나, 신앙적 감정이 몰입이 될 경우에 의식은 잠시 긴장을 풀게 됩니다.

의식에서 풀려진 감정은 당연히 무의식의 문을 두드리게 됩니다. 그 때 잠재의식의 억압된 감정들이 솟구쳐 나올 수 있습니다. 즉 한 맺힌 것이 잠시 풀어지는 순간 언어는 감정을 담아야 하지만 언어가 담을 수 없는 감정의 폭발이 일어납니다. 심지어 잠복해 있던 제 3의 영적인 존재의 행동이 표출될 수가 있습니다. 무당의 영의 영향을 받는 사람은 무당이 굿하는 현상을 일으킨다는 것입니다. 이는 실제로 필자가 집회하면서 여러 번 축사한 체험이 있습니다. 그렇게 하여 성령의 역사에 의하여 잠재의식이 정화되니까 더 이상 나타나지 않더라는 것입니다. 그래서 '신비적 성령운동'의 이런 현상은 성경이 보여주는 '성령 체험'의 현상들과 분명하게 다릅니다.

그리고 이런 체험을 했어도 전인격이 변화되지 않는 것이 특징입니다. 제가 그동안 성령치유 사역을 하면서 성령으로 기도를 하게하고 안수사역을 한 결과 성령의 역사로 인하여 이런 현상을 일으키는 흉측한 것들이 모두 떠나가더라는 것입니다. 성도에게서 모두 떠나가니 이런 현상이 더 이상 일어나지 않았습니다. 그러므로 이런 현상을 일으키는 것은 다른 영입니다. 그리고 짐승의 소리와 괴성 등으로 나타나는 '신비적 성령운동'의 현상들은 샤머니즘의 '강신 체험'에서 보이는 공포스러운 몸짓. 짐승의 소리. 목소리 변화. 광증적 발작. 등과도 유사합니다. 이는 많은 사역으로 말씀으로 무장되고 바른 체험을 한 사역자만이 구별해 낼 수가 있습니다. 상당히 신중한 분별이 필요합니다. 일부 목회자들이나 성도들이 성령으로 나타나는 현상인지 샤머니즘의 '강신 체험'에 일어나는 현상과 흡사한 것인지를 구별하지 못합니다. 그렇기 때문에 성령의 충만으로 일어나는 현상으로 알고 묵인하고 지냅니다. 그러나 정확한 말씀과 체험한 성령이 역사하는 열린 영의 눈으로 보면 반드시 구별이 됩니다. "성령 임재의 체험을 강조하는 기독교 신비적인 성령운동은 성경적 성령 체험과 비교했을 때 많은 차이가 있습니다. 오히려 샤머니즘적 특성과 유사점이 많다는 것을 알 수 있습니다" 분별력을 길러야 합니다. "그러므로 신비주의적 성령운동의 체험을 강조하기보다는 체험 이후의 변화된 삶에 중점을 두는 성경적 영성을 가져야 할 것입니다" 반드시 바른 복음으로 성령을 체험하면 사람이 변하게 되어 있습니다.

"사탄과 귀신들은 거짓의 영으로 임해 사람들을 미혹하며 그들의 속성대로 사람들에게 고통만 안겨 주고, 궁극적으로는 멸망의 길로 인도 하는 것이 있다는 것을 알고 경각심을 갖아야 합니다." "그 동안 한국의 일부 교회들이 황홀경이나 입신 및 성령 체험 등을 추구하며 샤머니즘적 신비주의와 혼합주의 영성에 빠져 성령의 임재를 무당의 강신(접신) 체험과 같은 현상으로 착각한 것이 사실입니다. 뿐만 아니라 성령의 임재와 악령의 위조된 임재를 구별하지 못하는 경우도 있었습니다. 그러므로 강신 체험과 유사한 신비적 체험을 철저히 분별하여 치유해야 할 것입니다" 우리는 이와 같은 오류를 범하지 않기 위하여 기도에 대하여 바르게 배우고 알고 해야 합니다. 바르게 성령사역을 해야 합니다. 바르게 성령으로 영의기도를 해야 합니다.

14장 귀신의 영으로 변질된 방언하는 근본원인

(마 7:16-17)"그들의 열매로 그들을 알지니 가시나무에서 포도를, 또는 엉겅퀴에서 무화과를 따겠느냐? 이와 같이 좋은 나무마다 아름다운 열매를 맺고 못된 나무가 나쁜 열매를 맺나니"

하나님은 자신의 마음 안에 성전에서 성령으로 분출되는 방언기도를 하라고 하십니다. 귀신의 영으로 변질된 방언기도가 있기 때문에 하나님은 말씀하시는 것입니다. 귀신을 섬기는 무당들도 산 기도할 때 귀신을 불러들이는 주문을 밤새워 합니다. 절에서 하는 주문은 곧 귀신을 불러들이는 마귀의 방언입니다. 그리스도인들 중에서도 사단을 불러들이는 잘못된 방언을 하면서 자신은 성령님이 주시는 방언으로 생각하는 분들이 많이 있습니다. 이런 분들은 방언 기도를 많이 할수록 악한 영에 더 사로잡히고 기도를 아무리 많이 하여도 이상하게 삶이 풀리지 않는 것이 특징입니다.

필자는 오늘 성령님이 주시는 참 방언과 가짜 방언의 진위와 기도하는 사람들에게 잘못된 방언을 하는 일들이 생기는 이유와 이런 영적인 일에 의문을 가지고 계시는 분들을 위하여 글을 쓰고자 합니다. 좀 죄송한 이야기지만 사역자들 중에서 "귀신의 방언이 절대로 없다, 라고 주장하는 분들은 성도에게 귀신이 절대로 없다." 라고 주장하는 소리와 똑같습니다. 이들을 아직 영분별의 은사를 아직 강하게 받지 못한 분들이며 영의 눈이 많이 열리지 않는 분들입니다. 영의 눈이 예리하게 열린 분들은 방언 소리만 들어도 그 정체를 알고 그가 방언할 때 그 속에 활동하는 사단의 정체를 밝히 보게 됩니다. 마귀는 거짓말쟁이며 가짜를 만들어 내는데 천부적인 수완을 가지고 있습니다.

하나님은 이렇게 경고하십니다. "너희는 너희 아비 마귀에게서 났으니 너희 아비의 욕심대로 너희도 행하고자 하느니라. 그는 처음부터 살인한 자요 진리가 그 속에 없으므로 진리에 서지 못하고 거짓을 말할 때마다 제 것으로 말하나니 이는 그가 거짓말쟁이요 거짓의 아비가 되었음이라(요 8:44)" 세상에 명품을 모방한 짝퉁은 전부 사단이 쓰는 비양심적인 기업가에 의하여 만들어진 것입니다. 세상에도 값비싼 명품 일수록 짝퉁이 많이 있고 영적인 세계에도 사단이 주는 짝퉁 은사들이 정말 많습니다. 세상에서 미디어를 통해서 악한 영화나 음란한 프로그램을 만들어 내는 이들은 전부 귀신이 주는 사악한 지혜를 받아 귀신들에게 쓰임을 받는 자들입니다.

사단은 기도하는 사람들에게 진짜 같은 가짜를 줘서 진짜처럼 사역을 하게 만들며 열매도 많이 맺게 만들지만, 사단이 주는 가짜 은사를 가지고 맺는 열매들은 전부 가짜 열매들이라고 생각합니다. 사단은 가짜 환상, 가짜 축사, 가짜 예언, 가짜 방언을 하게 만들어, 그리스도인들을 속이고, 그 사람을 통하여 하나님의 교회를 무너뜨리고 가짜 은사를 받은 본인과 그가 속한 가정과 나아가 하나님의 교회까지도 파괴시킵니다. 기도를 하는 분들 중에서 영이 잘못되어 사단의 방언을 하는 분들이 의외로 많은데 잘못된 마귀의 방언을 하는 분들을 살펴보면 몇 가지 이유가 있습니다.

첫째, 처음부터 방언을 잘못 분출한 경우이다. 방언을 분출하기를 사모하여 산 같은데 가서 방언을 달라고 기도하여 처음부터 잘못된 귀신의 방언을 분출한 경우들입니다. 사단이 주는 방언은 듣는 자들에게 소름이끼치거나 이상하게 거부감을 줍니다. 그 방언 소리가 짐승들이 우는 소리 같거나 지절거리며 욕설 비슷한 방언이 나옵니다. 또 방언을 하는 본인도 마음이 평안하지 않고 이상하게 의심이 들어오는 경우가 많습니다. "어떤 사람이 너희에게 말하기를 주절거리며 속살거리는 신접한 자와 마술사에게 물으라 하거든 백성이 자기 하나님께 구할 것이 아니냐? 산 자를 위하여 죽은 자에게 구하겠느냐 하라(사 8:19)"

방언을 사모하여 산기도 같은 사단이 많이 있는 곳이나 영적으로 잘못된 사람들이 많이 모인 곳에 가서 방언을 달라고 열광적으로 기도하는 것은 좋지 못합니다. 그 공간과 거기에 모인 회중 속에 있는 악한 영들을 통해서 사단의 방언 받을 수 있기 때문입니다. 방언이 분출되기를 기도할 때 가장 안전한 곳은 자신이 다니는 교회 안이나 공인된 사역자가 사역하는 곳에서 기도하는 것이며, 기도하기 전에 성령으로 충만하게 임재 된 가운데 기도하는 것입니다. 방언기도를 분출하기 전에 잠재의식을 정화하는 것은 대단히 좋은 것입니다.

둘째, 혼탁한 영을 가진 분에게 안수로 방언을 분출한 경우다.
방언이 안 되는 분들은 사역자들에게 찾아가서 기도를 받고 방언을 받는 경우가 많습니다. 그러나 쓴 뿌리가 없는 성령으로 방언기도를 분출하는 올바른 사역자들을 통해서 방언을 분출하는 기도를 받아야 합니다. 한번 악한 영을 잘못 받으면 그 뿌리를 완전히 뽑기 전에는 절대로 나가지 않습니다.

필자가 사역을 하면서 체험한 바로는 잘못된 영의 역사가 있는 장소가 있다는 것입니다. 그곳에 다녀온 성도들이나 목회자들이 하는 방언기도소리가 똑같습니다. 기도하면서 하는 행동도 일치합니다. 그러다가 필자에게 3-4주 동안 지속적으로 안수기도를 받으며 기도하면 정상적인 성령의 역사를 일으키는 기도를 합니다. 어떤 분은 기도원장이 방언을 할 때 혀를 뱀처럼 낼름낼름하는 분이라는 데 워낙 오시는 분들에게 많이 나누고 많이 먹여주니 사람들이 분별없이 모여들었습니다.

그분에게 안수를 받고 방언을 받은 집사님 부부가 새벽기도에 와서 계속 짐승 같은 소리를 내며 큰소리로 듣기 불쾌한 기침과 가래침을 받고 난리를 치는데도 담임 목사님과 사모님은 영분별을 하지 못하는 것입니다. 필자는 이런 경우 너무나 염려하지 말라고 합니다. 지속적으로 기도하면서 안수하면 모두 정상으로 복귀하기 때문입니다. 그래서 목회자는 안수사역을 해야 합니다. 설교와 안수사역은 하나님께서 목회자들에게 부여한 영적권위입니다. 잠재의식이 정화되지 않아 영이 잘못되거나 방언을 잘못된 분에게 안수를 받고 방언을 받으면 그 분에게 있는 악한 방언이 그대로 전이가 되어 그도 똑같이 사단의 방언을 하게 됩니다. 그러므로 방언은 분출하고 싶으면 잠재의식의 쓴 뿌리가 뽑힌 영이 깨끗한 분에게 기도를 받거나 공인된 사역자를 통하여 분출하는 것이 가장 안전합니다.

셋째, 성령으로 받은 방언이 나중에 잘못되는 경우이다. 기도하시는 분들 중에서 처음 방언을 받을 때는 성령으로 잘 받은 분들인데 세월이 지나면서 이상하게 잘못된 사단의 방언을 하는 경우가 많은데 이것은 성령으로 시작했다가 악령으로 마치는 경우이며 성령을 받은 사람들이 나중에 그 영이 잘못 되는 데는 몇 가지 이유가 있습니다.

1) **사랑이 없이 방언기도를 하기 때문이다.** 하나님은 사랑입니다. 하나님의 성령도 사랑의 영입니다. 기도를 아무리 많이 해도 그 중심에 사랑이 없으면 올바른 영을 받은 자가 아닙니다. 성경에는 사랑이 없이 방언하는 소리는 큰 소리 나는 꽹과리처럼 공허하게 들리게 된다고 합니다. "내가 사람의 방언과 천사의 말을 할지라도 사랑이 없으면 소리 나는 구리와 울리는 꽹과리가 되고

(고전 13:1)" 방언할 때 그 마음에 하나님과 영혼들에 대한 사랑을 품고 겸손한 마음으로 방언할 때 성령님이 주시는 올바른 방언을 하게 됩니다. 그러나 방언을 받고나서 그 마음에 사랑이 없으면 하나님의 나라와 영혼 사랑을 뒷전이며, 자기 욕심과 야망을 이루기 위하여 기도를 합니다.

가난하고 힘없고 이름 없는 사역자들이 갑자기 유명해지는 가장 빠른 방법은 기도를 많이 하여 은사를 많이 받고 기적이 많이 일어나면 이곳저곳으로 불려 다니며 하루아침에 유명해지는데 지금껏 은사를 받아서 유명해진 부흥사들이나 기도원장님들이 그런 분들이 있습니다.

그런 간증을 듣고 나면 자신도 그분처럼 은사를 많이 받아 교회가 부흥이 되고 유명한 사람들이 되고자 하는 욕심과 탐욕을 가지고 방언 기도에 계속 몰입하면 자신도 모르게 점점 영이 변질이 되어 악한 영에 사로잡혀서 나중에는 사단이 주는 잘못된 방언을 할 수가 있습니다. 그러므로 사역자들은 물론 일반 성도들에게도 가장 중요한 것은 하나님을 사랑하고 영혼들을 사랑하는 것입니다. 온전한 사랑 안에서 온전한 하나님의 선물들이 들어옵니다. 성도들을 섬기려는 마음으로 방언기도하고 카리스마를 나타내야 합니다.

2) 용서하지 않고 방언을 계속하기 때문이다. 방언을 받으면 영적인 통로가 열리게 되며 그 열린 통로로 성령이 임재하십니다. 흔히 말하는 양신의 역사는 방언을 못하는 분들에게는 잘 나

타나지 않고 전부 방언하며 영의 통로가 열린 분들입니다. 잠재의식이 열렸기 때문입니다. 그 열린 통로로 성령님만 찾아오시면 좋겠지만, 동시에 악한 영들도 그 통로로 들어오는데 기도하면서 가장 중요한 것은 자신의 죄를 회개하여 마음과 생각을 정결케 하고 자신에게 피해와 상처를 입힌 타인의 잘못을 용서하고 나서 마음이 평안한 상태에서 기도를 해야 합니다. 성전에서 불출되는 방언기도로 잠재의식 정화하는 시간을 많이 가져야 합니다.

처음에 성령으로 잘 받은 방언인데도 나중에 방언이 잘못되는 이유가 삶속에 받은 여러 가지 상처로 용서하지 못하고 누군가를 계속 미워하는 마음을 가지고 방언 기도를 계속 하기 때문입니다. 성령으로 방언하여 잠재의식을 지속적으로 정화해야 하는데 그렇지 못하기 때문입니다. 사람은 육체를 가지고 있기 때문에 항상 성령님의 지배와 장악이 되어야 합니다. "서서 기도할 때에 아무에게나 혐의가 있거든 용서하라. 그리하여야 하늘에 계신 너희 아버지께서도 너희 허물을 사하여 주시리라 하시니라(막 11:25)" 만일 기도하는 자가 타인의 잘못을 용서하지 않고 미움과 분노를 가지고 계속 방언으로 기도하면 악한 영에게 사로잡혀 방언이 잘못될 수 있습니다. 형제의 잘못을 용서하지 못하는 자에게 옥졸인 사단이 와서 그를 결박하여 영혼의 감옥으로 끌고 가는데 용서하지 못하면 지옥 같은 삶이 계속 됩니다.

기도하면서 용서하지 못하면 자신도 모르게 그 사람을 향하여 저주하거나 미워하고 복수하고자 하는 악한 마음을 가지게 되고 하나님이 주신 은사를 가지고 자신이 미워하는 자들을 영적으로 저주하고 복수하는 짓을 하거나 고통을 당하여 찾아온 사람들을 자기의 욕심을 채우는 수단으로 삼는 것입니다. 찾아오는 이들 중에서 헌금을 잘하거나 봉사를 잘하는 자들은 묶어서 자신을 떠나지 못하게 만들고 자신을 거부하고 비판하는 자들에게는 미워하거나 저주하여 그들을 파괴시키는 일을 하게 됩니다. 하나님이 주신 은사를 가지고 타인을 저주하면 그 사람은 100% 귀신에게 사로잡히게 됩니다.

그의 영은 말할 것도 없고 그가 하는 방언도 사단이 주는 저주하는 방언을 하게 됩니다. 필자는 타인을 용서하지 못함으로 멸망의 길로 가서 그 종말이 지옥으로 간 사람을 보았기에 은사자들에 대해 거부감이 많은 편이지만 은사를 받은 분들이 성령으로 시작했다가 악령으로 마치는 불행한 종말이 되지 않기 위하여 이런 글을 쓰는 것입니다.

3)교만한 마음으로 방언하기 때문이다. 방언은 기도를 돕는 은사이며, 방언 기도를 많이 하면 성령의 은사와 능력들이 임하기 시작하며, 그에게 하나님의 능력이 나타나면 주위 사람들에게 주목을 받기 시작합니다. 사람들의 주목을 받기 시작할 때 따라 들어오는 것이 교만입니다. 성도들이 기도를 좀 많이 하면 마음이 우쭐하고 교만하여 목회자의 말에 순종을 잘 안하고, 기도를 하지 않는 성도들은 세상과 타협을 하면서 형식적으로 신앙생활을 하기에 믿음이 잘 자라지 않는 것입니다. 기도를 많이 하면서 겸

손해지는 것은 결코 쉽지가 않는 것이 교만은 우리 뒤에서 찾아오기에 본인이 잘 모릅니다. 말이 많은 자들이 자신이 말이 많은 것을 잘 모르듯이 교만한 자들은 자신의 교만을 잘 모르기에 자신의 교만을 낮추고 회개하기가 매우 어렵습니다.

방언 기도를 많이 하면 마귀가 그에게 나는 기도를 많이 하는 자라는 교만한 마음을 계속 집어넣는데 그때 자기 자신을 무자비하게 낮추지 아니하면 교만에 사로잡힙니다. 교만한 마음으로 계속 방언으로 기도하면 사단이 틈을 타고 결국 그 영이 잘못되거나 혼탁해지며 나중에는 그가 하는 방언도 잘못될 수 있습니다. "그들의 입술의 말은 곧 그들의 입의 죄라. 그들이 말하는 저주와 거짓말로 말미암아 그들이 그 교만한 중에서 사로잡히게 하소서(시 59:12)" "그런즉 너희는 하나님께 복종할지어다. 마귀를 대적하라 그리하면 너희를 피하리라(약 4:7)" 하나님께서는 우리에게 하나님께 복종하고 마귀를 대적하라고 말씀을 하셨습니다. 교만은 하나님을 직접 대적하는 것이며, 사단을 친구로 불러들이는 통로가 됩니다. 하나님이 가장 긍휼을 베푸시는 자들은 마음이 가난하며, 하나님의 말씀을 듣고 떨며 심령에 통회하는 자들과 심령이 겸손한 자들입니다.

필자는 권능이 나타나고 은사가 나타나는 분들치고 겸손한 분들을 별로 보지 못했습니다. 은사 받고 교만하여 지옥가기보다 차라리 은사를 안 받아도 주님의 말씀을 따라 겸손하게 살다가 영원한 천국 가는 것이 더 낫지 않겠습니까? 교만하면 사단이 찾아와서 그를 망하게 하는 것입니다. 하나님 앞에서 축복을 받고, 성공 할수록, 은사를 많이 받을수록 ,모든 것이 내가 한 것이 아니라, 전부 주님이 하신 일임을 인정해드리고 겸손해지는 것이 영혼이 잘되고 범사에 잘되는 살길입니다.

4) 죄를 지으면서 계속 방언하기 때문이다. 사람들 중에서 어떤 특정한 죄를 지으면 방언을 못할 줄 아는 분들이 있습니다. 방언은 어떤 악하고 음란한 죄를 짓고 있어도 그가 하나님을 완전히 떠나지 않는 한 그 입에서 방언은 계속 나옵니다. 이것은 우리를 사랑하시는 하나님의 자비입니다.

그러나 문제는 죄를 지어도 입에서 방언이 계속 나오니까 성령이 아직 안 떠난 줄 알고 안심하는 분들이 있는데 죄도 우발적인 죄가 아니라 알면서 계속 고범 죄를 짓는 것은 성령님을 근심하고 탄식하게 만듭니다. 죄를 끊지 못할 때 방언기도를 하면 성령님이 탄식하는 기도가 많이 나옵니다. 그러나 계속 반복 죄를 지으면 마침내 성령님이 떠나시거나 그 죄를 통하여 합법적으로 사단이 들어와서 그의 영을 사로잡아 버리면 그 때 부터 방언도 잘못된 사단의 방언으로 변할 수 있습니다. "내가 나의 마음에 죄악을 품었더라면 주께서 듣지 아니하시리라(시 66:18)"

사울이 성령을 받고도 하나님의 말씀에 불순종을 하고 다윗을 미워하고 죽이려고 하다가 그 종말이 어떠한 결과를 낳았는지 모두들 잘 알 것입니다. 사울의 종말은 사도바울이 책망하신 것처럼 성령으로 시작했다가 악령으로 마치는 것입니다. "너희가 이

같이 어리석으냐 성령으로 시작하였다가 이제는 육체로 마치겠느냐(갈 3:3)" 우리나라 기독교 역사를 살펴보면 처음에 성령으로 시작했다가 나중에는 육체 즉 마귀의 것으로 마치고 이단이되어 그를 추종하는 자들까지 함께 지옥으로 끌고 가는 자들이 얼마나 많습니까?

그러므로 죄를 지어도 단순한 실수가 아니라, 하나님 앞에서 특별히 범죄 하는 행위가 있을 때는 빨리 그 죄를 끊고 신속히 회개해야 합니다. 죄를 회개할 때는 방언으로 회개를 하기 보다는 우리말로 하나하나 회개하는 것이 유익합니다. 성령의 임재가운데 죄를 짓는 현장을 보면서 우리말로 예수님의 피를 의지하여 죄 씻음을 받고 회개를 한 다음, 그 죄를 통하여 합법적으로 타고 들어온 악한 영들을 대적하여 쫓아내야 합니다. 그리고 축복해야 합니다. 예를 들면 음란의 죄를 지었으면 그 죄를 완전히 끊고 성령의 임재가운데 영의차원에서 간절히 회개하고 나서 음란 간음 성도착증의 비슷한 마귀들을 전부 예수님의 이름으로 대적하여 쫓아내어야 비로소 그 영이 정결해지고 죄에서 자유하게 됩니다,

5) 은사를 받기 위해 욕심으로 방언하기 때문이다. 방언을 받고나면 영적인 통로가 열리고 방언으로 기도를 많이 하면 성령의 9가지 은사들이 임하기 시작합니다. 각양 좋은 은사는 위에서 빛들의 아버지로 즉 성령님으로 부터 임하십니다. "온갖 좋은 은사와 온전한 선물이 다 위로부터 빛들의 아버지께로부터 내려오나니 그는 변함도 없으시고 회전하는 그림자도 없으시니라

(약 1:17)" 그러나 하나님의 뜻과 상관이 없이 은사에 탐욕을 품고 은사 받기 위하여 방언 기도를 몰입하면 그 욕심을 타고 악한 영이 들어와서 방언도 잘못될 수 있습니다. 사마리아 성에 살던 마술사 시몬이 요한과 베드로가 안수를 하니 사람들이 성령을 받고 방언을 하는 것을 보고 욕심이 나서 베드로에게 돈을 주고 은사를 사려고 하다가 "네 돈과 함께 망해라 너는 악독이 가득한 자라"고 책망을 받았습니다(행 8:18-23).

마술사 시몬처럼 하나님과 영혼을 사랑하는 마음이 없이 은사와 능력을 받아 타인에게 과시하기 위하여 돈을 주고 은사를 사거나 은사를 구하는 것은 하나님의 얼굴보다 하나님의 선물에 더 초점을 맞추는 잘못된 행동들입니다. 하나님은 이러한 기도를 듣지 아니하시고 이러한 탐욕을 품고 기도할 때는 하나님이 아닌 하나님을 가장한 사단이 찾아와서 가짜 은사를 주면서 장난을 칩니다. 은사와 능력이 필요한 분들은 무엇보다도 자신 안에 계신 하나님과 관계를 먼저 열어야 합니다.

6)기도하면서 영분별을 하지 못하기 때문이다. 각종 은사는 하나님이 주신 달란트입니다. 태어날 때부터 재능적으로 주신 달란트 은사가 있고 기도를 많이 하여 받은 성령의 9가지 은사가 있습니다. 은사는 하나님의 선물이며 각 사람에 맞게 그 분령에 따라서 달란트로 나누어 주십니다. 자기의 분량이 한 달란트 밖에 안되면서 분수도 모르고 9가지 은사를 달라고 욕심을 부리며 기도한다고 주시는 것은 아닙니다.

에서는 야곱에게 장자의 축복을 **빼앗기고** 나서 아버지에게 내게도 복을 주소서 빌 복이 이 하나뿐입니까? 그래 빌 복이 그 하나뿐입니다. 그래도 에서는 계속 울면서 복을 달라고 아버지에게 조르니 이삭은 에서를 향하여 축복하는 것이 아니라 너는 네 동생을 섬기는 종이되리라고 저주하였습니다. 영적인 세계에도 이와 같습니다. 하나님께서는 한 영혼이라도 최선을 다해 돌보면 일만 명을 돌본 종들과 똑같이 착하고 충성된 종이라며 축복을 하시는 분인데 자신의 분량을 모르고 분에 넘치는 은사를 달라고 계속 구하면 하나님이 아닌 악한 영들이 대신 찾아와서 가짜를 줍니다. 성령의 모든 은사가 다 귀하지만 가장 귀한 은사는 하나님의 말씀의 은사와 영분별 은사 그리고 절제입니다(고전 2:14; 고전 12:10).

은사를 받고나서 영분별이 없어 마귀에게 사로잡히면 차라리 은사를 안 받는 것 보다 못하게 됩니다. 한 사람의 영이 잘못됨으로 그 집안에 저주를 불러들이며 그가 속한 교회조차 훼파하고 혼탁하게 됩니다. 처음에는 성령으로 방언을 받아도 영분별을 못하여 사단에게 속음으로 영이 잘못되면 나중에 방언도 사단이 주는 방언으로 변질이 됩니다. 그러므로 기도를 많이 하는 것보다 더 중요한 것이 올바른 하나님의 영을 받고 영분별을 바르게 하면서 성경적으로 기도하는 것입니다. 사단이 주는 방언은 하나님을 대적하고 그가 기도하는 교회를 훼파하고 주의 종들과 타인을 저주하는 방언들이 대부분입니다.

7) 쓴 뿌리를 뽑지 않았기 때문이다. 교회 안에서 기도를 많이 하는 분들 중에서 이상하게 성품이 혈기가 많거나 거칠고 과격하며 타인에게 상처를 잘 주는 분들이 많습니다. 이런 분들은 기도는 많이 하는데 교회 성도들에게 믿음의 덕을 세우지 못합니다. 그것은 그분들의 잠재의식 안에 쓴 뿌리를 뽑지 않고 그냥 두고 기도하기 때문입니다. "너희는 하나님의 은혜에 이르지 못하는 자가 없도록 하고 또 쓴 뿌리가 나서 괴롭게 하여 많은 사람이 이로 말미암아 더럽게 되지 않게 하며(히 12:15)" "주께서 이르시되 너희 바리새인은 지금 잔과 대접의 겉은 깨끗이 하나 너희 속에는 탐욕과 악독이 가득하도다"(눅 11:39)

잠재의식의 쓴 뿌리는 우리 심령의 그릇에 탐욕과 악독으로 더럽게 하는 존재입니다. 만일 쓴 뿌리를 뽑지 않고 방언 기도를 많이 하면 그가 태어나기 전부터 가문으로 대물림이 된 쓴 뿌리로 인하여 그의 자범죄와 상관이 없이 이미 영이 더러워진 상태에 있기 때문에 악한 영들이 침입하기가 매우 쉽습니다. 물론 쓴 뿌리가 있다고 방언이 전부다 잘못되는 것은 아닙니다. 마음이 정직하고 깨끗하며 겸손하게 방언 기도하면 악한 영이 틈을 타지 않을 것입니다. 성령으로 잠재의식을 지속적으로 정화해야 합니다.

대부분 쓴 뿌리를 뽑지 않는 사람 속에 사단과 천사가 동시에 일을 하며 기도를 많이 하여 성령이 충만할수록 그 속에 숨어 있는 사단의 세력도 동시에 강해지며 하나님이 그를 통하여 하시고자 하는 사역과 일을 적극적으로 방해할 수 있습니다.

15장 인위적으로 만들어 하는 찬양방언

(대상 25:2) "아삽의 아들 중 삭굴과 요셉과 느다냐와 아사렐라니 이 아삽의 아들들이 아삽의 수하에 속하여 왕의 명령을 좇아 신령한 노래를 하며"

하나님은 성령으로 분출되는 방언기도를 하기 원하십니다. 방언기도를 사람이 만들어서 하는 방언은 하나님께서 듣지 못하십니다. 찬양방언을 만들어서 하는 경우가 있는데 찬양방언을 아무리 많이 하여도 하나님과 상관이 없습니다. 방언기도를 어떻게 분별하느냐, 이것은 본인이 분별하는 것입니다. 본인이 방언기도를 하고 나면 마음이 뜨겁고 성령의 충만함이 나타나면 영으로 하는 방언입니다. 그러나 방언 기도를 하면 할 수록 심령이 갑갑하고 영성에 변화가 없으면 잘못된 방언입니다. 그래서 본인이 분별 가능한 것입니다. 이렇게 잘못된 방언을 하다가도 어느날 불같은 성령을 체험하면 바른 방언으로 바뀌니까, 너무 성급하게 판단하여 낙심하거나 의기소침하면 영성에 해가 되니 바르게 아시기를 바랍니다.

그래서 예수를 믿고 성령으로 거듭난 성도는 적어도 방언을 구분할 줄은 알아야 합니다. 방언은 우리의 영뿐만 아니라, 우리 밖의 영이 우리 혀를 사용하여 그 존재들이 하고자 하는 뜻을 표현하는 것입니다. '내 영이 하는 말'과 '천사가 하는 말'과 '성령이 하는 말씀'을 정확하게 구분하기란 쉽지 않지만, 어느 정도 구분할 수 있는 능력이 있어야 합니다. 특히 악한 영이 사용하는 경우에 대해서 우리는 정확한 분별이 있어야 합니다. 우리는 방언을 크게 3가지 영역으로 살펴볼 필요가 있는 것입니다. 먼저 자신의 영, 다음은 성령과 천사의 말, 그리고 마귀를 비롯한 악한 영의 언어로 나눌 수 있습니다.

첫째, 자신의 영이 하는 말은 자신의 의식과 무의식의 영역에서 나오는 것이므로 때로는 선하고 때로는 악할 수 있습니다. 그렇지만, 성령으로 죄의 처리가 된 거듭난 그리스도인일 경우, 우리 영은 창조의 순결을 회복하였기 때문에 근본적으로 선한 것입니다. 영의 활동을 일부 교파의 교리를 바탕으로 이해한다면 우리 영은 근본적으로 둔할 수밖에 없습니다. 왜냐하면 일부 교파의 교리는 말씀 중심인 신앙입니다. 따라서 성령의 체험이나 영의 활동을 등한히 할 수 있는 교리이기 때문입니다. 분명하게 성도는 말씀과 성령의 역사가 같이 가야 균형이 잡힌 성도가 될 수 있습니다. 저는 성령 충만 만하지 말고, 성령과 말씀 충만을 하라고 합니다. 말씀중심인 일부 교파의 교리는 여러 음성을 구분하는 것도 어둔한 구조에서 벗어나기 어려울 수밖에 없을 것입니다. 그러나 그리스도의 보혈로 정결케 됨으로써 우리 영은 그 선한 본래의 모습을 드러내며 따라서 그 음성도 역시 선한 것입니다. 그러므로 우리 영이 방언으로 기도할 때 그 감성은 평안과 위로입니다.

둘째, 내 영이 아닌 성령과 천사의 영에 의한 방언기도는 다소 색다른 느낌을 가져 옵니다. 성령은 책망 보다는 위로와 권면을 주로 행하십니다. 우리가 책망을 받을 일이 있더라고 성령은 권면이라는 수단을 통해서 우리가 스스로 죄를 깨닫게 합니다. 그럴 경우 우리 영은 크게 부담을 느껴 우리의 마음이 무거워지는 것입니다. 성령은 책망 보다는 권면을 사용하시며 오래 참고 기다리시는 특성을 지닙니다. 그러므로 조급하게 서두르거나 안절부절못하게 하는 일이 거의 없습니다. 아주 예외적으로 강권하는 경우가 있지만, 이 역시 권면의 강도를 높이는 정도입니다. 그래서 우리는 자주 성령의 이와 같은 권유를 무시하기 쉬운 것입니다.

방언으로 기도하면서 무언가 해야 할 것 같은 느낌을 받으면서도 그 내용을 구체적으로 알려는 노력을 하지 않는 것이 우리들이 범하는 실수 중 보편적인 것입니다. 성령은 우리 심령에 위로와 권면으로 의사표시를 하기 때문에 방언으로 기도하면서 이런 느낌을 무게 있게 느낀다면 지금 방언은 성령께서 사용하시는 것이라고 보아야 할 것입니다.

성령께서 방언으로 어떤 사역을 행하실 경우에는 우리 몸이 긴장을 하고, 성령의 권능이 임해서 내면으로부터 힘이 솟아납니다. 갑자기 근육이 긴장하고 정신이 맑아지면서 방언에 힘이 들어가고 톤이 바뀌고 언어도 바뀝니다. 신유, 축사, 예언 등의 사역을 행할 경우에 성령의 기름부음이 임하여 방언을 하게 되는 경우에 느낄 수 있는 것인데 이런 경우 통역이 되면 그 내용을 알 수 있게 됩니다. 천사의 음성으로 방언을 말하는 경우 그 내용은 주로 예언적입니다. 예언의 영은 '대언의 영'이라고도 말하며, 이 영은 하나님의 심부름, 즉 하나님의 말씀을 날라다 주는 영입니다. 이 영을 우리는 천사라고 부릅니다. 영어로 표현하면 messenger라고 하는 것으로 예언자나 예언적 집회에서 예언을 위해서 기도할 때 임하는 영입니다. 이런 경우 그 영이 임하는 순간 우리 몸은 가벼운 긴장으로 인해서 떨리기도 하고 전류가 흐르는 것과 같은 느낌을 받습니다. 강하게 임하면 온 몸이 뜨거워지거나 흔들리기도 하고 정신을 잃기도 하지만, 가벼운 임재의 경우 느낌이 이상하다는 정도로 자신에게 예언의 영이 임함을 자각할 수 있게 됩니다.

셋째, 생각할 것이 악한 영 즉 사단, 마귀, 귀신의 영에 의해서 말하는 방언입니다. 거듭난 그리스도인도 귀신 들릴 수 있기 때문에 악령의 방언을 하게 되는 것입니다. 악령이 방언을 따라서 하는 것입니다. 그래서 심령이 변화가 없는 방언기도를 하게 되는 것입니다. 우리는 습관적인 방언을 하지 말아야 합니다. 악령은 우리가 하는 습관적인 방언을 따라서 한다는 것을 알아야 합니다. 특히 마귀는 우리를 수시로 이용하여 올무에 걸리도록 유혹하기 때문에 늘 경계해야 합니다. 악한 영의 분위기는 어둡습니다. 이는 하나님께서 주시는 시험으로써의 긍정적 어두움과는 다른 것입니다. 하나님은 빛도 창조하셨고 어두움도 창조하셨으므로 그 어두움은 하나님의 긍정적 속성을 들어냅니다. 우리는 이 어두움을 영어로 "divine darkness"라고 부릅니다. 이 창조적 어두움은 우리가 모태에서 경험하는 것과 같은 것으로써 하나님의 심오한 비밀을 경험할 때 느끼게 되며, 깊은 묵상으로 들어갈 때 최종적으로 만나는 그 어두움입니다. 이것은 창조를 위한 어두움이며, 하나님의 능력의 근원이 되는 장소입니다.

이런 어두움과는 달리 마귀의 어두움은 '흑암'으로써 두려움과 공포의 근원지입니다. 마귀는 바로 이 어두움에서 출발하기 때문에 두려움을 가져옵니다. 무지는 공포의 근원입니다. 우리가 무지함으로써 그 두려움과 만나게 되고, 그 두려움은 악한 영을 이끌어 들이는 것입니다. 우리가 방언으로 기도할 때 늘 하는 것과 다른 어떤 영적 흐름을 경험하게 됩니다. 그럴 경우 우리는 성령의 느낌을 알고 그것과 비교해야 하지만, 그런 지식을 가지지 않은 무지함으로 인해서 어두움에서 오는 악한 영의 존재를 받아들이게 됩니다. 마귀 또는 귀신이 우리에게 접근해서 방언으로 자신들이 하고자 하는 말을 하게 함으로써 다른 마귀와 귀신들을 불러들이게 되는 것입니다. 방언 소리에 귀신이 모인다는 것입니다.

습관적으로 방언기도를 하므로 자신 안에 역사하는 악한 영이 방언을 따라서 하는 것입니다. 그래서 방언기도를 아무리 많이 해도 심령에 변화가 나타나지 않는 것입니다. 빨리 습관적인 방언기도를 탈피하여 성령의 역사할 수 있는 방언기도를 해야 합니다.

무당이나 타종교에 속한 사람들이 하는 방언은 마귀 또는 귀신의 방언입니다. 특히 선승이나 불교 퇴마사들이 하는 방언은 마귀의 방언이며, 무당이 하는 방언은 귀신의 방언입니다. 이들이 하는 방언은 우리가 하는 우리 영의 방언과 성령의 방언과는 구분이 됩니다. 우선 그 음색에서 다릅니다.

우리가 사용하는 방언은 매우 정교하고 부드러운데 비해서 퇴마사나 무당이 하는 방언은 거칠고 날카롭습니다. 퇴마사는 마귀의 영으로 하는 것이기 때문에 우리가 그 소리를 들으면 거부감이 생깁니다. 무당이 하는 방언은 새소리, 바람소리, 개구리소리, 여우 소리 등의 짐승들이 소리를 바탕으로 합니다. 이런 소리는 귀신의 소리이며, 소름이 끼치고 때로는 머리카락이 솟구치거나 닭살이 되기도 합니다.

거칠고 날카롭게 음색이 변하고 때로는 남성이 여성과 같은 소리를 내거나 여성이 남성과 같은 소리를 내는 변색을 하게 됩니다. 심하게 귀신들린 사람이 하는 말은 매우 굵고 거칠며 동굴에 들어갔을 때 울림소리처럼 그렇게 울립니다. 짐승소리가 방언하는 중에 뒤 섞여 나옵니다. 목에 무엇이 걸린 것처럼 캑캑거리거나 뒷소리를 높이 올리는 하이톤을 사용하기도 합니다. 휘파람소리가 나며 목이 쉬거나 음이 갈라지는 파열음이 나옵니다. 방언의 악센트가 급하게 변하는 격렬한 방언을 하기도 합니다.

통상적인 방언을 하다가 이런 불규칙하고 이상한 소리를 하게 된다면 이는 악한 영이 임한 것입니다. 그럼에도 불구하고 그 방언을 계속한다면 마귀를 불러들이게 되고, 그 악한 영이 보여주거나 들려주는 말을 하나님에게서 온 것으로 무조건 믿고 따르게 되어 마귀에게 사로잡히게 되는 것입니다.

악한 영은 우리에게 서두르고 조급하게 만듭니다. 기도하고 난 다음에 무언가 개운하지 않고 무언가를 해야 할 것만 같은 부담을 느낍니다. 그 부담의 의미가 무엇인지 모르면서 다시 기도하지 않으면 안 될 것 같아서 다시 무릎을 꿇게 됩니다. 이런 일을 반복하게 되고, 기도해도 만족함이 없고 의미도 모를 말을 되풀이하면서 기도에 끌려가게 됩니다. 기도하려고 하면 방언부터 나옵니다. 분명하게 성령의 이끌림을 받으면서 방언기도를 오래하게 되면 자신의 전인격이 변한다는 것입니다. 그러므로 방언으로 기도를 많이, 그리고 오래 하는데 자신에게서 변화가 없다면 빨리 원인을 찾아 해결해야 합니다.

넷째, 방언찬양에 대하여. 찬양방언은 방언기도를 하다가 성령의 이끌림으로 하는 찬양방언이 되어야 한다는 것입니다. 인간적인 노력이나 인위적으로 만들어서 찬양방언을 하면 아무런 영적유익이 없을 수가 있는 것입니다. 이렇게 찬양방언을 하는 것보다 차라리 잘 부르는 찬양을 마음으로 부르는 편이 영성을 발전하고 영을 강화시키는데 유익합니다. 좌우지간 방언기도이든 찬양방언이든 사람이 만들어서 하는 것이 아닙니다. 성령의 이끌림을 받아서 성령의 말하게 하심을 따라서 해야 합니다. 우리가 예배를 드리거나 기도하거나 집회를 할 때 성도들이 모입니다. 두세 사람 이상이 모이는 곳에는 주님도 함께하시므로 여기에는 주의 영이 역사하실 바탕이 마련된 것입니다. 이렇게 모였을 때 그 가운데에 성령의 이끌림으로 일어나는 다양한 영적 현상 중 '시'와 '찬미'와 '신령한 노래'가 있습니다.

그런데 우리는 이런 영적 현상을 거의 만나보지 못했을 것이며, 따라서 '시와 찬미와 신령한 노래'가 무엇을 의미하는지도 잘 모를 수도 있을 것입니다. 찬미는 찬양으로 이해할 수 있다고 해도 시와 신령한 노래는 제대로 이해하기 어려울 것입니다.

이 내용을 알고도 이런 새 노래를 부르지 못하고 있다면 이 글을 통해서 새 노래를 부르실 수 있기를 소망합니다. 먼저, 새 노래를 부르기 위해서는 자신의 마음 안에 있는 성전에서 성령으로 분출되는 방언기도를 할 수 있어야 합니다. 성령으로 방언기도를 하여 잠재의식을 정화해야 합니다. 내면이 정화되어 방언기도를 하다가 보면 성령께서 새 노래로 역사하실 경우가 있습니다. 새 노래는 주로 방언찬양으로 시작하기 때문입니다. 방언찬양이란 특별한 것이 아니고 방언기도를 찬송가 곡조에 맞추어서 방언으로 하는 것입니다. 방언기도를 하면서 우리는 그 주체가 성령으로 바뀌는 것을 인식할 수 있습니다.

우리가 방언으로 기도할 때 찬양하고자 하는 마음을 가지고 찬양을 시작해야 합니다. 방언 역시 처음에는 우리의 의지로 시작해야 하는 것임은 두말할 나위가 없습니다. 처음 방언을 받을 때는 우리의 의지와는 전혀 상관이 없이 혀가 말리고 이상한 소리가 나오기 때문에 주체할 수 없습니다.

말로 기도하려고 해도 혀가 말을 듣지 않고 이상하게 말려 다른 말은 나오지 않습니다. 정신이 맑아지거나 황홀한 분위기 속에 휘말려 들어가면서 전혀 통제할 수 없이 방언을 하게 됩니다. 그러나 이 경험은 방언을 처음 받는 초기에 나타나는 현상이고 이후에는 스스로 방언을 시작하지 않으면 방언이 나오지 않는 것이 일반적입니다.

물론 습관적으로 하는 경우가 더 많습니다. 방언을 비롯해서 모든 영적 현상은 우리의 의지의 통제를 받을 수 있습니다. 그러므로 회중이 많이 모인 곳에서는 분위기에 따라 인도하는 사람의 통제를 받아 적당히 절제해야 하는 것입니다.

영적 현상은 우리의 의지에 의해서 통제를 받는 것이 정상이며, 예외적으로 통제할 수 없는 강력한 기름 부음이 임하는 경우가 있지만, 이것은 일반적인 것이 아니라, 성령의 특별한 뜻에 의해서 우리의 의지가 배제되는 것입니다. 이런 경우를 제외하면 모든 영적 현상은 우리의 의지의 통제를 받습니다. 따라서 우리는 스스로 영적 현상들을 이끌어낼 수 있는 기술이 필요합니다. 치유를 행하거나 귀신을 쫓아내는 것 역시 우리의 마음을 열고 의지로 시작해야 하는 것입니다. 모든 성령의 은사가 처음에는 우리가 마음을 열고 의지로 시작을 해야 합니다.

이와 마찬가지로 신령한 노래 역시 우리가 의지로 그 시작을 해야 합니다. 방언으로 기도하는 가운데 어느 정도 영적 분위기가 잡혔다는 느낌을 받게 됩니다. 의지로 시작한 방언이 몇 차례 분위기가 바뀌면서 무척 쉽고 가볍게 방언이 흘러가기 시작할 때 성령의 감동이 찬양으로 방언을 하라시면 성령의 인도하심을 따라 찬양이 나오는 흐름을 타기 시작하십시오.

우리가 기분이 좋아지면 콧노래로 흥얼거리듯이 방언으로 곡조에 맞추어 따라 하기 시작하면 성령께서 우리 영에 곡조를 불어넣기 시작하는 것을 느끼게 됩니다. 아주 자연스럽게 곡조가 붙은 방언 찬양을 하기 시작하게 되며, 간혹 우리말로 찬양을 하게 됩니다. 이것이 '시'와 '찬미'입니다. 방언으로 때로는 우리말로 찬양하며 하나님을 높이게 됩니다. 시편기자가 찬미하듯이 우리의 영의 소리로 그것이 말로 시를 담은 찬양이 나오게 됩니다. 방언을 하지 못하는 분들은 다소 어려움이 있을 것입니다. 방언기도를 하지 못하는 분들은 먼저 방언기도를 분출하려고 관심을 가져야 합니다. 방언기도를 하는 것이 먼저 이기 때문입니다.

그러나 시와 찬미는 방언과 관계없이 행할 수 있을 것입니다. 이때에도 자신이 잘 부르는 찬송을 부르시기 바랍니다. 잘 부르는 찬송을 불러야 머리를 사용하지 않아 내 영이 자유 함을 누리므로 성령으로 충만해질 수가 있습니다. 그런데 알아야 할 것은 성령께서 자신이 의도하지 않는 찬양을 부르게 할 수가 있습니다. 이것이 예언찬양이며 성령의 이끄심입니다. 필자는 찬송으로 하나님의 위로를 잘받습니다. 영적 분위기가 고조되면 우리말로 주님을 찬양할 수 있으니까요. 저의 경험으로 보아도 방언과 우리말이 교차하면서 찬미가 이루어집니다. 그런 것으로 보아 방언을 할 수 없는 사람이라도 가능할 것입니다. 그러나 방언을 하면 훨씬 쉽게 이루어질 것입니다.

방언으로 기도하면서 곡조를 타는 것이 중요합니다. 옛 어른들이 모내기를 하면서 또는 힘든 일을 하면서 서로 약속이나 한 듯이 흥얼거리면서 즉흥적으로 사설을 담은 노래를 하는 것을 저는 어려서 자주 보았습니다. 모내기 하면서, 또는 집을 지을 때 진흙을 게면서, 어울려 땅 다지기를 하면서 민요가락에 스스로 작사한 가사를 붙여가면서 서로 노래를 주거니 받거니 하는 모습은 아주 평화롭고 흥거웠습니다. 그렇게 소리를 하면서 일을 하면 육체적으로 힘든 것을 잊을 수가 있습니다.

이제는 그런 모습을 별로 만나볼 수 없게 된 것은 곡조로 만들어진 유행가가 넘쳐나기 때문일 것입니다. 이와 같이 영의 일에도 마찬가지로 이미 만들어진 찬송가와 복음성가가 넘쳐나기 때문에 이런 즉흥적인 '신령한 노래'는 우리 곁에서 사라지고 있습니다. 노래는 우리의 신앙고백일 뿐만 아니라, 예언과 계시가 흐르는 통로가 된다는 점에서 무척 중요한 기능입니다. 시와 찬미를 통해서 주님이 우리에게 말씀하시고자 하는 내용이 담기는 경우가 많습니다. 즉 예언적 말씀과 계시가 이 신령한 찬양을 통해서 흘러나오기 때문에 이 즉흥적 찬양을 많이 부르려고 합니다.

먼저는 주님의 음성을 듣고 그 분이 지시하는 대로 따라할 수 있는 능력을 갖추어야 합니다. 음성을 듣고, 환상을 보고, 지시하는 바를 행동으로 옮기는 순종의 세월을 지내고 난 후에 스스로 판단해서 행하는 사람과 한번이라도 주의 음성을 듣고 그대로 행동해본 경험이 없이 스스로 주님이 원하시는 것일 것이라고 여기고 행동하는 것과는 전혀 다릅니다.

성경은 자율의지(연단된 지각)와 자유의지를 분명하게 구분하고 있는 것입니다. 자율의지란 연단을 받음으로서 생긴 지각을 말합니다. 즉 주님으로부터 일정기간 동안 훈련을 거쳐서 생긴 판단을 말합니다. 이런 경험이 없이 스스로 판단하는 것은 좋은 판단일수는 있지만 하나님의 과녁 정 중앙을 맞히는 확률은 매우 낮습니다. 훈련 받지 않으면 우리의 자각에는 불순물이 그대로 남아 있게 됩니다. 주님은 연단을 풀무에 비교합니다.

담금질을 받음으로써 우리 안에 있는 불순물이 제거되며, 이로써, 순수성이 더 높아지며, 이런 상태에서의 지각은 하나님의 뜻에서 별로 벗어나지 않게 됩니다. 이것을 주님은 원하시는 것이며, 우리는 이런 지각을 사용해서 스스로 결정할 수 있어야 합니다. 새 노래를 부르기 위해서 우리는 우리의 선한 의지를 동원해서 스스로 작용을 시작해야 합니다.

방언은 우리가 필요할 때 우리의 의지로 시작하는 것입니다. 이처럼 신령한 노래 역시 우리가 필요할 때 그 시작을 우리가 할 수 있습니다. 그러나 찬양방언은 성령의 이끌림을 받아 곡조를 타면서 시작하십시오. 주님이 해 주시기를 손 놓고 기다린다는 것은 어리광부리는 것과 다를 바 없다는 사실을 알고, 지각을 동원해서 하나님의 계시가 임하기를 사모하면서 시와 찬미로 노래하기를 소망하면서 방언으로 곡조에 맞추기 시작하십시오.

16장 다른 사람을 의식하며 하는 방언기도

(렘 17:5)"여호와께서 이와 같이 말씀하시니라 무릇 사
람을 믿으며 육신으로 그의 힘을 삼고 마음이 여호와에게
서 떠난 그 사람은 저주를 받을 것이라"

하나님은 사람을 의식하는 크리스천과 상관하시지 않습니다.
하나님은 영이시기 때문입니다. 그렇기 때문에 방언으로 기도할
때 사람을 의식하면서 한다면 하나님과 상관이 없는 방언기도가
될 수가 있습니다. 사람을 의식하며 방언기도 하면 얼마가지 않
아 기도가 막히는 경우가 있습니다. 많은 크리스천들이 방언기도
는 성령의 은사라고 알고 믿고 합니다. 그런데 우리가 바르게 알
아야 할 것은 방언기도는 크리스천들만 하는 기도가 아닙니다.

방언의 은사가 성령이 임재 하시는 증거라는 대목은, 사도행
전에서 사도들과 120명의 제자들이 마가요한의 다락방에서 성령
의 임재를 구하는 기도 끝에 방언이 터졌기 때문입니다. 방언이
라는 말은 외국어라는 뜻입니다. 그래서 당시에는 디아스포라로
흩어진 유대인들이 예루살렘에 순례하러 와서, 자신들이 살던 지
방의 언어를 듣게 되어 몹시 놀랐다는 내용입니다.

물론 작금의 우리네 교인들이 하는 방언은 외국어 방언이 아니
라, 천사방언(?)이라고 하는, 특정한 음절을 무한 반복하는 것입
니다. 물론 그러한 방언이 성령이 주시는 방언인지 모릅니다. 그
러나 필자가 경험한 바로는, 성령이 주시는 방언은 지금도 외국

어 방언이 많고, 그 방언이 수시로 바뀌는 것이 특색입니다. 즉 성령께서 잠재의식을 정화하시면서 새 방언을 주시는 것입니다. 그러나 우리네 교인들은 똑같은 음절을 평생 반복하는 이들이 적지 않습니다. 그럼에도 자신이 하는 방언이, 성령이 주신 거라는 것을 믿어 의심치 않습니다.

그렇다면 모든 방언이 성령이 주시는 방언일까요? 그렇다면 다른 은사의 예를 들어보겠습니다. 예언은 전부다 하나님이 주시는 것입니까? 성경에는 거짓선지자들의 이야기가 적지 않게 나옵니다. 거짓선지자들의 예언은 하나님으로부터 온 예언이 아니라는 것은 인정할 것입니다. 또 다른 예로서 치유의 은사를 생각해보겠습니다. 하나님만 치유를 하십니까? 그건 아닙니다. 절에서도 치유가 일어나고, 남묘호랭객교도 치유가 일어나고, 무당도 굿을 해서 일시적인 치유를 일으킵니다. 명백한 이단교회에서도 치유가 일어난다고 하지 않습니까? 기적도 마찬가지입니다. 하나님만 이적과 기적을 일으킵니까? 모세가 애굽 왕 바로 앞에서 지팡이로 뱀을 만들자, 바로의 주술사들도 똑같이 따라하고 있습니다. 그들은 나일강을 피로 물들이는 것까지 따라하고 있습니다. 욥기에 보면 사단도 하늘에서 불이내리게 했습니다. 성경은 악한 영들도 이적과 기적을 일으켜 사람들을 미혹한다고 하지 않습니까? 그렇다면 귀신들이라고 방언을 하도록 하지 못하겠습니까?

필자가 성령치유 집회 간 귀신을 쫓아내면서 귀신들이 내는 방언을 적지 않게 들어보았습니다. 예전에 강남에서 온 집사는 귀신이 나가면서 온갖 얘기를 하며 나갔으며, 수많은 다양하고 요상스러운 방언을 쏟아 부었습니다. 그런데 그 집사는 자신 속에서 나오는 방언을 들어보니까, 자신의 교회의 담임목사, 사모, 교인들의 방언과 똑같다며 혀를 내둘렀습니다. 이는 그 교회에 흐르는 영들의 전이가 일어난 것입니다. 필자는 이런 경우를 종종 체험합니다. 어떤 기도원에 다녀온 사람들의 방언기도가 거의 동일합니다. 이는 최초 방언기도를 분출할 때 침입한 귀신입니다.

필자는 귀신들이 내는 방언과 보통 교인들이 내는 방언과 차이점이 있는지 알아보려고 귀를 기울이고 들었습니다. 물론 귀신들이 내는 방언은 날카롭고 높은 음정이 적지 않았지만, 안수하여 영의통로를 뚫으면 바로 정상적인 방언기도가 됨으로 중단하였습니다. 그래서 스스로 방언기도 유창하게 한다고 귀신의 영향을 받지 않는 다고 단정할 수가 없는 것입니다.

필자에게 치유를 받으러 온 목회자 중에서 하루에 7시간 이상 방언으로 기도한다고 하는 분도 찾아왔었습니다. 밥만 먹고 기도만 하는 사람이었던 것입니다. 그러나 이분이 필자를 찾아온 것은 방언을 열심히 하였지만, 영혼에 만족을 누리지 못하는 것은 채워지지 않는 그 무엇이 있어서가 아니겠는가? 그래서 필자는 방언을 하지 말고 오직 배에서 나오는 소리로 주여! 주여! 하면서 하나님을 부르라는 요청을 하였습니다. 그랬더니 헛구역질과 구토가 나서 메스꺼워서 밥을 못 먹겠다고 하면서, 결국 식사를 하지 못했습니다. 하나님을 부르는 기도를 하면 헛구역질과 구토가 나는 것은 약한 귀신들이 정체를 폭로하고 나가는 현상입니다. 이분이 2일 동안 고생하시다가 성령님이 장악하시니 귀신들이 떠나갔습니다. 마음이 너무나 평안하다고 말씀하셨습니다.

그렇다면 그분이 했던 방언은 귀신들이 따라하는 방언이 아니겠습니까? 사실 필자에게 성령치유를 요청한 사람들은 그동안 방언기도를 유창하게 했던 사람들이 대부분입니다. 그런데 고단하고 팍팍한 인생과 갈급하고 건조한 영혼의 문제가 해결되지 않아서 찾아온 사람들입니다. 아니 성령이 안에 계신다면, 이렇게 무기력하고 답답하게 살 수 없지 않습니까?

그러나 아무리 필자가 설명을 하더라도, 대부분의 사람들은 자신의 주장을 굽힐 생각이 없다는 것도 잘 알고 있습니다. 왜냐면 방언기도를 하면서 자신 안에 성령이 계시다는 것을 철썩 같이 믿고 살았는데, 성령이 없다면 지금까지 믿어온 신앙이 물거품이고 헛것이라는 것을 인정하는 것이기 때문입니다. 그래서 엄청난 충격과 혼란을 견디지 못할 것이기 때문에, 도저히 필자의 견해를 받아들일 생각이 없는 것입니다. 그래서 방언기도를 하면서 자신 안에 성령이 계시다고 믿으며, 자기만족과 자기위안으로 삼고 있는 것입니다.

그러나 평생 방언기도를 유창하게 했지만, 성령이 계시는 증거나 변화, 능력과 열매가 없는 사람이 대다수입니다. 성경을 보시기를 바랍니다. 성령이 내주하는 성경의 위인들은 귀신을 쫓아내고 고질병을 고치고, 이적과 기적을 보여주면서 하나님의 나라를 확장하고 영혼을 구원하였습니다. 그러나 지금 예수를 믿고 방언기도 하는 자신은 방언은 하지만, 시도하는 것마다 실패뿐이고 되는 일이 없다면, 거참 희한한 일이 아니겠습니까?

필자가 귀신과 싸우는 성령사역을 하면서 알게 된 사실은, 일부의 사람들이 하는 방언은 최초 귀신이 속여서 넣어주었거나, 귀신이 따라서 하는 방언이거나, 자의적으로 지어낸 방언이라는 것입니다. 뭐, 방언을 연습시키는 교회도 있으니 할 말이 없을 것입니다. 자신의 방언이 진짜인지 아닌지 분별하는 방법이 없는 것은 아닙니다. 하나님을 전심으로 부르고 혹독하게 성령이 내주하는 기도를 해보시면 당장 아실 것입니다. 아니 충만한 교회 화-수-목 집회에 참석하여 안수 받으며 기도해보면 쉽게 알 수 있을 것입니다. 적지 않은 시간이 지나면 평생 해온 방언을 잊게 될 것입니다. 그 방언은 성령이 주시는 게 아니었기 때문입니다.

그래서 사람에게 잘 보이려고 방언기도하시지 말고, 사람의식하고 방언기도하지 말아야 합니다. 많은 성도들이 저에게 와서 자신의 방언이 진짜 방언인지 분별하여 달라고 합니다. 필자가 군에 있을 때 군 교회에서 부흥회를 했는데 그때 성령체험을 하고 방언을 하기 시작을 했습니다. 말로 하는 기도보다 방언으로 기도하니 너무나 좋고 감사하고 영적인 체험도 하고 영성도 깊어지는 것 같았습니다. 그러다가 다른 부대로 발령이 나서 가게 되었습니다. 그런데 그곳에 방언통역을 한다는 권사가 하나 있었나봅니다. 하루는 저와 가장 가까운 사람이 필자에게 당신이 하는 방언기도는 귀신방언이니 하지 말라는 것입니다.

그리고 새벽에 기도할 때마다 제 옆에서 감시를 하고 방언하는 소리를 들어보는 것입니다. 그래서 제가 방언으로 기도를 하지 못했습니다. 사람을 의식하니 방언기도를 하지 못한 것입니다. 그런데 문제는 방언으로 새벽에 기도를 하지 못한 날은 몸이 천근만근이고 마음이 무겁고 기분이 좋지 못하여 하루 종일 고생을 한다는 것입니다. 방언으로 새벽에 기도하고 나면은 발걸음이 가볍고 하루가 상쾌하고 즐겁게 잘 지내는데 방언으로 기도하지 못하는 날은 정말 힘이 들었습니다. 그때 필자가 느낀 것인데 사람은 영적인 존재이기 때문에 영성이 활성화 되지 못하여 건강에도 지장이 있다는 것을 체험으로 알게 했습니다. 그리고 사람을 의식하며 기도를 하면 얼마가지 않아 기도문이 막힐수도 있다는 것을 체험했습니다.

그런데 필자가 목회자가 되고 영적인 일에 관심을 많이 갖고 불같은 성령도 체험하고 나름대로 영성이 조금 깊어진 지금 생각하면 초등학교 일학년 수준인 영적인 지식을 가지고 저의 방언기도를 방해하여 영적성장에 지대한 영향을 미쳤다는 것입니다. 지금 생각하면 그 권사는 귀신의 하수인 일수도 있다는 것입니다. 그래서 필자가 방언 통역에 대하여 관심을 갖기 시작한 것입니다. 그때 하도 고생을 해서 말입니다. 그리고 사람을 의식하면 절대로 하나님과 관계를 열수가 없다는 것입니다. 하나님은 "여호와께서 이와 같이 말씀하시니라 무릇 사람을 믿으며 육신으로 그의 힘을 삼고 마음이 여호와에게서 떠난 그 사람은 저주를 받을 것이라(렘 17:5)"

사람을 의식하면 하나님과 관계를 열수 없는 이유가 무엇입니까? 하나님은 영이십니다. 살아서 역사하시는 분입니다. 그런데 사람을 의식하는 크리스천은 육적인 성도입니다. 육과 영이 통할 수가 없는 것입니다. 그래서 하나님은 "하나님은 영이시니 예배하는 자가 영과 진리로 예배할지니라(요 4:24)" 말씀하시는 것입니다. 사람을 의식하면 할수록 하나님과는 상관이 없는 크리스천이 되어가는 것입니다. 영과 육을 구분할 줄을 알아야 합니다. 사람 의식하지 말고 하나님만 의식하고 방언기도는 막하시기를 바랍니다. 방언 기도하는 소리의 출처가 의심스럽다면 성령의 역사가 있는 장소에 가셔서 영적진단을 받아 영의통로를 뚫으면 됩니다. 사람이 귀신방언이나 만들어낸 방언이니 하는 말에 현혹되어 방언으로 기도하는 것을 멈추면 자신의 영-혼-육에 크나큰 손해를 입게 됩니다. 성령의 역사를 통하여 잘못된 방언을 성령의 역사로 바르게 고쳐나가면 되는 것입니다. 교회는 성도들의 신앙을 성장하게 지도하는 곳이지 귀신방언 한다고 기도 못하게 하는 곳이 아닙니다. 교회는 귀신방언 하는 크리스천을 안수기도하여 영의통로를 뚫어서 바르게 성령으로 방언기도하게 하는 곳입니다. 절대로 사람을 의식하면 자신의 영은 파리하여 가게 됩니다.

이것은 내가 잘 아는 교회에서 있었던 일입니다. 이 교회에 나이 많으신 여자 집사님이 한 분 계셨는데, 이 집사님의 다 큰 자제가 정신 질환을 앓고 있어서 이 여자 집사님은 매일 밤 교회에 나와 아들을 위해 기도를 하고 있었습니다. 시간이 자정을 넘어 기도가 한창 무르익을 때면, 이 집사님은 강대상 밑에 엎드려 방언으로 기도를 하기 시작합니다. 그런데 하루는 스스로 신령하다고 생각하고 있는 어느 젊은 여자 집사님이 이 할머니 집사님에게 이렇게 말했습니다. "집사님이 하시는 방언기도는 모두 하나님을 원망하는 방언이에요." 할머니 집사님은 이 말에 그만 큰 충격을 받고 말았습니다. 매일 밤잠을 안자고 자정을 훨씬 넘기면서까지 방으로 기도를 했는데, 그게 다 하나님을 원망하는 기도였다니! 할머니 집사님은 그 후에도 매일 밤 교회에 나오기는 했으나 기도는 할 수가 없었습니다.

젊은 집사의 이야기를 듣고 겁이 나서 방언 기도도 못하고 우리말로 기도를 하려고 해도 통 기도가 나오질 않았습니다. 그래서 매일 밤 멍하니 그냥 앉아만 있을 뿐이었습니다. 사람을 의식하니 기도가 막힌 것입니다. 그 젊은 여자 집사님은 참으로 엄청난 잘못을 저질러 놓았습니다. 아들의 병을 위한 어머니의 간절한 기도를 막아버린 것이었습니다. 지금 교회에는 이런 일이 비일비재하게 벌어지고 있습니다. 우리 교회에 이렇게 스스로 신령하다고 자처하는 사람들 때문에 순수한 성도들이 상처를 받습니다. 필자는 방언기도를 어떻게 하든 못하게 하지 말고 바르게 고쳐주려고 하라는 것입니다. 자신의 방언을 분별하기를 원하시는 분들은 제가 저술한 책, "영안열리면 귀신들이 보이나요" 와 "영들을 보는 눈을 개발하라" 를 읽어보시기를 바랍니다.

방언에는 하나님을 원망하는 방언도 없습니다. 방언 기도란 나의 영이, 나와 함께 하시는 성령과 더불어 교대로 혹은 이중창으로 하나님 아버지를 향해 드리는 기도이기 때문입니다. 귀신 방언이 있다고 주장하는 사람들은 귀신들린 사람이 방언 같은 소리를 하는 것을 가지고 귀신 방언이라고 말합니다. 실은 필자도 그런 방언 같은 소리는 많이 들었습니다.

내가 몇 년 전에 치유를 받으러 온 성도 중에 방언기도 소리가 이상했습니다. 그래서 축귀를 했습니다. 그랬더니 정상적인 방언으로 바뀌었습니다. 이분이 처음 이상한 방언을 한 것은 귀신이 방언기도를 흉내 낸 것입니다. 사람들은 바로 이것을 귀신 방언이라고 말합니다. 귀신이 방언하는 소리를 내 귀로 똑똑히 들었다고 말합니다. 그래서 귀신도 방언을 한다고 주장을 하는 것입니다. 그래서 저는 방언기도 하는데 조금 이상하다고 귀신 방언한다고 기도 못하게 하면 그 성도는 영이 죽습니다.

저도 그런 경험을 했기 때문에 잘 압니다. 절대로 방언을 못하게 하면 안 됩니다. 또 사람의 말을 의식하면서 기도하면 영락없이 기도문에 막힙니다. 한귀로 듣고 한귀로 내버리며 의식하지 말고 그냥 평소대로 기도하시기를 바랍니다. 계속하시다가 성령으로 충만한 상태에서 성령을 체험하면 방언은 정상으로 바뀝니다. 그런 분이 있다면 목회자가 안수를 계속하면 정상적인 방언으로 바뀌게 됩니다. 절대로 금지 하지 말기를 부탁드립니다. 오히려 귀신 방언한다고 일러주는 성도가 귀신의 영향을 받는 성도일수도 있습니다. 왜요, 귀신이 방언기도 소리를 굉장히 듣기 싫어합니다. 귀신 방언 한다고 기도 못하게 하지 않기를 바랍니다.

성령으로 세례 받은 사람이 하는 방언기도 중에 귀신 방언이 있다고 주장하는 사람들이 있습니다. 몇 해 전, 어떤 사람이 간증하는 중에 들은 것인데, 그가 하루는 산에 가서 밤에 기도를 하고 있는데, 새벽 무렵이 되어 한 무리의 젊은이들이 큰 소리로 방언을 하며 산길을 내려오는데, 그 방언이 좀 이상해서 분별을 해 보았더니 귀신이 따라오면서 그들의 입을 빌어 하는 귀신 방언이 더라는 것이었습니다. 그러나 이것은 분명 잘 못 안 것입니다. 성령세례 받은 사람이 성령의 이끌림을 받아가며 영으로 하는 방언에는 귀신이 역사하지 않습니다. 귀신이 따라서 방언기도를 하는 경우는 있습니다. 방언은 성령의 은사이기 때문에 귀신은 절대로 스스로 방언을 할 수 없습니다. 방언은 나의 영과 함께 하시는 성령께서 하나님 아버지에게 드리는 기도인 것입니다. 따라서 귀신 방언이란 없다고 보는 것이 옳다고 생각합니다. 성령의 은사는 성령께서 오직 사람에게만 주시는 것입니다. 성령께서 귀신에게 방언의 은사를 주실 리가 없는 것입니다. 귀신이 방안기도를 따라서 흉내 내는 것입니다.

여기서 결론을 말하자면 성도 안에서 역사하는 귀신이 방언기도를 따라서 흉내 내는 것입니다. 귀신이 방언으로 기도하는 사람의 소리를 흉내 내면서 같이 방언기도를 한다는 것입니다. 그렇기 때문에 아무리 기도를 많이 해도 변화가 없는 것입니다. 방언기도를 오래 많이 하는데 변화가 없다면 성령치유 하는 곳에 가서서 잠재의식을 정화하시기를 바랍니다. 그러면 변화가 일어나지 말라고 해도 변화가 일어납니다. 자신의 방언기도의 진위는 열매로 분별이 가능합니다. 방언기도가 의심스러우면 주변에 성령치유 하는 곳이 가서서 잠재의식을 치유 받으면서 기도하시면 됩니다. 절대로 큰일 난 것과 같이 바보같이 반응하지 말기를 바랍니다. 귀신이 박수치는 행동입니다. 아무것도 아닌 일입니다. 필자의 수준으로는 아무것도 아닌 일입니다.

3부 방언기도로 분출되는 카리스마들

17장 말씀의 권위로 분출되는 카리스마

(행4:31)"빌기를 다하매 모인 곳이 진동하더니 무리가
다 성령이 충만하여 담대히 하나님의 말씀을 전하니라"

하나님은 설교 말씀으로 하나님의 권위를 나타내기를 소원하
십니다. 살아계신 하나님을 증명하려면 말씀(설교=말)에 카리스
마가 있어야 합니다. 말씀(설교=말)과 성령의 역사로 교인들을 하
나님께로 인도하기 때문입니다. 필자는 설교하기 전에 보통 1-2
시간 마음으로 방언기도를 합니다. 내면에서 올라오는 카리스마
가 충만해질 때까지 마음으로 방언기도를 지속적으로 합니다. 아
랫배에서 올라오는 방언으로 내면이 소리로 방언기도를 합니다.
자신 안에 성전에서 성령으로 분출되는 방언기도로 분출된 카리
스마를 사용하면 설교를 할 때 설교자로서의 권위가 나타납니다.
그 권위의 근거는 설교자의 외형적인 풍채에서 오는 것일까요?
아니면 세상에서 많은 공부를 했다는데서 오는 것일까요? 외형적
으로 조건이 완벽하게 잘 갖추어져야 권위가 세워지는가요? 그
런 것이 설교자의 권위일 수 없습니다. 이런 것으로 설교자의 권
위로 삼으려고 목회를 한다면 백번 망하게 됩니다. 그런 권위 앞
에 복종하는 성도는 아마 한명도 없다는 것을 경험하게 될 것입
니다. 강단에서 설교하는 목사는 성령으로 세례를 받고, 성령으

로 충만한 영의 상태에서 말씀을 전할 때 진정한 설교의 권위가 나타나는 것입니다.

목회자의 권위는 설교의 권위에서 찾을 수 있을 것입니다. 성전에서분출되는 방언 기도할 때 설교에서 강력한 카리스마를 이끌어낼 수가 있습니다. 그런 설교의 권위의 근거는 말씀과 성령의 역사입니다. 자신 안에 있는 성전에서 성령으로 분출되는 방언기도로 카리스마가 나타납니다. 이 같은 권위의 근거는 설교의 정당성을 보장해 줍니다. 성령으로 충만한 상태에서 영으로 말씀을 전하면서 방언으로 기도하여 순간순간 성령께서 감동하시는 레마를 받아 전할 때 설교자의 권위가 드러나는 것입니다.

첫째, 설교의 권위는 사람이 아니라, 하나님의 말씀에 기초한다. 설교가 권세를 갖는 까닭은 설교자 개인 혹은 그 자신의 이름에 기초한 것이 아닙니다. 설교의 권위는 설교자의 인간적 재능에 기초하지 않습니다. 설교의 권위는 오로지 설교자가 전달하고 증거 하는 생명의 말씀에 연관됩니다. 사도 바울은 이것을 반복하여 증거 합니다. "…너희가 우리에게 들은 바 하나님의 말씀을 받을 때에 사람의 말로 받지 아니하고 하나님의 말씀으로 받음이니 진실로 그러하도다. 이 말씀이 또한 너희 믿는 자 가운데서 역사하느니라"(살전 2:13). 즉, 그리스도께서 친히 바울을 통해 교회에 말씀하시는 것과 같습니다(고후 5:20). "따라서 우리는 성경에서 성령이 모든 권위와 위엄을 제사장이나 예언자나 사도들이나 사도들의 후계자들에게 주실 때 사실상 인간 자신에게 주신 것이 아니라, 그들이 임명되는 직분에 주셨다는 것을 여기서 기억해야 합니다. 왜냐하면 그들이 직분으로 부름을 받을 때, 동시에 그들은 자기 자신들에게서 나오는 그 어떤 것도 전하지 말고 오직 주님의 입에서 나오는 생명의 말씀만 전하라는 명령을 받았기 때문입니다." 그러므로 설교의 권위는 사실상 설교자의 입에서 나오는 하나님의 말씀 안에 담겨 있습니다. 성전에서 분출되는 방언기도로 성령으로 충만된 가운데 하나님의 말씀만을 운반할 때 설교자의 권위가 나타나는 것입니다.

둘째, 설교의 권위는 삼위일체 하나님께서 설교 사역에 함께 역사하신다는 사실에 기초한다. 부활하신 그리스도께서 제자들에게 복음을 전파하라고 대 사명을 주실 때 주님께서 함께 하시겠다는 약속의 말씀으로 축복하셨습니다. "볼지어다. 내가 세상 끝날까지 너희와 항상 함께 있으리라"(마 28:20). 사도들의 복음 전파 사역은 인간적 노력과 수고에 그치고 마는 것이 아닙니다. 성령 하나님께서 친히 권능으로 사도들에게 임하시어 그리스도의 증인으로 사역하게 하십니다. "오직 성령이 너희에게 임하시면 너희가 권능을 받고 예루살렘과 온 유대와 사마리아와 땅 끝까지 이르러 내 증인이 되리라 하시니라"(행 1:9). 사도 바울은 성도들의 삶과 더 나아가 복음 증거의 사역이 영적 전쟁임을 명확하게 인식하였습니다. 그러므로 그는 에베소교회 성도들에게 편지하기를 "성령의 검 곧 하나님의 말씀"을 가지고 마귀를 대적할 뿐만 아니라, 자신이 "복음의 비밀을 담대히" 알리도록 성령 안에서 깨어 기도하기를 요청하였습니다(엡 6:17~19). 성전에서분출되는 방어기도로 전인격이 지배를 받아 성령의 말하게 하심을따라 복음을 증거해야 합니다

오늘도 연약한 혈육을 가진 설교자가 천국 열쇠 권을 가지고 복음을 담대히 증거할 수 있는 까닭은 설교자가 그리스도의 보냄을 받았으며, 하나님 말씀이 지닌 고유한 구원의 능력, 그리고 삼위일체 하나님께서 설교 사역에 함께 역사하심에 그 뿌리를 둡니다. 그러므로 설교는 오로지 하나님의 말씀을 받들어 증거하는 봉사요, 바로 그 때 설교는 최고의 권위를 갖습니다. 바로 그 때 설교는 천국의 문을 열고 닫는 권세를 갖습니다.

셋째, 설교는 예언이다. 설교는 단순히 성경을 해석하고 가르치고 생활에 적용시키는 것이 아닙니다. 설교(예언)는 예수님의 마음을 전하는 것입니다. 여기서 예수님을 전한다는 것은 단순히 전도나, 예수님에 대해 가르치는 것을 의미하는 것이 아닙니다. 실제로 예수님의 마음을 전하고, 살아계신 초자연적인 권능을 가지신 예수님을 전해야 합니다. 현실문제를 해결하시며 천국을 누리게 하시며, 아브라함을 복을 누리면서 하늘나라 군사로 살아가게 하시는 예수님을 전해야 합니다. 설교자는 예수님의 살아계심을 증거하고 사람들을 예수님께로 인도하는 것입니다. 설교를 통하여 살아서 역사하시는 예수님의 생명을 전하는 것입니다. 메뉴판이 음식을 대신할 수 없는 것처럼, 성경이 예수님을 대신할 수 없습니다. 즉 예수님에 대해서 아는 것이, 예수님을 체험하여 닮

아가는 것을 대신할 수는 없습니다. 따라서 모든 설교(예언)자는 살아계신 예수님을 증거 해야 합니다. 하늘나라의 생명을 전해야 합니다.

지금도 초자연적으로 역사하시고 계시는 예수님을 전해야 합니다. 지금도 성령으로 살아서 역사하시면서 현실 문제를 해결하고, 병을 고치며, 상한 마음을 치유하시며, 귀신을 축귀하시며 천국을 만드시는 예수님을 전해야 합니다. 예수님 앞에 나오면 모든 문제를 해결 받는 다는 소망과 믿음을 대언해야 합니다. 설교는 하나님께서 목회자를 통하여 생명을 살리려는 하나님의 계시(예언)을 전하는 성스러운 업무에 쓰임 받는 사람입니다.

어떤 목사님이 필자에게 "목사님은 예언이 뭐라고 생각하십니까?" 하고 물으신 적이 있습니다. 그래서 제가 예언에 대해서 이렇게 설명했습니다. 많은 사람들이 예언을 앞으로 될 일을 미리 말하는 것으로 알고 있는데, 그것은 예언의 기능 중 일부일 뿐입니다. 베드로후서 1장 21절에 "예언은 언제든지 사람의 뜻으로 낸 것이 아니요 오직 성령의 감동하심을 입은 사람들이 하나님께 받아 말한 것임이니라." 예언은 사람이 성령의 감동을 통해 하나님께 받은 말을 하는 것입니다. 즉 예언은 단지 미래의 일을 예고하는 것이 아니라, 성령께서 깨닫게 하시고 알려주시는 하나님의 계시(말씀)를 설교로 전달하는 것입니다. 성령께서 설교자를 감동하시어 전하게 하시는 말씀 안에는 칭찬, 책망, 위로, 교훈, 권면….등 여러 가지 내용이 있을 수 있습니다. "그러나 예언하는 자는 사람에게 말하여 덕을 세우며 권면하며 안위하는 것이요."

(고전14:3). 그래서 구약의 예언서들을 보면 미래에 대한 예언뿐 아니라, 이 모든 것이 포함되어 있는 것입니다.

그리고 진정한 예언은 성령의 감동하심을 따라, 예수님의 말씀(계시)을 설교로 전하는 것입니다. 구약의 선지자들의 예언 중, 가장 진수가 되는 것이 무엇입니까? 메시아인 예수님에 대한 예언입니다. "예수의 증거는 대언의 영이라 하더라."(계 19:10). 이 구절에 나오는 "예수의 증거는 대언의 영이라"라는 부분을 다른 번역본으로 보면 현대인의 성경은 이렇게 번역했습니다. "예수님을 증거 하는 것은 다 예언의 영을 받아서 하는 것뿐이니, 너는 하나님에게만 경배하여라." 더구나 쉬운 성경은 이 부분을 다음과 같이 이해하기 쉽게 잘 번역했습니다. "이 모든 예언을 하게 하신 것은 예수님을 더 증언하기 위해서일 뿐이다." 이처럼 예언은 예수님을 증거 하기 위한 것입니다.

실제로 예수님을 증거 하는 것이 예언의 궁극적인 목적입니다. 따라서 목회자(선지자) 사역은 예언이 얼마나 적중(맞추었느냐)했느냐가 아닙니다. 요즈음 많은 크리스천들이 예언에 대하여 바르게 인식하고 있지를 못합니다. 목회자(선지자)들 역시 바르게 알고 예언 사역을 하지 않고 있습니다. 앞으로 일어날 일에 대하여 족집게 예언을 좋아한다는 것입니다. 예언을 사람의 앞으로 일어날 일을 맞추는 것이 중점을 둔다는 말입니다. 물론 이것도 포함은 됩니다. 그러나 예언은 인류를 향한 예수님의 마음을 전하는 것입니다. 하나님의 뜻을 성령으로 받아서 말하는 것입니다. 예언 사역(설교)을 도구로 성령의 감동하심 가운데 얼마나 예수님을 잘 전하고, 사람들을 예수님께로 인도 했느냐 로 평가받게 됩니다. 그렇기 때문에 설교를 하시는 목회자(선지자)는 예수님께서 어떤 분인가를 바르게 전해야 합니다. 성령의 임재가운데 영적인 상태에서 설교를 해야 합니다. 그래야 대상자가 예언의 말씀을 듣고 예수를 영접하게 되는 것입니다. 현실 문제를 가지고 고통당하면서 어찌할 바를 모르는 사람에게 예수님께 나오면 모든 문제가 해결이 된다는 희망을 전달할 수가 있어야합니다.

그런 의미에서 가장 위대한 선지자는 세례요한입니다. 그는 여자가 낳은 자 중에 가장 큰 자요, 선지자들의 대표인 엘리야의 심령과 능력으로 온 선지자였습니다. 그런데도 개인 예언을 거의 하지 않았습니다. 그는 오로지 예수님을 증거 했습니다. 심지어는 자신의 제자들마저 예수님께로 떠나보냈습니다. 이것이 바로 최고의 사역입니다. 주님은 모든 사역자들이 세례요한처럼 되기를 원하십니다.

우리가 알아야 할 것은 비단 예언(설교)선지자뿐 아니라, 사도와 복음전하는 자, 그리고 목사와 교사도 같은 기준으로 사역을 평가받게 됩니다. 그러므로 설교(예언)를 할 때 얼마나 해석을 정확하게 하고 전달을 잘 했느냐가 중요한 것이 아니라, 얼마나 예수님을 잘 증거하고 실제로 사람들을 살아계신 예수님을 만나게 했으며 예수님께로 인도했느냐가 중요합니다.

시편 23편 푸른 초장과 맑은 시냇물가가 나오는데, 예수님이 곧 푸른 초장이요, 쉴만한 물가입니다. 목자가 양들을 푸른 초장과 맑은 시냇물가로 인도하듯이 목회자들은 마땅히 성도들을 설교를 통하여 예수님께로 인도해야 합니다. "내가 아버지께로서 너희에게 보낼 보혜사 곧 아버지께로서 나오시는 진리의 성령이 오실 때에 그가 나를 증거하실 것이요."(요 15:26).

이처럼 성령님은 예수님을 증거 하기 위해 이 땅에 오셨습니다. 지금 우리 안에서 역사하시고 계십니다. 그러므로 사도에서 목사에 이르기까지 자기의 부르심과 은사와 직분이 무엇이든 우리는 예수님을 전해야합니다. 부름 받아 나온 자들을 예수님의 인격을 닮아가도록 설교(예언)와 성령의 역사로 바꾸는 사역을 해야 합니다. 그것이 우리 모두의 사명입니다.

사람들을 예수님께로 인도하는 것이 얼마나 중요한 일인지 아십니까? 목회자가 실제로 예수님을 증거 하면 사람들이 예수님을 추구하고 만나고, 교제하게 됩니다. 그러면 예수님이 그들을 말씀과 성령으로 변화시킵니다. 그 결과 놀랄 정도로 변화됩니다. "그런즉 누구든지 그리스도 안에 있으면 새로운 피조물이라. 이전 것은 지나갔으니 보라 새것이 되었도다."(고후 5:17). 이 말씀에 의하면 누구든지 "그리스도 안에 있으면" 새로운 피조물이라고 했습니다. 사람은 누구나 그리스도 안에서 변화됩니다. 바른 복음을 듣고 성령의 인도를 받으면 변화되게 되었습니다. 즉 우리를 예수님의 인격으로 변화시키는 분은 바로 성령님입니다. 설교자도 방언으로 기도하여 성령으로 충만한 가운데 말씀을 전해야 합니다.

그래서 바울이 예수님은 우리에게 지혜와 의로움과 거룩함과 구속함이 되신다고 말한 것입니다. 따라서 목회자들이 설교를 통해 실제로 예수님을 증거하고 사람들을 예수님께로 이끌면, 사람들이 변화되고 지속적으로 성장합니다. 성도들이 변화되게 하려면 설교(예언)를 통해 단순히 성경이 아니라, 지금도 살아서 역사하시는 예수님을 전합니다. 이런 성령이 역사하시는 설교만이 성도들을 변화시킬 수 있습니다.

넷째, 설교는 레마를 선포해야 한다. 목회자는 설교를 준비 할 때나 설교할 때 성령의 임재 가운데 순간순간 성령의 감동하심을 받아 선포해야 합니다. 레마를 받아 선포할 때 강력한 능력을 이끌어내어 기적이 일어나기 때문입니다. 내가 성경을 다 안다고 해서 하나님의 기적이 일어나는 것은 아닙니다. 성경을 다 알고 하나님에 대한 신학적인 지식을 다 알고, 뜻을 다 안다고 하더라도 내게 기적이 일어나지는 않습니다. 성령의 임재가운데 하나님이 내게 하나님의 뜻을 따라 특별히 말씀해 주기를 간구하면서 하나님의 말씀을 받아야 하는 것입니다. 레마를 받아 선포하기 위하여 성전에서성령으로 분출되는 방언기도를 하여 전인격이 성령의 지배와 장악이 되어야 비로소 성령으로 레마를 받을 수가 있습니다.

베드로가 깊은 곳에 가서 그물을 던져 고기를 잡았습니다. 베드로가 깊은 곳에 가서 그물을 던져 고기 많이 잡는 것을 보니 '우리 다 깊은 곳으로 들어가자. 깊은 곳에 들어가서 그물을 던져 다 잡자.' 던져도 아무것도 안 잡힙니다. 베드로가 깊은 곳에 가서 그물을 던진 이유는 주님이 말씀하셨기 때문인 것입니다. "깊은 곳에 가서 그물을 던져 고기를 잡으라." 이것은 일반적인 말씀이 아니라, 베드로에게 특별히 주신 레마의 말씀인 것입니다. 베드로와 제자들이 풍랑 있는 바다를 괴롭게 배를 저어 가다가 밤 사경에 물 위로 걸어오는 것을 보고 주시여 나를 물 위로 걸어오게 하소서. 주님이 오라고 했습니다.

베드로가 밖에 나가서 걸으니 물 위에 걸어갔습니다. 왜냐 주님이 베드로에게 말했습니다. 예수님이 물 위로 걸어오라고 했습니다. 그러나 베드로처럼 다른 사람들이 물 위로 걸어오면 다 빠져 죽어요. 왜일까요? 베드로는 주님의 개인적인 말씀(레마)을 받았기 때문인 것입니다. "믿음은 들음에서 나며 들음은 그리스도의 말씀으로 말미암느니라" 그리스도가 직접 말씀하시는 말씀(레마)을 들어야 믿음이 생겨나는 것입니다. 레마는 하나님께서 성령으로 직접 자신에게 들려주시는 생명의 말씀입니다.

성경은 일반적인 모든 사람에게 주신 책으로써 하나님의 대한 지식을 알고 하나님에 대한 뜻을 아는 책이지만은 우리가 직접적인 믿음의 역사를 가지려면 성경말씀을 통해서 성령이 우리에게 직접 오늘날도 직접적인 말씀(레마)을 해야 하는 것입니다.

성경 사도행전을 보면 제사장 스게와의 일곱 아들이 귀신들린 자를 갖다 놓고 난 다음에 말했습니다. 바울이 전하는 예수 그리스도의 이름에 의지해서 네게 명하노니 귀신아 나와라. 귀신이 하는 말이 예수도 내가 알고 바울도 내가 아는데 너는 누구냐? 그냥 덮치매 일곱 아들이 다 혼비백산하고 옷이 다 찢겨서 빨개 벗고 도망을 쳤습니다. 왜그렇습니까? 바울은 주님의 직접적인 명령을 듣고 주님의 권세를 받아 개인적인 권세를 받아서 귀신을 쫓아냈지만은 스게와의 제사장은 바울이 말한 것 그냥 인용해서 했지, 직접 주님께 말씀을 듣지 못하기 때문에 귀신이 순종할 리가 없는 것입니다.

그러면 어떻게 하면 개인적인 말씀을 받을 수가 있을까요? 이것은 굉장히 중요합니다. 우리가 개인적인 주의 말씀을 받으면 오늘날도 주께서 놀라운 역사를 베푸시는데 어떻게 개인적인 말씀을 받을까요? 먼저 성경말씀을 통하여 일반적인 하나님의 뜻을 알아야 합니다. 하나님이 누구신지를 성경말씀을 통해서 알아야 되고 일반적으로 창세기부터 계시록까지 말씀을 읽고 설교를 들어서 하나님의 뜻을 알아야 우리가 하나님의 뜻대로 구해야 하나님이 응답을 해 주시지 하나님의 뜻에 어긋난 곳에 '말씀을 주옵소서. 말씀을 주옵소서.' 해봤자 아무 소용이 없습니다.

우리가 성경을 읽고서 병 고치는 것이 하나님의 뜻인 줄 알기 때문에 아버지여, 내게 치료의 말씀을 주옵소서. 내게 강력한 신유의 능력을 주시옵소서, 병 고치는 것이 아버지의 뜻이오니 내게 치료의 말씀을 주옵소서. 주님께 영으로 기도하면 어느 날 말씀 속에 "내 병이 나았느니라," 치료의 말씀과 능력을 주십니다.

뜻을 알고 기도해야 말씀을 받을 수 있지 뜻을 모르고 기도해서야 말씀을 받을 수 있나요? "주 예수를 믿으라. 그리하면 너와 네 집이 구원을 얻으리라"고 하므로 우리 남편을 구원하여 주시옵소서. 구원받는 것이 하나님의 뜻이라고 하니깐… 간절히 부르짖어 기도할 때 어느 날 "하나님께서 이제 안심하라. 내 남편이 구원 받았느니라." 그러면 말씀을 받았습니다. 그 때로부터 남편이 변화 받기 시작한 것입니다.

그러므로 우리가 성경 말씀을 통해서 먼저 하나님의 뜻을 알아야 우리가 개인적으로 주는 말씀을 구할 수가 있는 것입니다. 그러고 난 다음에는 하나님의 뜻이 개인적으로 임하시기까지 간구하며 기다려야 되는 것입니다. 하나님의 말씀을 알고 하나님의 뜻을 알았는데 내게도 하나님의 말씀을 주시기 위해서는 내가 성령의 임재상태에서 구해야 합니다. "구하라, 주실 것이요, 찾으라, 찾을 것이요, 문을 두드리라, 그러면 열릴 것이라."고 하셨으므로 주님께 나와서 구해야 합니다.

그리고는 성령님의 감동을 구해야 합니다. 오늘날 아버지 하나님과 예수님은 성령님의 감동을 통해서 우리에게 말씀하시는 것이기 때문에 우리가 성령 충만하고 성령님을 인정하고 환영하고 모셔 드리고 의지하며 보혜사 성령이여 아버지 하나님과 우리 주 예수 그리스도의 뜻을 쫓아내게 말씀하여 주시옵소서. 성령은 우리에게 종종 꿈을 통해서 개인적으로 말씀할 때가 많이 있습니다. 야곱이 얼룩덜룩 이의 단풍나무 신풍나무 가죽을 벗겨서 짐승들 앞에 놓고 새끼를 가질 때 얼룩 덜룩이를 갖게 한 것도 야곱은 꿈을 꾸었습니다. 꿈을 꾸어서 개인적으로 말씀해 주신 것입니다. 그리고 요셉도 하나님의 꿈을 통해서 요셉에게 말씀하여 주셨습니다.

오늘날도 성령께서 우리에게 확실하게 꿈을 통하여 마음속에 레마, 즉 개인적인 말씀을 주실 때가 있습니다. 또 환상을 통해서 성령께서 우리에게 말씀하실 때가 있는 것입니다. 바울은 드로와에서 기도할 때 환상이 나타나서 마게도냐인이 여기에 와서 우리를 도우라. 하나님의 말씀이 환상을 통해서 바울에게 임했습니다. 베드로는 피장 시몬의 집에서 점심때에 옥상에 올라가서 기도할 때 하늘에서 보자기가 내려오면서 짐승들을 보내면서 잡아 먹으라고, 그리고 그 짐승들이 이방인을 상징하는 것입니다.

고넬료 가정에서 온 병사들이 와서 문을 두드리고 베드로는 찾을 때에 성령께서 두려워말고 따라가라고 하셨습니다. 환상을 통해서 말씀하신 것입니다. 오늘날 우리에게는 환상을 통해서 말씀하시는 것이 드물지만, 그러나 요사이도 가끔가다가 환상을 통해서 말씀하실 때가 있습니다. 가장 주로 많은 말씀을 하시는 것은 마음에 고요한 음성을 통해서 말씀하여 주시는 것입니다. 기도를 하고 있는데 마음에 뜨거워지면서 마음에 말씀이 임하시는 것입니다. 마음에 하나님의 지식과 총명이 마음에 머물며 저는 기도할 때 종종 체험합니다. 간절히 기도하는데 마음이 뜨거워지면서 마음속에 내가 생각지도 않은 하나님의 말씀이 마음속에 임하는 것입니다.

그리고 특별히 교회에 와서 설교 들을 때에 하나님의 말씀이 내 마음속에 와 닿습니다. 저것은 내게 하는 말씀이다. 엠마오로 가던 제자가 예수 그리스도께서 말씀하실 때에 그대로 마음이 뜨거워졌다고 말했습니다. 우리에게 말씀하시고 우리에게 성경을 풀어 주실 때 우리 속에서 마음이 뜨겁지 아니하냐고 말했습니다. 주일날 교회에 와서 말씀을 들을 때에 마음이 뜨거워지면 하나님이 자신에게 말씀하시는 것입니다. 그냥 한 쪽 귀로 듣고 한

쪽 귀로 흘려보낸 것은 그것은 아니지요. 다시 기도하여 확증을 잡아야 합니다. 내 마음에 기쁜 감동과 함께 뜨거워지면 그 설교를 통해서 하나님이 내게 말씀해 주시는 것입니다.

세상에 술 취함과 방탕함과 도박과 악한 습관에 묶여서 고생한 사람도 거기에 놓여남 받기 위해서 기도할 때에 하나님이 말씀(레마)을 주시면 순식간에 놓여남을 받습니다. 성령이 감동하는 말씀(레마)를 듣고 행할 때 질병에서도 치료받고, 가난에서도 레마의 말씀을 받고 행하면 자유를 얻게 되고, 마음에 평안과 확신도 말씀을 받고 행하면 평안과 확신이 임하게 되는 것입니다. 우리는 기록된 말씀 위에 토대해서 성령이 살아있는 현재 내 마음속에 들리는 말씀으로 해 주시기를 기대해야 되는 것입니다. 기록된 로고스가 아니라, 성령으로 내 귀에 들려오는 '레마'를 받아야 하는 것입니다. 성전에서 성령으로 분출되는 방언기도로 성령의 지배와 장악이 된 가운데 레마를 듣고 그대로 말하고 행동할 때 역사가 일어나는 것입니다. 목회자는 성령으로 레마의 말씀을 받아서 선포하는 훈련을 부단하게 해야 합니다. 말씀을 담대하게 선포할 때 기적이 일어나기 때문입니다. 목회자는 말씀의 권위를 나타내야 하나님께 쓰임을 받을 수가 있습니다. 말씀에 권위가 나타날 때 강력한 능력을 이끌어낼 수가 있습니다. 예수님은 말이 영이요 생명이라고 말씀하셨습니다. 선포하는 말씀에 생명이 있을 때 강력한 능력을 이끌어낼 수가 있습니다. 생명의 말씀을 선포할 때 불가능이 가능하게 되는 능력으로 역사합니다.

18장 축귀의 권능으로 분출되는 카리스마

(막9:20)"이에 데리고 오니 귀신이 예수를 보고 곧 그
아이로 심히 경련을 일으키게 하는지라 그가 땅에 엎드러
져 구르며 거품을 흘리더라"

하나님은 크리스천들이 성전에서 성령으로 분출되는 방언기
도를 하여 카리스마를 극대하시를 소원하십니다. 필자는 예배나
집회를 인도하기 전에 마음속에서 올라오는 방언으로 기도를 많
이 합니다. 성령으로 충만하기 위해서입니다. 여기까지 방언은
기도의 방언입니다. 기도의 방언으로 성령이 충만해지면 이제 은
사의 방언으로 이끌어 가십니다. 방언으로 기도하여 성령이 충만
한 가운데 강단에 서서 말씀을 전하면 성령이 감동을 주십니다.
원고를 준비하여 말씀을 전해도 그때그때 성령께서 필요한 지식
의 말씀과 지혜의 말씀을 주셔서 전하게 하십니다. 이것이 성령
으로 충만하여 성령께서 저를 사로잡고 은사를 나타내면서 이끌
어 가시는 것입니다.

그리고 말씀을 전하고 나면 일으켜 세워서 찬양을 하라! 그냥
기도하게 하라! 이렇게 감동을 하십니다. 그러면 저는 성령께서
감동하신대로 순종합니다. 저는 청중들에게 전심으로 기도를 하
게한 후에 강단 아래로 내려가서 일일이 안수를 하면서 치유와
은사 사역을 합니다. 이때 저는 방언으로 기도를 합니다. 그러면
성령께서 저에게 은사의 방언으로 역사하십니다. 방언기도하며

안수할 때 저에게 성령께서 감동을 하십니다. "이 사람은 마음이 갑갑하여 영이 잠자고 있다. 영이 깨어나게 하라!" 그러면 제가 순종합니다. 다른 사람을 안수하면 "이 사람은 서러움의 상처가 있다. 서러움의 상처가 치유되게 하라!" 그러면 제가 조치를 합니다. "이 사람은 귀신이 역사한다. 축귀를 하라!" 그러면 축귀를 합니다. "이 사람은 자아가 너무 강하게 시간이 오래 걸리겠다! 이 사람은 아직 성령이 장악을 못했다! 이 사람은 앞으로 데리고 나가서 기도하라!" 이렇게 방언기도하면서 안수를 하면 성령께서 알려주십니다.

축사는 전적으로 성령께서 하시는 일입니다. 축사를 하려고 하면 분명하게 자신 안에 성전에서 성령으로 올라오는 방언으로 기도를 합니다. 성령으로 충만한 상태를 유지하여 환자에게 전이시키는 것입니다. 환자가 기도하지 않으면 축사가 되지를 않습니다. 환자가 기도하도록 성령으로 충만한 상태에서 안수를 하여 환자의 마음 안 성전에서 분출되는 성령으로 귀신을 축귀하는 것입니다. 초기에는 무엇보다 성령께서 지배 장악하는 것이 우선임으로 성령님이 장악하시도록 환경만 만들어 드립니다. 환경이란 환자가 마음을 열고 기도하게 하는 것입니다. 환자가 열심히 기도를 해야 성령으로 장악이 잘 됩니다.

장악이 되면 여러 가지 가시적인 현상이 일어납니다. 호흡을 몰아쉰다든지 울음이 터진다든지 손발이 오그라든다든지 가시적인 현상이 일어납니다. 우리가 귀신을 쫓아낼 때 과연 귀신이 나갔는지를 어떻게 알 수 있겠는가 하는 문제가 있습니다. 성경에서 귀신을 쫓아낼 때 나가는 모습을 아주 구체적으로 기술한 부분이 있습니다. 그 장면을 여기에 옮겨보면 아래와 같습니다.

"귀신이 그를 잡아 갑자기 부르짖게 하고 경련을 일으켜 거품을 흘리게 하며 몹시 상하게 하고야 겨우 떠나가나이다."(눅 9:39). "많은 사람에게 붙었던 더러운 귀신들이 크게 소리를 지르며 나가고"(행 8:7). "귀신이 소리 지르며 아이로 심히 경련을 일으키게 하고 나가니 그 아이가 죽은 것 같이 되어 많은 사람이 말하기를 죽었다 하니" (막 9:26). "더러운 귀신이 그 사람으로 경련을 일으키게 하고 큰 소리를 지르며 나오는지라."(막 1:16) "여러 사람에게서 귀신들이 나가며 소리 질러 이르되 당신은 하나님의 아들이니이다."(눅 4:11)

귀신이 쫓겨나가는 장면을 우리의 눈으로 확인이 되어야만 사역을 종결할 수 있는 것입니다. 위의 예를 보면 '갑자기 부르짖다' '경련을 일으키다' '거품을 흘리다' '몹시 상하다' '크게 소리 지르다' '죽은 것 같이 되다' 등이 기록되어 있습니다. 성경은 귀신이 쫓겨나가는 현상을 이와 같이 묘사하고 있지만, 현실적으로 이를 알아차리는 일이 간단하지 않습니다. 우리가 운동을 할 때 처음에는 실력이 좋은 사람의 시범을 보고 따라 하게 됩니다. 능숙한 솜씨로 시범을 보이는 선수의 모습을 보면서 할 수 있을 것 같은 자신감이 생기지만 막상 하려고 하면 맘대로 되지 않습니다.

보면 쉽게 할 수 있을 것 같은데 막상 하려고 하면 제대로 되지 않는 것처럼, 성경에 이렇게 기록되어 있으니, 이런 현상을 보면 귀신이 쫓겨나간 것으로 확인할 수 있겠다고 생각하게 되지만, 실제 축사의 현장에서는 도무지 감을 잡을 수 없을 정도로 혼란스럽기 마련입니다. 성령으로 장악된 귀신은 여유를 주지 말고 쫓아내야 합니다. 귀신에게 틈을 주면 자신들이 방어할 구실을 찾아내어 교묘하게 사역자를 속이게 됩니다. 그러면 축사에 실패할 수밖에 없습니다. 그리고 다시 귀신을 축귀하려면 성령으로 장악을 하는데 시간이 소요되기 때문입니다.

귀신은 축사하려고 오는 사역자의 능력이 어느 정도인지 알지 못하며, 축사자도 역시 귀신의 능력이 어느 정도 강한지 알지 못합니다. 그래서 서로의 탐색전이 시작되고, 그렇게 십여 분이 지나면 본격적인 영적 싸움이 시작됩니다. 귀신이 약하다면 그 때부터 위장술을 펴면서 어떻게 해서든지 이 순간을 모면하고 살아남으려고 갖은 수단을 다 사용합니다. 그 중에 거짓으로 나간 척하는 것이 일반적으로 많이 사용하는 귀신들의 위계입니다. 필자는 귀신이 이렇게 속이는 것을 미연에 방지하기 위하여 환자에게 기도하도록 하는 것입니다. 사역자에게 역사하는 성령을 환자에게 전이시켜서 환자를 성령께서 장악하게 하는 것입니다. 환자가 스스로 기도하여 성령으로 장악이 되면 귀신은 속이는 행동을 더 이상하지 못하고 정체를 폭로하며 떠나가기 때문입니다.

소리도 지르고 경련도 하고, 부르짖고, 거품도 뿜어냅니다. 지독한 냄새도 풍깁니다. 이런 모습을 보고 귀신이 나갔다고 판단하고 섣불리 축사를 마무리하게 되면 사역자가 떠난 다음에 다시 들어와 괴롭히게 되며, 이렇게 위장술로 모면한 귀신은 더 강한 귀신들을 불러들려, 그 환자의 사정이 전보다 더 나빠지게 되는 것입니다. 그 다음 다시 쫓으려고 하면 쉽게 나가지 않고 결국 실패하게 되는 결과가 됩니다.

귀신은 더 이상 견딜 수 없게 되면 소리를 지르는데, 경험이 없는 사람은 도대체 어떤 소리를 어떻게 지르는지 알지 못합니다. 큰 소리로 "아악⋯."하고 지르기도 하고, "나 죽네⋯." 하기도 하고, "욕설을 하기도 하고" "떠나갔다 하기도 하고" "알았어! 떠나갈게 하기도 하고" "내가 예하고 몇 년을 살았는데 떠나가, 못 간다고 하기도 하고" "악!"하고 단발마적으로 지르기도 합니다. 때로는 "끄응!"하고 신음하듯 하기도 하고, "제발 이러지 말아!"라면서 애원하듯 하기도 합니다. 어떤 경우에는 입을 악물고 얼굴이 일그러지면서 아무 소리도 내지 않는 경우도 있습니다. 이런 모든 형태를 다 포함하여 성경은 "소리 지르며 나간다"라고 서술하고 있습니다.

경련을 일으키는 경우, 온몸을 부르르 떨듯이 진동합니다. 억울한 일이 있으면 사람들은 몸을 떨고, 흉악한 일을 목격하면 분노해서 사지를 떨지 않습니까? 그처럼 부르르 떱니다. 여러 차례 몸을 떨 때 얼굴은 몹시 일그러지고 괴로워합니다. 상체만 떨기도 하고 온 몸을 떨기도 합니다. 때로는 그 떠는 힘이 강해서 잡고 있던 사람들이 튀겨 나가기도 합니다. 몸을 떨 때 강력한 영적 진동이 일어나 곁에 있던 사람들이 혼절하여 쓰러지거나 넘어지기도 합니다. 또 다른 진동하며 떠는 이유는 성령의 권능이 두려워서 떨기도 합니다.

거품을 흘리는 경우, 입이 찢어지도록 하품을 하기도 하고, 목구멍이 크게 확장되기도 하고, 위 속에 있는 음식물을 토하기도 하며, 거품이 일어나면서 썩은 냄새를 뿜어내기도 합니다. 입에 게거품을 품듯이 부글거리기도 하지만 기침을 할 때 가래를 토해 내듯이 하는 경우도 있습니다. 이런 경우 역시 얼굴이 일그러지고 몸은 요동하며, 경련을 일으키고 소리 지르면서 토해냅니다. 이 모든 행위가 복합적으로 그리고 동시에 일어나기도 하고 분리되어 일어나기도 합니다.

몹시 몸을 상하게 하는 경우, 축사자는 조심하지 않으면 안 됩니다. 머리를 바닥에 찧고 손으로 할퀴고 갖은 자해행위를 하면서 눈동자는 희게 뒤집어지고, 물건을 내던지기도 합니다. 무릎을 갑자기 강렬하게 꿇어 쿵 소리가 날 지경입니다. 흉기를 들고 설치며 위협하기도 합니다. 식식거리면서 분난 사람이 이성을 잃고 나다니는 것 같아서 무척 위험합니다. 성경은 '몹시'라는 단어로 이를 강조하고 있습니다. 귀신은 쫓겨나가지 않기 위해서 사역자를 이와 같은 자해 행위를 하면서 위협하는 것입니다. 이런 귀신의 상하게 하는 행위에 주눅이 들면 축사는 실패하게 됩니다. 이런 경우를 예방하기 위하여 환자를 성령으로 장악되게 하는 것입니다. 성령으로 장악이 되면 얌전하게 떠나는 것이 보통입니다. 축귀 사역자는 환자를 성령으로 장악되게 하는 다각적인 방법을 알고 적용해야 합니다. 그래야 축귀가 쉽습니다.

죽은 것 같이 되는 경우, 역시 사역자는 크게 놀라지 않을 수 없을 것입니다. 간혹 어설픈 축사자들이 축사를 흉내 내다가 사람을 죽이는 경우가 있지 않습니까? 이런 사례 때문에 축사자는 환자가 죽은 것처럼 되어버리면 덜컥 겁을 먹게 됩니다. 축사 사역에서 가장 위험한 것이 겁을 먹는 일입니다. 축사자가 겁을 먹으면 귀신은 절대로 나가지 않습니다. 그래서 축사자로 하여금 겁을 먹고 위축되게 하려고 몹시 상하게 하거나 갑자기 죽은 자처럼 되는 속임수를 사용하는 것입니다.

죽은 것처럼 되어버린 모양을 보고 겁먹고 축사를 더 이상 진행하지 않으면 실패할 수 있습니다. 축사는 마무리가 고비입니다. 99% 귀신이 항복할 때 나타나는 증상이 이와 같은 현상들인데 이를 완전히 축사가 되었다거나 겁을 먹었다거나 해서 축사를 서둘러 마무리하게 되면 다 죽어가던 귀신이 기사회생하게 되어버리고 그렇게 되면 쫓아내는 일이 무척 어려워집니다.

축사는 마무리가 중요합니다. 귀신이 모두 쫓겨나갔는지를 확인해야 하는데, 우선 환자의 눈을 살펴야 합니다. 귀신이 충만했을 때는 눈동자가 미친 사람 눈 같지만 귀신이 쫓겨나가면 눈동자가 맑아집니다. 초점이 흐리던 눈동자에 선명한 초점이 생기고 맑아집니다. 얼굴에 생기가 돕니다. 그런데 어느 정도가 맑은 눈인지는 설명할 수 없고 실제로 경험해야만 알 수 있는 것입니다. 따라서 여러 차례 경험을 하게 되면 분별력이 생기기 마련입니다.

일그러진 얼굴에 평안이 깃들게 되고 피부가 밝아집니다. 그러나 이런 차이는 미묘하기 때문에 많은 경험이 필요합니다. 이 단계에서도 귀신은 위장을 할 수 있기 때문에 역시 면밀한 주의가 필요합니다. 따라서 초보 축사자는 반드시 경험이 많은 노련한 축사자 곁에서 배울 필요가 있습니다. 섣불리 다루면 귀신은 더욱 강해져 쫓아내기가 점점 어려워질 뿐입니다. 돌팔이 의사가 사람을 상하게 하듯이 경험이 미천한 사역자는 귀신을 더욱 강하게 만들어 치유할 수 있는 소중한 기회를 잃게 할 수 있습니다.

제가 도움을 청하는 귀신들린 환자들의 경우, 여러 차례 축사를 경험한 환자들이 많습니다. 그래서 다루기가 더욱 어렵고 힘이 듭니다. 그러나 경험 앞에서는 귀신도 어쩔 수 없습니다. 강력한 성령의 도우심과 경험으로 무장되면 귀신은 쫓겨 나가기 마련입니다. 그러나 너무 오랫동안 귀신이 들렸던 사람은 회복하는데 많은 시간과 노력이 필요합니다. 귀신을 쫓겨나갔지만 그 후유증이 오래 갑니다. 후유증은 귀신들린 상태와 별로 다를 바가 없기 때문에 가족들은 귀신이 쫓겨나가지 않았다고 생각합니다.

귀신이 없어도 상당기간 동일한 행동을 하게 됩니다. 귀신이 들렸던 기간에 비례해서 그 후유 장애가 남기 마련이며, 이를 치유하기 위한 회복 치유는 축사와는 전혀 다른 관점에서 다루어야 합니다. 이것이 귀신들림이 오래 진행된 환자의 경우 완쾌를 방해하는 요인이 됩니다. 정신과 치유를 받는 것이 좋습니다. 이는 마치 격렬한 사건 현장에서 충격을 받은 사람들이 겪는 '외상후장애'처럼 '후유장애'가 귀신들림에도 나타날 수 있습니다. 그리고 진리의 말씀과 성령으로 충만한 집회에 참석하게 하여 영육의 균형을 유지하도록 지도해야 합니다. 어쩌면 귀신의 축귀보다 관리 유지가 더욱 중요합니다.

보편적으로 귀신이 떠나갈 때 나타나는 현상은 이렇습니다. 콧구멍이 벌름거리거나 입술이 오므라들며 목구멍이 확장됩니다.

몸이 부어오르기도 하고 부르르 떨기도하며 뱀처럼 쉿 소리를 내기도 합니다. 동물 소리로 울부짖기도 하며, 심한 악취를 풍기기도 합니다. 더러운 가래를 뱉거나 거품을 뿜어내기도 합니다. 흰 자위만 보이거나 눈동자만 크게 확장되거나 두 눈이 각각 따로 움직이기도 합니다. 귀신들린 사람이 쓰러져서 발작을 하면서 기침을 할 때는 귀신이 축출되는 경우가 많습니다. 몸이 뒤틀리면서 발작하기 시작합니다. 조금 지나면 기침을 사정없이 하면서 떠나갑니다. 코를 골면서 자는 척하는 귀신도 있습니다. 깜박깜박 혼수상태에 빠져 버리는 경우도 많습니다. 이외에도 여러 가지 크고 적은 여러 가지 특이한 육체적 현상들이 나타납니다.

이러한 현상은 축귀되면서 서서히 약해지다가 나중에는 온전하게 됩니다. 그러므로 축귀사역자나 환자는 이러한 현상이 나타났다고 절대로 두려워하면 안 됩니다. 보편적으로 나타나는 현상이며 성령께서 환자를 장악하시면 더 이상 나타나지 않습니다. 축귀사역자는 많은 경험을 해야 합니다. 부족한 경험을 보충하기 위하여 선배 사역자들로부터 배워야 하며, 이들이 경험을 다룬 책을 많이 읽는 것이 좋습니다.

마지막 귀신을 쫓아내는 것은 진동이나 언행이나 숨쉬는 것이나 모든 것을 종합하여 판단합니다. 성령께서 떠나가라고 명령하라고 감동하시기도 합니다. 그러므로 축사할 때 진동하고 발작을 한다고 떠나가라. 떠나가라. 한다고 귀신은 절대로 떠나기지 않습니다. 사역자는 마음 안에서 올라오는 방언기도를 계속하면서 성령님의 지배 장악하는 상태를 살핍니다. 성령께서 완전하게 장악하시면 귀신이 기침 한번으로 떠나가니 인내하고 기다려야 합니다. 절대로 성령으로 장악되지 않으면 귀신은 떠나가지 않습니다. 축사사역은 많이 해보아야 합니다. 전문적인 사역자가 축귀하는 것을 보면서 실전을 쌓아야 합니다. 누구든지 처음부터 잘하는 사람은 없습니다. 배워가면서 시행착오를 겪어가면서 터득하고 전문인이 되어 가는 것입니다.

사역을 하다가 보면 축귀가 어려운 사역이 아닙니다. 성령님과 인격적인 관계가 되면 아주 쉬운 것이 축귀입니다. 자신의 힘으로 축귀하려고 하기 때문에 어려운 것입니다. 전적으로 성령께서 주시는 권능과 힘으로 사역하는 것입니다. 절대로 축귀는 사람의 힘으로 할 수가 없습니다. 반드시 성령의 권능으로 사역을 하는 것입니다. 그러므로 축귀 사역을 하는 사역자는 성령님과 인격적인 관계를 열고 지내려고 노력해야 합니다. 사역 간 성령님의 감동에 순종할 수 있도록 성령의 역사에 집중하고 있어야 합니다.

필자가 개별성령치유 사역을 하면서 관찰하고 체험한 바로는 잠재의식에 잠복하고 있는 귀신들은 어떻게 하든지 정체를 드러내지 않습니다. 올빼미와 같이 가만히 숨어있습니다. 성령으로 장악이 되면 잠재의식의 상처 뒤에 숨어있던 귀신들이 떠나갑니다. 그러나 근본적인 귀신들은 쉽사리 떠나가지 않습니다. 그럼 언제 떠나가느냐 이성적으로 하던 방언기도가 성전에서 성령으로 분출되는 방언기도가 될 때 성령의 역사에 의하여 떠나갑니다. 잠재의식이 어느 정도 치유되고 전인격을 성령님이 지배하기 시작하면 성전에서 분출되는 영적인 방언기도를 합니다. 자신 안에서 성령의 권능이 분출되는 것입니다. 이때 숨어있던 귀신들이 성전에서 성령으로 분출되는 방언으로 기도할 때마다 떠나갑니다. 개별치유하면서 보면 방언기도가 한 동안 분출되고 조금 있다가 귀신이 떠나가고, 방언기도를 한동안 하고 조금 있다가 귀신이 떠나가고 합니다. 그렇기 때문에 잠재의식이 정화되는 방언기도는 반드시 자신 안에 성전에서 성령으로 분출되는 방언기도를 하려고 해야 합니다. 방언기도를 성령으로 정확하게 해야 전인격이 변화되는 것입니다. 일반적으로 입술만 움직이면서 방언 소리에만 관심을 가지면 자신에게 역사하는 귀신은 꼼작도 하지 않습니다. 이를 알고 방언기도는 반드시 자신 안에 있는 성전에서 성령으로 분출하려고 해야 합니다.

더 자세한 축귀에 대한 것은 "귀신축사 속전속결"과 "귀신축사 차원 높게 하는 법"을 참고하시기를 바랍니다. 마지막으로 절대로 축귀를 어렵다거나 특별한 사람이 하는 것으로 생각하지 말라는 것입니다. 축귀는 전적으로 성령께서 사역자를 통하여 하는 사역입니다. 급한 마음을 가지면 사역을 할 수가 없습니다. 느긋하게 마음을 먹고 성령님의 인도를 받아야 합니다. 보통 2-4시간이 지나서야 떠나갑니다. 성령께서 장악하셔야 떠나갑니다. 절대로 떠나가라. 떠나가라. 하면서 소리만 지르지 말고 인내해야 합니다. 성령께서 장악 하시기를 기다려야 합니다. 크리스천이 귀신의 영향을 받는 것 수치스럽게 여길 필요가 없습니다. 모두 아담의 후손으로 육체를 가지고 있기 때문입니다. 인정하고 성령으로 충만받아 예수이름으로 쫓아내려는 의지가 더 중요합니다.

19장 안수능력으로 분출되는 카리스마

(행19:6-7)"바울이 그들에게 안수하매 성령이 그들에
게 임하시므로 방언도 하고 예언도 하니 모두 열두 사람
쯤 되니라"

하나님은 성전에서 성령으로 분출되는 방언기도를 통하여 강
력한 능력을 이끌어내기를 원하십니다. 하나님의 살아계신 권위
를 나타내기 위하여 안수 사역을 하기를 원하십니다. 모두 안수
사역으로 성도들의 믿음을 활성화하는 사역자들이 다 되기를 바
랍니다. 안수 사역은 영적인 사역 중에서 대단히 중요한 사역입
니다. 그런데 일부 목회자는 안수사역을 하지 않는 분들도 있습
니다. 목회자가 안수사역을 하는 것과 안하는 것에는 정말 말로
표현할 수 없는 차이가 있습니다. 안수를 하면 문제가 좀더 빨리
해결이 됩니다. 성경을 보면 예수님도 병자들을 안수하여 치유한
사례가 많이 있습니다. "열여덟 해 동안이나 귀신 들려 앓으며 꼬
부라져 조금도 펴지 못하는 한 여자가 있더라. 예수께서 보시고
불러 이르시되 여자여 네가 네 병에서 놓였다 하시고 안수하시니
여자가 곧 펴고 하나님께 영광을 돌리는지라."(눅13:11-13).
　우리는 예수님의 치유사역의 본을 따라야 합니다. 저는 지금
까지 십년을 넘게 성령치유 사역과 성령의 세례를 베푸는 사역을
했습니다. 그런데 안수를 하지 않을 때보다 안수를 할 때 더 강력
한 치유의 역사가 일어났습니다. 그러므로 성령사역을 하는 사역

자는 안수 사역를 하는 것이 좋습니다.

안수 사역시 영적 기름부음에 대한 집중을 해야 합니다. 즉, 안수 사역시 성령의 불이 들어가는가, 안 들어가는가? 어떤 느낌이 감지되는가? 어떤 기름부음이 오는가? 어떤 사람이 넘어지고 안 넘어지는가? 어떤 안수 방법을 사용할 것인가? 등등을 성령의 초자연적인 계시로 알아서 사역을 해야 합니다. 예를 든다면 불안수를 할 것인가? 손안수를 할 것인가? 눈안수를 할 것인가? 질병이나 통증이 일어나는 특정 부위에 안수할 것인가는 성령의 감동에 따라 행해야 합니다.

첫째, 안수 사역의 기능. 안수를 어떤 부위에 할 것인가? 질문하는 분들도 있을 것입니다. 사람에게는 각각 부위별로 혈이 있습니다. 혈이 많은 부위에 손을 얹고 안수를 하면 됩니다. 예를 든다면 머리에는 백회라는 혈이 있습니다. 백회의 혈 부위에 손을 얹고 안수 사역을 하면 되는 것입니다. 발바닥의 경우는 용천혈이 있습니다. 이 부분에 손을 얹고 안수하면 혈을 통해서 성령의 불이 들어가 성령의 역사가 잘 일어나는 것입니다. 안수 사역을 하는 방법은 다음과 같습니다.

① 축복 기도는 말 그대로 축복하면서 기도하는 것입니다(창 48:9-14).

② 눈에 대한 안수 사역은 이렇게 합니다. 눈에는 혈이 많이 있습니다. 그러므로 양손가락을 눈과 눈 위의 뼈 부분을 겹치게 대고 성령의 불을 집어넣는 것입니다. 주의해야 할 것은 눈을 압박

하면 눈이 터질 수도 있으니 가만히 눈 위에 손가락을 올리고 안수하면 될 것입니다.

③ 손에 대한 안수는 손바닥에 혈이 많이 있습니다. 살며시 손바닥을 마주치면서 안수하면 됩니다. 특별히 이성간에는 주의가 요구됩니다.

④ 머리의 성령의 불 안수는 피 사역자를 바르게 눕게 하고 머리에 오른 손을 얹고 안수하면 되는 것입니다. 이 때 피 사역자에게 호흡을 들이쉬고 내쉬면서 안수를 받으라고 해야 합니다. 호흡은 성령의 역사를 돕는 활동인 것입니다.

⑤ 발에 대한 안수사역은 발바닥의 용천부위에 손을 얹고 안수하는 것입니다. 저는 특별한 사람에게만 합니다. 저는 저의 사모 외에 다른 사람에게 한 번도 발안수를 하지 않았습니다. 저의 사모는 저에게 발 안수를 많이 받았습니다. 지금 성령의 역사가 강하게 나타나고 있습니다. 어떤 날은 저에게 발 안수를 받고 몸이 뜨거워서 잠을 제대로 자지 못한 날도 있었다고 했습니다. 성령의 강력한 불이 들어가 머리끝까지 올라갑니다.

우리가 영적인 사역자, 성도가 되려면 안수하는 것을 두려워하지 말아야 합니다. 또한 안수 받는 것도 두려워 말아야 합니다. 그리고 실패를 두려워하지 말아야 합니다. 내가 한다고 생각을 하지 말고 전적으로 성령께서 하신다고 생각하고 편안하고 자연스럽게 손을 얹고 안수하면 됩니다. 많은 목회자가 안수 사역을 꺼리는 이유는 자신이 안수한 후에 질병이나 문제가 해결되지 않으면 망신을 당할 위험성이 있으니 안하는 것입니다. 그러나 성령의 역사는 전적으로 하나님의 뜻입니다. 치유가 되어도 하나님이 치유하신 것입니다. 치유가 되지 않아도 하나님이 하지 않은 것입니다. 그러므로 성령치유 사역자는 실습 대상을 많이 만들어서 안수사역을 많이 해보아야 합니다. 그래야 담대함이 생깁니다. 안수 사역시 안수 사역자는 권능이 있어야 하고, 안수를 받는 사람은 믿음이 있어야 합니다. 그리고 하나님의 역사가 함께해야 치유나 문제의 해결의 역사가 일어나는 것입니다.

안수 사역은 눈으로 보는 것이 아니라 성령의 임재로 느끼는 감동으로 보는 것입니다. 그러므로 안수를 많이 해보아야 합니다. 그러면 자연스럽게 느끼고 알 수가 있습니다.

둘째, 안수에 대한 견해들

① 케네스 해긴 목사 "나는 기적을 믿는다."의 저자의 경우는 안수는 교회사역에 있어서 행하는 사역자와 행하지 않는 사역자와는 근본적으로 틀립니다. 그 이유는 안수를 행하는 사역자에게는 성령께서 피사역자가 권위를 느끼게 만들어줍니다.

예를 든다면 어떤 교회는 목회자가 설교와 다른 것들은 별 볼일 없는데도 그 교회가 충만한 이유는 그 목회자가 예배 후에 30분 이상 통성 기도를 하게 한 후에 안수사역을 하기 때문입니다. 그런데 안수를 안 하면 교회에 문제가 생긴다고 합니다. 저에게는 많은 목회자가 찾아오셔서 상담을 합니다. 와서 이구동성으로 하는 말이 안수를 하지 않았더니 교회에 문제가 생겼다고 합니다. 안수를 하세요. 안수를 자주 받으세요.

② 오랄로버츠 목사의 경우는 오른 손의 민감성을 이용합니다. 즉 그는 안수를 하면서 그 사람에 대한 영적 상태를 알아낸다고 합니다.

③ 저의 경우도 오른 손의 민감성을 이용하여 사역을 합니다. 손을 얹으면 상대의 심령의 상태나 영의 막힘 등의 문제가 저의 손을 통하여 영으로 전이 되어 알게 됩니다. 이는 무어라고 글로 표현하기가 좀 난해합니다. 제가 조언하여 준다면 안수를 많이 해보라는 것입니다. 그러면 자연적으로 습득하게 될 것입니다.

셋째, 안수사역자가 알아야 할 사항. 안수 받을 때 불세례를 체험합니다. 성령은 뜨겁게 기도하며 사모하는 자에게 역사하시어 체험하게 하십니다. 성령으로 뜨겁게 기도하는 자에게 안수 할 때 성령의 불세례가 임합니다. "이에 두 사도가 저희에게 안수하매 성령을 받는지라"(행8:17). "바울이 그들에게 안수하매 성령이 그들에게 임하시므로 방언도 하고 예언도 하니"(행19:6).

이 말씀은 안수 자로부터 성령의 능력의 전이현상이 일어남을 의미합니다. 그러나 성령의 능력이 전이가 일어나는 사람이 있고 전이되지 않는 사람이 있습니다. 능력의 전이가 일어나는 사람은 마음이 열려 성령이 역사할 수 있는 심령이 준비된 영적인 사람입니다. 성령의 능력의 전이가 이루어지는 사람은 영적 교류가 이루어지고 있는 성령의 역사에 장악당한 사람입니다. 안수하는 사역자와 영적 교류가 이루어 질 수 있는 사람은 이는 믿음으로 받아드리는 사람이며 마음이 열려 있는 사람입니다. 강하게 성령의 능력전이가 이루어지면 안수 할 때 회개가 터지기도 하고, 방언이나 예언이 터지기도 하며, 질병이 치유되기도 하며, 잠복된 귀신이 발작하기도 하며 때로는 넘어지기도 하며, 혼수상태에 빠질 수도 있으며 심하면 입신의 경지에 이르게도 됩니다.

저는 보통 성령 집회 할 때에 안수를 많이 하는 편입니다. 그래서 안수 사역에 대하여 체험을 많이 했습니다. 그러나 아무렇게나 안수를 한다고 성령의 불세례를 받는 것이 아닙니다. 안수사역을 하는 영적인 방법이 있습니다. 우선 상대방이 안수를 받으려고 마음의 문을 열어야 합니다. 마음의 문이 열려서 안수를 받아야 성령의 역사가 일어나는 것입니다. 저는 상대방이 마음의 문이 열렸는지, 안 열렸는지 신체 일부에 손을 얹어보면 당장 압니다. 하도 안수를 많이 해왔기 때문입니다. 그러면 마음이 열린 사람에게 먼저 안수를 합니다. 마음이 열리지 않은 사람은 기다리는 것입니다. 보통 다른 사람이 안수 받고 성령으로 충만해지면 마음을 열게 됩니다. 그러면 손을 얹고 안수를 합니다.

한 손은 머리에 얹고, 한손은 등 뒤에 얹고 안수를 합니다. 그러면서 안수를 받는 사람에게 호흡을 하게 합니다. 호흡을 들이쉬고 내쉬라고 합니다. 이는 성령이 역사할 수 있도록 통로를 열어드리기 위하여 하는 영의 활동입니다. 그러면서 가만히 손을 얹고 안수를 합니다.

사역자는 이러한 사람들에게 안수 할 때는 성령의 능력이 빨려 들어가는 듯한 느낌을 느끼거나 안수 받는 자는 뜨거운 기운이 자신에게 들어오는 것을 지각하게 됩니다. 성령이 더욱 강하게 역사 하는 상태와 조건을 이해하는 것이 능력이며, 말씀과 진리를 똑바로 알고 영적인 맥을 뚫어 평소에 영분별이 있는 영성훈련과 기도훈련으로 더 큰 능력이 전이 될 수가 있습니다. 능력의 전이가 일어나지 않는 사람은 그리스도인이라 할지라도 말씀으로 영이 깨어나지 않는 영적인 어린아이 즉 육신적인 사람입니다. 여러 가지 장애 요인을 가지고 있는 사람으로서 ①영적 장애 또는, ②혼적 장애 혹은 ③육체적 장애를 지니고 있는 사람입니다. 안수할 때 이러한 것을 말해 속칭 "기도가 쑥쑥 잘 들어간다."라고 말하기도 하며 생통이라서 "전혀 돌덩이 같다" 라고 하기도 합니다. 사역자는 이러한 능력의 전이 현상이 잘 이루어지지 않는 장애요인을 잘 알고, 사역자는 영적인 장애를 제거하는 자신 만의 방법을 가지고 있어야 효과적인 성령사역을 할 수가 있습니다.

이런 장애가 있는 사람은 말씀과 영의기도 찬양을 통하여 장애요인을 제거해야 합니다. 그러므로 사역자나 피 사역자 공히 성령 충만을 받는 자기 방법을 개발하여 자기 자신을 훈련시키며, 심령이 어린아이의 심령이 되는 영성훈련을 통하여 예수의 생명과 능력이 나타날 수가 있는 것입니다. 성도들에게 나타나는 이 장애요인을 처리 할 수 있는 자가 강력한 능력을 이끌어내어 하나님의 쓰임을 받고 있는 사역자요, 영성훈련을 인도하는 인도자가 될 수 있습니다. 이러한 영적 혼적 육신적인 장애요인을 잘 이해하고 분별하는 것이, 육신의 질병의 원인이나, 영과 혼 즉 심령의 문제를 진단하는 영안이 열리는 요인 중에 하나요, 하나님의 나라를 이해하고, 진리를 헤아리게 되는 열쇠라 할 수 있습니다. 구체적이고 세밀한 것은 각 장마다 설명되어지는 부분을 서로 연결하여 이해하게 되면 성령의 불세례를 베풀고 받는 영적인 원리의 맥을 뚫게 됩니다. "내 말과 내 전도함이 지혜의 권하는 말로 하지 아니하고 다만 성령의 나타남과 능력으로 하여 너희 믿음이 사람의 지혜에 있지 아니하고 다만 하나님의 능력에 있게 하려 하였노라"(고전2:4-5). "우리 산 자가 항상 예수를 위하여 죽음에 넘기움은 예수의 생명이 또한 우리 죽을 육체에 나타나게 하려 함이니라"(고후4:11).

제가 성령치유 사역을 하며 안수 할 때 많은 분들이 성령의 불세례를 체험합니다. 십년 이상을 성령체험하려고 이곳저곳을 헤매고 다녀도 성령을 체험하지 못한 분들도 몇 번만 안수 받으면 성령의 불세례를 체험합니다. 성령은 말이 아니고 실제라는 것을 체험합니다. 그리하여 많은 분들이 마음의 상처가 치유되고 구습이 치유되어 영적으로 변하니 한번 오시면 계속해서 오시면서 성령의 은혜를 체험합니다. 그리하여 목회자는 영계와 영안이 열려 목회의 길이 열려 목회를 잘하고 있습니다. 성도들은 불치의 질병이 치유되고 부부관계가 회복되고 재정의 문제가 풀리니 모두들 기뻐하고 있습니다.

1) 안수 능력을 강화시키는 원리와 착안사항. 몇 사람을 놓고 각각에 대하여 안수를 시험해 보라는 것입니다. 그러면 각 사람에 대한 서로 다른 느낌이 있음을 알게 됩니다. 그것이 안수사역의 유익한 점입니다. 같은 사람에게 그냥 얼굴만 보고 감동을 대

언을 해보고, 다시 안수하면서 감동을 대언 해보세요. 손을 얹고 감동을 대언하는 경우 더 명확한 감동의 대언을 할 수 있음을 알게 될 것입니다. 이것이 안수의 놀라운 능력입니다. 좌우지간 두려움을 버리고 많이 해보아야 합니다.

2) **안수시 생각할 점.** 안수할 때 능력이 흘러들어가는가, 들어가지 않는가? 영적 사역자는 이 부분에서 민감해야 합니다. 일단 안수가 들어간다면 거기에는 어떤 희망이 있기 때문입니다. 만약 안 들어간다면 방해하는 세력을 분별하면서 제거하라. 영적인 눌림이 있다는 것입니다. 눌림을 제거해야 안수가 들어갑니다. 분별하고 명령하여 눌림을 제거하세요. 그래도 안 되는 경우 금식을 하게 하세요. 안수 사역시 자신이 지금 자신의 영이 어떠한 상태인가 자각할 줄 알아야 합니다. 자신의 영적인 상태를 아는가? 내 영의 감각으로 사역을 하는 지. 즉, 성령의 깊은 임재 하에 있는지. 성령이 충만한 상태인지. 아니면 내 혼의 감각(머리=지식)으로 사역을 하는지를 알아야 합니다. 분별하여 만약에 혼의 감각으로 사역을 한다면 고치고 발전시켜야합니다.

예를 든다면 내 영이 어디에 있는가? 내 영이 아래로 내려앉은 경우는 이렇습니다. 성령으로 충만하지 못하여 영이 침체 시에는 졸리기도 하고, 기도가 안 되고, 짜증이 잘 나고, 마음이 우울하고, 가슴이 답답하기도 합니다. 실제로 악령이 역사하면 영을 아래로 누르고 밀어 내립니다. 악령은 우리의 마음 안에 있는 영을 압박하여 충만하지 못하게 영을 누릅니다. 사역자는 자신의 영을 분별할 줄 알아야 합니다.

많은 사람들을 대상으로 성령집회를 인도할 때 자신의 영이나 피 사역자의 영이 눌려 있다면 영을 깨워야 합니다. 시간이 있고 장소가 허락되면 일으켜 세워서 영적인 찬양을 두곡정도 부르고, 피 사역자들에게 호흡을 들이쉬고 내쉬라고 하면서 성령의 불! 성령의 불하면서 불을 던지세요. 영이 눌려있으면 그 사람의 영적인 상태가 가리 워서 보이지 않으니 영을 깨워서 영이 눌림에서 뜨게 해야 합니다. 만약에 자신의 영이 눌려있다면, 호흡을 깊게 하면서 배에서 나오는 발성기도나 방언기도를 충분히 하여 자신의 영의 상태가 충만하게 된 다음에 사역에 임하는 습관을 들여야 합니다. 절대로 혼적인 사역이 되지 않도록 해야 합니다. 혼적인 사역이 길어지면 자신에게 육적인 문제가 나타나기도 합니다.

3) 안수 받는 사람이 알아야 할 사항. 안수 받을 성도는 안수사역을 하는 사역자의 신앙상태를 알아야 합니다. 보이는 면만 보지 말고 열매를 보아야 합니다. 제가 지금까지 체험한 바로는 5년 이상 성령사역을 했는데 시시비비가 없었다면 문제가 없는 사역자입니다. 사역자가 믿을만 하다면 안수를 받는 것입니다. 사역자가 머리든지 어느 특정부위든지 손을 얹고 안수할 때 안수를 받는 성도는 다른 말이나 행동을 하지 말아야 합니다. 그냥 호흡을 들이쉬고 내쉬면서 사역자에게서 역사하는 성령의 기름부음을 끌어들이는 것입니다. 이때 호흡은 최대한 크게 해야 합니다. 호흡을 하는데 호흡이 배꼽아래까지 들어오도록 최대한 크게 호흡을 해야 사역자에게 역사하는 성령의 기름부음을 끌어들일 수

가 있습니다. 숨을 깊이 들이쉬면서 사역자에게서 역사하는 성령의 불을 끌어들이는 것입니다. 깊은 호흡을 하면서 성령의 불을 끌어들이시기 바랍니다. 어느 정도 시간이 지나면 자신에게서 성령의 역사가 나타납니다. 이때에는 성령께서 하시는 일에 크게 반응해야 합니다. 이때 말과 행동에 있어서 크게 반응하기 바랍니다. 성령께서 하라는 대로 순종하는 것이 좋습니다. 될 수 있으면 크게 반응을 하는 것이 좋습니다. 더 강하게, <u>으으으</u> 아 뜨거워하면서 성령의 역사하심을 환영하고 받아들여야 합니다. 떨리면 떨어야 합니다. 울음이 나오면 울어야 합니다. 성령은 인격이기 때문에 자신이 받아들이는 만큼 역사하는 것입니다. 그러므로 성령께서 역사하는 대로 따라가는 것이 좋습니다. 이렇게 성령의 불을 끌어들이면 성령의 불세례가 임합니다. 말로 표현 할 수 없는 뜨거운 성령의 불을 체험하게 됩니다.

4) 영이 눌려있거나 자고 있을 때 해결하는 방법

① 영을 깨우라 입니다. 안수하며 피 사역자에게 호흡을 깊게 들이쉬고 내쉬라고 하고 명령하세요. 묶임은 풀릴지어다. 막힌 영은 뚫어질지어다. 자는 영은 깨어날지어다. 영의 통로는 열릴지어다. 하면서 영에게 명령하세요, 이때 본인이 아멘!, 아멘! 하고, 배에서 나오는 소리로 주여! 하고 부르짖게 하세요. 다른 방법 호흡을 최대한 깊게 들이쉬고 내쉬게 하세요.

② 영을 뜨게(올라오게)하라 입니다. 안수하면서 그 영혼에게 "영은 깨어날지어다." "영은 깨어날지어다." "막힌 영은 뚫어질지어다." "영의 기도가 터질지어다." "눌린 영은 올라올지어다."

"영은 깰지어다." "영은 깨어날지어다." "깊은 곳에서 성령의 능력이 올라올지어다." "영의 기도가 터질지어다." "영을 막고 있는 악한 영은 떠나갈지어다." 하며 영에게 명령하세요. 그 이유는 귀신이 그 사람의 상처를 이용하여 영을 압박하고 누르기 때문입니다.

악한 영에게 강하게 눌린 사람의 경우에는 풀어, 풀어, 하면서 "영을 압박하는 귀신은 떠날지어다." "기침으로 올라올지어다." 본인에게는 깊게 호흡을 하면서 주여! 주여! 기도하라고 하여 막힌 영의 통로를 뚫어야 합니다.

③ 그저 성령을 흘려보내는 것입니다. "성령님 임하소서, 평안하게 하소서." 그러면서 본인에게는 호흡을 들이 쉬고 내쉬고 하라고 하면서 안수하세요. 그리고 명령하세요. "성령으로 장악이 될지어다." "평안이 임할 지어다." "막힌 영의 통로는 열릴 지어다." 하고 낮은 소리로 명령하면서 1-2분간만 안수하세요. 너무 길게 하면 성령의 역사가 밖으로 나타나 성도가 두려워할 수도 있습니다.

세 가지 방법 중에 첫째 방법과 두 번째 방법은 성령의 체험을 한 성도에게 하는 것입니다. 강력한 성령의 역사가 나타나는 방법입니다. 그러므로 초신자들에게는 하지 않는 편이 좋습니다. 성령의 역사를 이해하지 못하여 두려워할 수가 있습니다. 아직 성령체험을 하지 않은 초신자들에게 세 번째 방법이 가장 좋은 방법입니다. 좌우지간 안수를 많이 해서 시행착오를 겪어야 이를 이해할 수가 있습니다.

20장 지식의 말씀으로 분출되는 카리스마

(요10:26-27)"너희가 내 양이 아니므로 믿지 아니하는
도다. 내 양은 내 음성을 들으며 나는 그들을 알며 그들은
나를 따르느니라."

하나님은 마음 안에 성전에서 성령으로 분출되는 방언기도
를 하여 항상 음성을 들을 수 있는 영적인 상태를 유지하라고
하십니다. 하나님의 음성을 듣는 것에는 원칙과 비결이 있습니
다. 제가 지금까지 하나님의 음성을 들은 것은 저 나름대로의
원칙을 정하고 음성을 들었습니다. 하나님의 음성은 아무 때나
들리는 것이 아닙니다. 성령의 음성이 들릴 수 있는 조건과 상
태가 되었을 때 들리는 것입니다. 음성을 들으려면 먼저 안정한
심령이 되어야 합니다. 산란한 가운데에서는 음성이 들리지를
않습니다. 뇌파가 베타파에서는 음성이 들리지를 않습니다. 최
소한 알파파가 되어 마음이 안정된 상태가 되었을 때 음성이 들
립니다. 그럼 뇌파를 알파파가 되기 위해서는 어떻게 해야 할까
요? 기도해야 합니다.

기도를 하되 성령의 인도를 받는 깊은 방언기도를 해야 합
니다. 깊은 방언기도를 하려면 먼저 외적인 침묵이 되어야 합
니다. 외적인 침묵이라는 것은 말하고 듣는 것을 절제함을 말
합니다. 밖에서 무슨 일이 생기더라도 거기에 마음을 빼앗기지

않고 오직 침묵에 집중할 수 있는 안정된 심령을 말합니다. 예를 든다면 밖에서 떠드는 소리가 나더라도 거기에 마음을 빼앗기지 않고 내 안에 계신 하나님에게 집중하는 것입니다. 침묵은 깊은 방언기도를 하는데 기본이 되는 것이므로 중요합니다. 외적인 침묵이 되지 않으면 잡념과 산란함 때문에 깊은 기도를 할 수가 없습니다. 침묵이 되지 않으면 절대로 깊은 기도를 할 수가 없습니다. 침묵은 듣지 않고 반응하지 않고 오로지 하나님에게 집중하는 것입니다.

이제 내적인 침묵이 되어야 합니다. 내적인 침묵이라 함은 습관적인 생각과 편견(아픔, 상처)등을 모두 씻어버리게 함으로 성경의 말씀에 고요히 귀 기울이게 하는 것이며, 나의 모든 것을 하나님에게로 집중하며 인도하는 것입니다. 내 안에서 다른 생각이 올라오더라도 거기에 관심을 두지 않고 오직 하나님에게 집중하는 것입니다. 침묵의 목적은 하나님의 말씀을 보다 잘 듣고, 하나님에게 집중하고, 그 분의 현재 존재 안에 머무르는 것입니다.

말을 하지 않고 듣지 않는 것은 물론이고 생각이나 상상, 기억 등을 절제하는 것이 내적 침묵입니다. 나쁜 기억 등을 예수 이름으로 몰아내고 성령을 채우는 것을 침묵기도라고 합니다. 깊은 기도에 대해서는 본인이 써서 출판한 "깊은 영의기도 숙달하는 비결"과 "방언기도의 오묘한 신비"를 읽어보시면 깊은 기도 하는데 많은 도움이 될 것입니다. 기도할 때 배꼽 아래에 의식을 두고 마음으로 예수님을 생각하면서 기도하는 소리에 집중하고 기도합니다. 그래야 비교적 빨리 영적 상태에 들어갈 수가 있습니다음성을 들으려면 기본적으로 이런 영적인 상태가 되어야 합니다. 영적인 상태가 되어 하나님의 음성을 듣는 비결은 이렇습니다.

성령의 감동을 받고 음성을 듣는 다는 것은 문제의 원인과 응답을 성령의 감동을 받거나 음성으로 듣는 것을 말합니다. 제가 지금까지 임상적으로 종합한 결과는 분명하게 귀로 들리는 소리로 듣는 것은 5%이내입니다. 보편적으로 마음으로 내적 음성으로 들리는 것이 95%이상입니다. 소리가 직접 들리지 않고 대부분 마음에 떠오르는 것이 보통입니다. 그러므로 귀로 들으려고 하면 마귀의 음성을 들을 수 있습니다.

지식의 말씀이란 무엇인가? 어떠한 사람이나 상황에 관한 문제들의 사실들을 초자연적인 방법으로 계시되는 것을 말합니다. 지식의 말씀은 우리가 알지 못하는 문제를 성령의 초자연적인 역사로 알게 하는 것입니다. 지식의 말씀은 자신이 알고 있는 문제의 원인이 될 수도 있습니다. 이것은 인간의 노력에 의해 습득되는 자연적인 지식이 아니라, 하나님께서 당신의 뜻에 따라 인간에게 부여해 주시는 지식의 단편인 동시에, 일정한 상황이나 사람에 관하여 성령께서 우리에게 알려주시고자 하시는 진리를 드러내는 것입니다. 하나님은 지식의 말씀으로 어떤 문제와 문제의 근본 원인을 알게 하십니다. 하나님에게 나도 모르게 가지고 있는 문제와 그리고 문제가 있을 때 문제와 원인을 알려달라고 기도하면 응답해 주시는 성령의 초자연적인 지식의 말씀입니다.

첫째, 집중으로 기도하라. 잡념을 제거하고 성령의 음성듣기에 집중하기 위한 방언 기도를 하세요. 내 생각을 포기하고 내려놓아야 합니다(사55:8). 하나님의 음성을 들으려면 먼저 내 생각하고 관계를 끊어야 합니다. 항상 하나님의 생각은 나의 생각과 다르다는 것을 알아야 합니다. 절대로 내 생각을 가지고 있으면 하나님의 음성을 들을 수가 없습니다. 타인의 생각이나 남의 말의 묶임에서 풀려나야 합니다.

다른 사람이 그건 이렇게 해야 합니다. 하는 사람의 소리에 관심을 두지 말라는 것입니다. 하나님의 음성을 들으려면 사람의 소리와 담을 쌓아야 합니다. 사탄의 생각을 분별하고 대적해야합니다. 마귀는 할 수만 있으면 성도를 미혹하려고 합니다. 말씀과 성령으로 충만하여 영의 생각을 따라가야 합니다(요13:2).

고정관념을 제거하고 그릇된 자아(그럴 거야)가 없어져야 합니다. 옛날에도 그랬으니 이번에도 그럴 것이라고 하는 것을 버려야 합니다. 마음의 잘못된 감정이 치유되고 특히 분노, 미움의 감정이 치유되어야 합니다. 마음에 응어리가 있으면 마귀가 역사하기 때문에 바른 하나님의 음성을 들을 수가 없습니다.

둘째, 침묵기도 하라. 외적침묵과 내적 침묵을 유지하라는 것입니다. 마음이 산란한 가운데에서는 정확한 응답이 들리지를 않습니다. 머리에 잡념을 제거하려고 노력을 해야 합니다. 안정된 심령이 되려고 의지적인 노력을 합니다. 이는 깊은 방언기도로 숙달되어야 가능합니다. 깊은 방언기도 훈련이 필요합니다. 안정된 심령이 되어야합니다.

셋째, 성령님의 인도와 도우심을 요청하는 기도하라. 모든 음성듣기 위한 과정을 성령께서 지배하고 점령하여 달라고 기도해야 합니다. 생각을 성령이 사로잡아 몰입하게 해달라고 기도해야 합니다. 성령은 인격이시라 관심을 가지고 도움을 요청해야 역사 하십니다. 성령님 제가 지금 성령의 감동을 받고 음성을 들으려고 합니다. 도와주시옵소서. 하면서 끊임없이 기도를 해야 합니다. 하나님은 영이십니다.

고로 내가 영적인 상태가 되어야 하나님의 응답을 받을 수 있습니다. 성령의 임재를 요청하고, 성령의 이끌림에 의하여 차츰 고요 속으로 들어가야 합니다. 절대로 하나님의 음성은 산란한 가운데 들리지를 않습니다. 오직 그분에게 집중하고 몰입해야 들리는 것입니다. 어찌하든지 음성을 들려주는 주체이신 하나님에게 몰입을 해야 합니다.

넷째, 문제를 하나님에게 말하고 응답 받는 기도하라. 혼자 음성을 들을 때는 성령의 깊은 임재 하에 제목을 하나님에게 드리고 응답을 기다립니다. 한 가지를 가지고 집중적인 질문을 해야 합니다. 하나님 내가 왜 이런 문제로 고생을 하고 있습니까? 간절하고도 애절하게 아뢰어야 합니다. 계속 하나님 어떻게 해야 합니까? 하면서 지속적으로 질문을 합니다. 응답을 받으려면 음성을 들으려고 노력해야 합니다. 그래야 들립니다.

의심스러우면 꼭 다시 물어 보아야 합니다. 이것이 무슨 뜻인가요. 다음은 어떻게 되는 것인가요. 하고 계속 물어보아야 합니다. 응답은 진행형으로 나타납니다. 여러 사람이 합동으로 음성을 들을 경우는 서로 들은 것과 성령님의 감동과 음성을 퍼즐 같이 맞추며 대화하면서 하나님의 뜻을 알아냅니다.

혼자 할 때는 내가 앞으로 어떻게 될지 알려(보여)달라고 요청을 하세요. 의심스러우면 자꾸 하나님께 물어보아야 합니다. 확신이 올 때까지 물어보아야 합니다. 엘리야는 갈멜산에서 7번까지 기도하여 응답을 받았습니다(왕상18:41-46). 우리도 응답이 올 때까지 기도하며 기다려야 합니다. 모든 것을 쉽게 자기 생각으로 판단하지 말고 의심스러우면 하나님께 물어보는 것을 습성화하세요.

필자는 처음부터 목사가 아니었습니다. 군 생활을 22년을 하고 40대 초반에 세상에 나왔습니다. 정말 앞길이 막막했습니다. 군대 생활을 천직으로 생각하고 군 생활을 했습니다. 그런데 어느 시기가 되니 여러분들이 제가 목사가 되어야 한다는 것입니다. 심지어는 같이 근무하던 장교들도 목사가 되어야 한다는 것입니다. 저는 정말 머리가 돌 것만 같았습니다. 멀쩡한 사십이 넘은 사람에게 목사가 되어야 한다고 이 사람 저 사람이 하니 정말 돌아 버릴 것 같았습니다.

제가 마음을 정하게 된 것은 예언을 하시는 권사님의 예언의 말을 들은 것입니다. 권사님이 하시는 말씀이 집사님 같은 분이 저 김해에 살고 계시는데요, 그분이 목사가 되어 하나님의 일을 하라는 하나님의 소명을 거역하다가 지금 병이 들었습니다. 그것도 간에 암이 걸려 3개월밖에 살지 못한다고 하니까 지금에야 목회를 하겠다고 하는데 집사님 그분이 살아서 목회를 할 것 같습니까?

자기가 아무리 기도를 해보아도 살지를 못한다는 것입니다. 집사님도 그런 경우를 맞이하지 마시고 손을 들고 하나님의 일을 하겠다고 작정하세요, 거부하다가 병들어 고통당하다가 죽는 것보다 나을 터이니까요? 그 이야기를 듣고 집에 돌아와 누워있어도 귀에서 자꾸 병들어 죽지 말고 목사가 되어라! 병들어 죽지 말고 목사가 되어라! 병들어 죽지 말고 목사가 되어라! 그래서 일단 하기로 마음을 먹고, 다른 사람들의 소리를 듣고, 내가 생의 방향 전환을 나는 절대로 할 수가 없다. 내가 직접 하나님의 음성을 들어야 하겠다. 생각하고 금식을 하며 하나님의 음성을 듣기로 했습니다. 그러나 실상은 목사가 되기 싫은 것을 마찬가지 이였습니다.

그래서 기도원에 가서 하나님이 나에게 직접 징표로 보여주시면 목사가 되겠다고 금식하며 기도를 했는데, 저는 하나님의 소리를 듣지 않으려고 정신을 바짝 차리고 기도를 하는데 음성을 들릴 리가 만무하지 않습니까? 절대로 목사가 되어야 한다는 소리를 들으면 되지 않았기 때문에 정신을 차리고 정한 기간 동안 기도를 한 것입니다.

원래 하나님의 음성을 들으려면 자신의 의지를 내려놓고 성령의 깊은 임재 하에 들리는 것입니다. 계속 기도하다가 산에서 내려오는 날까지 보여주시지를 않아서 너무 기쁘고 황홀했습니다. 그러나 그 다음이 문제입니다. 아침에 집으로 가려고 준비를 하는 데 계속 방언기도가 끊어지지 않고 나왔습니다. 차를 탈 때까지 계속 방언기도가 나왔습니다. 차를 타고 휴우! 이제 하나님의 아무런 음성을 듣지 못했으니 목사가 되지 않아도 되겠다. 할렐루야! 하고 기분이 좋아서 그만 마음을 놓고 방언으로 몰입되어 기도하다가 성령의 깊은 임재(입신)에 들어가 비몽사몽간에 환상이 보이기 시작하더니, 그림이 많이 보이고 지나가고 했습니다. 마치 비행기를 탄 것 같이 하늘 위에서 땅을 바라보면 보이는 것 같이 여러 건물들과 산들 바다를 지나 갔습니다.

그러다가 아무도 없는 건물에 들어가 강대상 앞에 서니 사람들이 금방 모여들었습니다. 꼭 2002년 월드컵을 응원할 때, 시청 앞에 사람이 모이는 장면을 방송사에서 빨리 돌아가게 하는 것과 똑 같았습니다. 별별 사람들이 다 모여 있었습니다. 그리고 사람들이 다 차자 다른 교회 건물로 제가 들어갔습니다.

거기서도 사람들이 막 모여들면서 금방 가득하게 찹니다. 이제 또 다른 간물인데 이번에게 아주 큰 건물이라 전체를 한 번에 보여주지 않습니다. 한 군대 한 군대 나누어서 보여주시는데 마치 우리나라에서 가장 크다고 하는 ○○○기도원 성전과 같은 것을 보여 주시는데 사람들로 가득하게 찹니다. 그리고 다시 걸어서 조그마한 산에 올라갔는데 올라가 보니, 세 사람이 십자가에 달려있었습니다.

그래서 제가 군복을 입고 지나가면서 어떤 분이 예수님 인가요 했습니다. 그러니까 가운데 십자가에 달려 피를 흘리고 계시는 분이 내가 예수다 하며 손을 내밀며 말씀하셨습니다. 그분이 저에게 손을 내미시는데 손에 종이를 말은 무엇을 나에게 주어 내가 막 받아드는데 옆에 같이 차에 계시던 분이 내릴 때가 되었다고 깨어서 준비하라고 해서 깨워서 깨어났습니다.

지금도 생각하면 정말 신비스럽습니다. 어떻게 십자가에 달린 주님과 이야기하고 나니 차에서 내릴 시간이 되었는가 말입니다. 이것은 도저히 사람의 이론으로는 해석이 안 됩니다. 그래서 성경을 보니 예수님이 십자가에 달릴 때 양편에 강도가 있었으니 세 사람이 맞습니다. 그래도 저는 집에 돌아가 사모에게 귀신들이 나를 목사 되게 하려고 헛것을 보여 주었다고 했습니다.

그러나 제가 기도를 하면 할수록 정확하다는 감동이 오고, 또 본 것을 아무에게도 말하지 말고 입을 다물고 있으라고 감동을 주어 아무에게도 말을 하지 않고 있었습니다. 그러다가 2002년 8월경에 기도하니까 이제 말을 해도 된다는 감동이 와서 여기에 기록합니다. 그래서 제가 목사가 할 수 없이 된 것입니다. 보여주시면 하겠다고 하고 산에 기도하러 갔으니까, 약속을 지켜야 되니 나이 40대 초반에 신학을 시작했습니다.

그리고 오로지 예수님만 바라보고 지금까지 왔습니다. 이렇게 예수님이 인도하는 대로 따라 오다가 보니까, 불같은 성령도 체험하고, 신유, 축사, 내적치유를 할 수 있는 능력도 주셨습니다. 그리고 하나님의 음성도 듣게 하시고, 예언도 하게 하셨습니다. 거기다가 중소도시에서 서울로 교회를 옮겨 오게 해주셨습니다. 그래서 책도 이렇게 기록하고 있는 것입니다. 우리 예수님은 참 좋으신 분입니다. 순종하고 따라오는 자를 버리지 않고 복을 허락하시는 분입니다. 그래서 저는 하나님의 말씀은 일점일획도 틀린 것이 없다고 믿습니다. "주 여호와께서는 자기의 비밀을 그 종 선지자들에게 보이지 아니하시고는 결코 행하심이 없으시리라 (아모스3:7)" 하나님은 저에게도 이렇게 알려주시고 목사를 하게 하셨습니다. 그래서 순종하고 두말하지 않고 따라오니, 예수님이 친히 목회하시면서 인도하고 계시는 것을 제 영안을 열어 친히 보게 하시면서 예수님에게 감탄을 올리게 하십니다. 우리 딸들이 이렇게 말합니다. "우리가 이렇게 서울에 올라와 사는 것은 하나님의 기적이다." 정말 기적 같은 일이 일어났습니다.

하나님은 이렇게 말씀하시고 이루어지는 것을 눈으로 보고 하나님에게 영광과 찬송을 경배를 올리게 하십니다. 하나님은 말씀대로 하시는 하나님이라는 것을 믿읍시다. 그리고 저같이 날마다 체험하며 역시 하나님은 대단 하십니다. 하며 영광을 돌리시기를 바랍니다.

21장 지혜의 말씀으로 분출되는 카리스마

(출15:23-26)"마라에 이르렀더니 그 곳 물이 써서 마시지 못하겠으므로 그 이름을 마라라 하였더라. 백성이 모세에게 원망하여 이르되 우리가 무엇을 마실까 하매 모세가 여호와께 부르짖었더니 여호와께서 그에게 한 나무를 가리키시니 그가 물에 던지니 물이 달게 되었더라 거기서 여호와께서 그들을 위하여 법도와 율례를 정하시고 그들을 시험하실 새, 이르시되 너희가 너희 하나님 나 여호와의 말을 들어 순종하고 내가 보기에 의를 행하며 내 계명에 귀를 기울이며 내 모든 규례를 지키면 내가 애굽 사람에게 내린 모든 질병 중 하나도 너희에게 내리지 아니하리니 나는 너희를 치료하는 여호와임이라"

방언기도를 하는 것은 성령으로 충만한 가운데 하나님의 지혜를 구하기 위하여 성전에서 분출되는 기도를 하는 것입니다. 모든 문제에는 하나님의 해결방법이 있습니다. 방언으로 기도하며 하나님의 해결방법을 알아내는 것입니다. 그리고 순종하는 것입니다. 우리가 바르게 알아야 할 것이 있습니다. 내가 예수를 믿고 살아가는 것은 내가 사는 것이 아니고 내 안에 계신 예수님의 인생을 사는 것입니다. 고로 인생길에 나타나는 문제의 해결 방법은 하나님이 가지고 계십니다. 그래서 하나님에게 물어보는 것입니다. 이는 이스라엘 백성이 애굽에서 나와 광야를 걸어갈 때를 생각하면 쉽습니다. 모세는 문제가 생길 때마다 하나님에게 기도하여 문제 해결방법을 받아 해결했다는 것입니다. 우리도 이와 같이 문제가 생길 때마다 자기 지혜와 인간 방법을 강구하는 것이 아니고 하나님에게 질문하여 하나님의 방법으로 문제를 해결하는 습성이 되어야 합니다. 이는 "문제의 해결방법이 떠오르고 생각나게 하옵소서" 하며 기도하여 하나님의 지혜를 구하는 비결입니다. 문제가 있으면 반드시 풀 수 있는 해답이 있습니다. 해답은 하나님이 가지고 계십니다. 문제를 풀 수 있는 방법이 떠오르고 생각나게 해달라고 하나님에게 기도하는 것입니다. 하나님에게 끈질기게 물어서 해답을 받아야 합니다.

첫째, 집중하는 기도하라. 자신 안에서 성전에서 성령으로 분출되는 방언기도를 하여 영적인 상태를 만들어 잡념을 제거하고 성령의 음성듣기에 집중하기 위한 기도를 하십시오. 내 생각을 포기하고 내려놓아야 합니다(사55:8). 하나님의 음성을 들으려면 먼저 내 생각하고 관계를 끊어야 합니다. 항상 하나님의 생각은 나의 생각과 다르다는 것을 알아야 합니다. 절대로 내 생각을 가지고 있으면 하나님의 음성을 들을 수가 없습니다. 타인의 생각이나 남의 말의 묶임에서 풀려나야 합니다.

다른 사람이 그건 이렇게 해야 합니다. 하는 사람의 소리에 관심을 두지 말라는 것입니다. 하나님의 음성을 들으려면 사람의 소리와 담을 쌓아야 합니다. 사탄의 생각을 분별하고 대적해야합니다. 마귀는 할 수만 있으면 성도를 미혹하려고 합니다. 말씀과 성령으로 충만하여 영의 생각을 따라가야 합니다(요13:2).

고정관념을 제거하고 그릇된 자아(그럴 거야)가 없어져야 합니다. 옛날에도 그랬으니 이번에도 그럴 것이라고 하는 것을 버려야 합니다. 마음의 잘못된 감정이 치유되고 특히 분노, 미움의 감정이 치유되어야 합니다. 마음에 응어리가 있으면 마귀가 역사하기 때문에 바른 하나님의 음성을 들을 수가 없습니다.

외적침묵과 내적 침묵을 유지하라는 것입니다. 마음이 산란한 가운데에서는 정확한 응답이 들리지를 않습니다. 머리에 잡념을 제거하려고 노력을 해야 합니다. 안정된 심령이 되려고 의지적인 노력을 합니다. 이는 깊은 기도로 숙달되어야 가능합니다. 깊은 영의기도 훈련이 필요합니다. 안정된 심령이 되어야합니다.

둘째, 침묵기도 하라. 외적침묵과 내적 침묵을 유지하라는 것입니다. 마음이 산란한 가운데에서는 정확한 응답이 들리지를 않습니다. 머리에 잡념을 제거하려고 노력을 해야 합니다. 안정된 심령이 되려고 의지적인 노력을 합니다. 이는 깊은 기도로 숙달되어야 가능합니다. 깊은 영의기도 훈련이 필요합니다. 안정된 심령이 되어야합니다.

셋째, 성령님의 인도와 도우심을 요청하는 기도하라. 모든 음성듣기 위한 과정을 성령께서 지배하고 점령하여 달라고 기도해야 합니다. 생각을 성령으로 사로잡아 몰입하게 해달라고 기도해야 합니다. 성령은 인격이시라 관심을 가지고 도움을 요청해야 역사하십니다. 성령님 제가 지금 성령의 감동을 받고 음성을 들으려고 합니다. 도와주시옵소서. 하면서 끊임없이 기도를 해야 합니다. 하나님은 영이십니다. 고로 내가 영적인 상태가 되어야 하나님의 응답을 받을 수 있습니다. 성령의 임재를 요청하고, 성령의 이끌림에 의하여 차츰 고요 속으로 들어가야 합니다. 절대로 하나님의 음성은 산란한 가운데 들리지를 않습니다. 오직 그분에게 집중하고 몰입해야 들리는 것입니다. 어찌하든지 음성을 들려주는 주체이신 하나님에게 몰입을 해야 합니다.

넷째, 문제를 하나님에게 말하고 응답 받는 기도하라. 혼자서 음성을 들을 때는 성령의 깊은 임재 하에 제목을 하나님에게 드리고 문제를 푸는 방법을 기다립니다. 한 문제를 가지고 계속 하나님에게 기도를 합니다. 기도를 하면 이 생각 저 생각이 떠오릅니다. 별별 생각을 다해 봅니다. 그러다가 보면 떠오르는 생각 중에 지금까지 자신이 생각했던 방법이 아닌 기발한 생각이 떠오릅니다. 생각하지도 않은 아이디어가 떠오릅니다. 이것이 하나님의 뜻입니다. 문제를 푸는 비결을 받으려면 하나님에게 집중하며 기다려야 합니다. 그래야 문제를 푸는 방법이 떠오릅니다.

의심스러우면 꼭 다시 물어 보아야 합니다. 이것이 무슨 뜻인가요. 다음은 어떻게 되는 가요하고 물어보라. 응답은 진행형으로 나타납니다. 여럿이 할 경우는 서로 들은 것과 성령님의 감동과 음성을 퍼즐 같이 맞추며 대화하면서 하나님의 뜻을 알아냅니다. 혼자 할 때는 내가 앞으로 어떻게 될지 보여 달라고 요청을 하세요. 의심스러우면 자꾸 하나님께 물어보아야 합니다. 확신이 올 때까지 물어보아야 합니다. 엘리야는 갈멜산에서 7번까지 기도하여 응답을 받았습니다(왕상18:41-46). 우리도 응답이 올 때까지 기도하며 기다려야 합니다. 모든 것을 쉽게 자기 생각으로 판단하지 말고 의심스러우면 하나님께 물어보는 것을 습성화하세요. 확신이 올 때까지 기도하는 것입니다. 기도할 때는 이 생각, 저 생각을 다해보다가 마음에 확 잡히는 생각을 잡는 것입니다.

지금 교회를 인테리어 작업을 할 때입니다. 지금 교회는 지하에 있습니다. 우리가 형편이 좋지 못해서 지하에 있는 것이 아닙니다. 서울도 강남에서 성령치유사역을 하려니 소음이 문제가 됩니다. 주변에서 시끄럽다고 민원이 들어가면 신경이 쓰여서 집회를 못합니다. 그래서 지하에 들어와 있는 것입니다. 그런데 지하답지 않게 환기가 잘됩니다. 그래서 이 장소를 임대하였습니다. 그런데 문제가 있었습니다. 화장실이 없는 것입니다. 화장실이 있어야 하는데 없으니 문제가 생긴 것입니다. 인테리어 작업을 할 때 화장실 문제를 해결해야 편리하게 용변을 볼 수가 있지 않습니까? 여성분들이 지하에서 나와서 일층까지 가서 볼일을 본다면 얼마나 불편하겠습니까? 그래서 인테리어 하는 집사님에게 화장실이야기를 했습니다. 그랬더니 자신은 할 수가 없다는 것입니다.

지하에 화장실을 만드는 것은 전문가 외에 할 수 있는 일이 아니라는 것입니다. 그래서 제가 사는 부근에 설비하는 곳이 있어서 사장보고 와서 보고 견적을 내보라고 했습니다. 그랬더니 800만원을 주어야 화장실을 만들 수가 있다는 것입니다. 비싼 이유를 물으니 공사비는 2-300만원 들지만, 기술 값이 500만 원 이상이라는 것입니다.

여기서 특별히 목회자분들에게 말씀드리고 싶은 것이 있습니다. 세상에서 일을 하는 사람들이 목사라고 하면 아무것도 모르는 바보인줄 안다는 것입니다. 저는 예수를 믿어 교외에 다니고 장로이고 권사이고, 안수집사라고 해도 단번에 믿지를 않습니다. 여기저기 확인하여 결정을 합니다. 절대로 단번에 정하지 않습니다. 잘못하면 사기를 당할 수도 있기 때문입니다.

기술 값이 500만원 이상이라고 하여 하도 기가 막혀서 어떻게 하는 것이냐고 물으니 일층 화장실하고 연결을 하면 될 것이라는 것입니다. 저는 원래 안 되는 것을 도전하여 되게 하는 것을 즐기는 사람입니다. 일단 알았다고 하고 좀더 생각을 해야 겠다고 하고 설비하는 사장을 보냈습니다. 하나님에게 기도하여 응답을 받아야 되겠다는 감동이 왔습니다. 하나님에게 마음으로 방언 기도를 하기 시작을 했습니다. 하나님! 어떻게 했으면 좋겠습니까? 계속 방법을 알려 달라고 기도했습니다. 이틀을 기도했습니다. 밤에도 잠을 거의 자지 않고 기도를 했습니다. 이튿날 밤이 되었습니다. 새벽 4시쯤 되었을 때 성령의 감동이 왔습니다. 지금 인테리어 작업하는 사람들에게 하라고 해라! 지금 인테리어 작업하는 사람들에게 하라고 해라! 그래서 오전에 인테리어 하는 노 집사님에게 어떻게 하면 화장실을 만들 수 있는지 방법을 생각하라고 했습니다. 대신 방법을 생각하여 일을 하여 화장실을 완성하면 일당을 두 배로 주겠다고 했습니다.

원래 하루하루 벌어서 사는 사람은 돈에 약합니다. 일당을 두 배로 주겠으니 일을 하지 말고, 기발한 방법을 생각하라고 했습니다. 그날 일을 하고 갔습니다. 다음날 오전에 제가 성전 작업하는 곳에 왔습니다. 그랬더니 일하시는 집사님이 이렇게 하면 된다고 합니다. 자신이 집에 돌아가서 여기저기 동업종하는 사람들에게 전화하여 방법을 물어본 것입니다. 그래서 알아낸 것입니다. 방법을 설명하는데 아주 간단합니다. 그래서 작업을 시작하여 품삯까지 포함하여 300만원 들이고 지금 화장실을 만들어서 아주 잘 사용하고 있습니다. 하나님이 지혜를 주셔서 500만원을 번 것입니다. 하나님에게 지혜를 구하면 돈도 벌게 하십니다. 무엇이든지 자신의 짧은 지식으로 하려고 하지 말고 하나님에게 기도하여 지혜를 구하세요. 하나님은 무한한 지혜를 가지고 계십니다. 우리가 믿는 하나님은 대단하십니다.

하나님은 사람이 생각하지 못한 방법으로 화장실을 만들도록 해주셨습니다. 어려운 일이든지 쉬운 일이든지 막론하고 하나님에게 질문하여 하나님의 지혜를 받아 해결하시기를 바랍니다.

알려주신 하나님에게 영광을 돌리고 순종해야 합니다. 음성을 들었으면 무엇보다도 순종이 중요합니다. 손해가 나더라도 순종하면 복으로 돌아옵니다. 순종이 제사보다 낫습니다.

22장 방언통역으로 분출되는 카리스마

(고전14:13-15)"그러므로 방언을 말하는 자는 통역하기를 기도할찌니 내가 만일 방언으로 기도하면 나의 영이 기도하거니와 나의 마음은 열매를 맺히지 못하리라 그러면 어떻게 할꼬 내가 영으로 기도하고 또 마음으로 기도하며 내가 영으로 찬미하고 또 마음으로 찬미하리라"

방언 통역의 은사는 방언의 은사가 말이나 노래를 통해 공개적인 자리에서 나타났을 때 회중들로 하여금 그것을 이해시키기 위해 사용됩니다. 치유사역에서는 심령의 비밀을 밝혀냄으로 감추어진 질병의 원인을 찾아내는데 활용됩니다. 성령에 깊이 사로잡혀 방언 기도하게 되면 자신이 하나님께 간구하는 기도와 성령께서 책망하시거나 권면하시거나 안위하시는 방언을 하고 있다는 것을 느끼게 됩니다. 이러한 기도의 깊은 경지에 도달하면 통변으로 연결되어 성령과의 영적으로 깊은 대화를 나누게 됩니다. 더 나아가 예언으로 이어지기도 합니다. 방언 기도는 나의 영이 기도하는 것이기 때문에 내 마음은 그 기도의 내용을 알지 못하며 따라서 내가 방언으로 기도할 때, 내 마음은 그 기도에 참예하지 못하는 것이 됩니다. 따라서 방언으로 아무리 기도를 많이 해도 마음은 기도의 열매를 맺지 못하는 것입니다. 그러면 어떻게 해야 하나요? 방언으로만 기도할 것이 아니라, 방언 기도와 우리말 기도를 함께 해야 하는 것입니다. 그래야 잠재의식이 정화되면서 성령으로 전인격이 지배를 받게 됩니다. 그리고 그 말하는 방언이 통역되어야 하는 것입니다. 방언은 매우 유익하고 귀한 은사지만, 그것이 통역되어야 비로써 온전한 은사가 됩니다. 방언을 말하고 그것을 통역하지 않으면 방언을 말함으로써 받게 되는 은혜의 절반 밖에는 받지 못하는 것이 되고 맙니다. 그러므로 바울 사도의 말씀처럼 방언을 말하는 자는 통역하는 은사 받기를 애쓰며 기도해야 합니다. 제가 "예언은사가 열리는 비결" 책에서도 기록을 했지만 방언을 통역하면 예언이 되는 것입니다.

첫째, 방언 통역의 분류.

1) 내가 하는 방언의 해석: 내가 방언으로 기도하고 있는데, 갑자기 마음이 열리며 그 방언의 뜻이 내 마음에 떠오르게 되고 그래서 내 영이 지금 무엇에 대해 기도하고 있는지를 알게 되는 것입니다.

2) 타인이 하는 방언의 통역: 여기에는 또 두 가지가 있습니다.

① 남이 하는 방언을 듣고 있는데 나도 모르게 그 방언이 통역되어 내 입 밖으로 나오게 되는 것입니다. 내가 그 방언을 통역하고자 하는 의지가 없이도 통역이 되어 나오며, 그 통역된 우리말이 나도 모르게 내 입 밖으로 나오게 됩니다. 통역이 끝난 뒤에도 내가 뭐라고 통역을 했는지 모를 때가 많습니다. 성령께서 어떤 비밀을 우리들에게 알게 하실 때 이 방법을 사용하십니다. 사람의 입을 통해 방언을 말하게 하시고, 다른 사람의 입을 통해

그 방언을 통역하게 하심으로 그것을 사람들로 알게 하십니다. 이 경우는 남이 하는 방언이 내 마음으로 들어와서 나의 이성(理性)을 거치지 않고, 그대로 입을 통해 통역이 되어 밖으로 나가는 것이기 때문에 그 통역에는 나의 생각이나 주관은 전혀 개입되지 않습니다.

② 남이 하는 방언을 듣고 그 방언을 통역하고자 하는 의지를 가지고 통역하는 것은 이렇게 합니다. 이때, 그 대략적인 뜻만 알게 되는 경우도 있고, 단어 하나하나까지 그대로 다 알게 되는 경우도 있습니다. 내가 의도적으로 통역하고자 하면 그 말하는 방언의 뜻이 일단 나의 마음속에 떠오르고 그것을 내가 우리말로 바꾸어 통역을 하는 것입니다. 남이 하는 방언을 듣고 그 뜻을 내 안에서 해석을 하는 것이기 때문에 자칫 그 통역에는 나의 주관적인 생각이 혼합될 위험이 있고, 때로는 전혀 틀리는 통역을 하게 되는 수도 있는 것입니다. 때로는 그 방언을 통역하려고 생각하고 있지 않은데, 갑자기 마음의 귀가 열리면서, 옆 사람이 하고 있는 방언의 뜻이 내 마음속에 떠오르게 될 때가 있는데, 이럴 때에는 그 통역은 일단 바른 통역이라고 생각해도 됩니다. 그러나 남이 하는 방언을 통역하려고 의도적으로 귀를 기울일 때에는 나의 주관적인 생각이 통역에 혼합될 위험이 다분히 있습니다. 그러므로 방언을 통역하고자 하는 사람은 늘 깊은 기도를 하며 성령의 충만한 가운데 통역을 하도록 힘써야 합니다.

둘째, 방언 통역을 숙달하는 법. 성령으로 세례 받은 사람에게는 누구에게나 하나님께서 방언의 은사를 주시는 것처럼, 방언을 받는 사람에게는 어느 정도까지는 방언 통역의 은사도 함께 주시는 것입니다. 필자의 체험으로는 방언통역은 성령의 임재 가운데 반복적으로 영성훈련하면 할 수 있게 되더라는 것입니다. 우리가 바르게 알아야 할 것은 방언 통역을 훈련하여 배운다는 것은 은사 그 자체를 배우는 것은 아닙니다. 방언을 받을 때 함께 받은 그 작은 방언 통역의 은사를 나타나도록 훈련을 통해서 유용하게 사용할 수 있는 은사로 키우는 것입니다.

그렇다면, 그 작은 방언 통역의 은사를 찾아내어 개발하고 훈련하려면 어떻게 해야 하는가? 그 구체적인 방법은 무엇인가? 첫째는 기도입니다. 둘째도 기도입니다. 셋째도 기도입니다. 오직 기도만이 신령한 것을 얻을 수 있습니다. 기도하지 않고는 은사는 오지 않습니다. 기도해야 성령으로 충만할 수가 있기 때문입니다. 특히 예언의 은사와 방언 통역의 은사는 참으로 많은 기도를 쌓아야 합니다. 그래서 성령이 충만한 가운데 있어야 합니다. 방언 통역의 은사는 예언의 은사와 매우 흡사합니다. 둘 다 하나님께서 성령을 통해서 알게 해 주셔야 하기 때문입니다. 그러므로 방언 통역을 하기 위해서는 늘 하나님과 깊은 영적 교제를 유지해야 합니다. 저는 성령을 체험하고 방언으로 기도할 때 방언통역을 하려고 많은 노력을 했습니다. 지금부터 말씀드리는 것은 제가 순수하게 훈련하면서 터득한 내용을 적는 것입니다. 그냥 참고하시라고 적는 것입니다. 이것은 교리로 정립된 것도 아닙니다. 순수하게 제가 체험한 임상을 참고하라고 적는 것이니, 이 내용을 가지고 왈가왈부하는 일이 있어서는 되지 않겠습니다. 다시 한 번 말씀드리면 이는 절대로 저의 사견입니다.

제가 방언을 통역하기 위하여 훈련했던 방법을 요약하면 이렇습니다. 저는 이렇게 생각을 합니다. 아무리 방언을 유창하게 해도 자기가 하고 있는 방언을 통역하지 못하면 방언을 받은 은혜는 반감하고 만다는 것입니다. 방언을 하는 사람은 최소한 자기 자신이 하고 있는 방언 정도는 통역이 되어야 합니다. 그래야 내 영의 상태가 어떠한지, 지금 내 영은 무엇을 원하고 있는지, 내 영의 소원이 무엇인지를 알 수 있는 것입니다.

1)제 1단계: 우리말 기도와 방언 기도를 교대로 하며 기도를 합니다. 먼저 우리말로 기도를 하고, 이어 방언으로 기도를 합니다. 이때, 가령, "하나님, 방언 통역의 은사를 주시옵소서." 하는 것이었다면 그 간절한 소원을 그대로 마음속에 품고, 그 뜻을 방언 소리에 실어 방언으로 기도하는 것입니다. 그리고 지금 그렇게 말한 방언이 "하나님, 방언 통역의 은사를 주시옵소서."라는 뜻의 방언이라고 생각합니다. 이때에 유의할 것은 내가 지금 말하는 방언이 정말 그런 뜻의 방언일까? 하고 의심하거나 자신 없어 할 필요는 없습니다. 그냥 그런 뜻이라고 믿고 하면 되는 것입니다. 처음에는 그 뜻이 같지 않을지도 모른다. 그러나 믿고 자꾸 하다보면 차츰 같아지는 것입니다.

또 한 가지는, 기도를 한 구절씩 짧게 끊는 것입니다. 우리말 기도를 길게 끌고, 이어서 방언 기도도 길게 끌지 말고 한 구절씩 짧게, 짧게 끊어 나갑니다. 가령, 주기도문을 예로 든다면, "하늘에 계신 우리 아버지" 하고 끊고, 이어 그 뜻을 마음속에 품고 방언을 하고, 다시 이어서 "이름이 거룩히 여김을 받으시오며" 하고 끊고, 이 뜻을 마음속에 품고 방언을 말하고, 이런 식으로 해 나갑니다. 이것이 익숙해지면 조금씩 길게 끊어도 됩니다. 이렇게 우리말과 방언을 교대로 하며 기도를 해 나갑니다. 하루나 이틀 하고 마는 것이 아니라, 꾸준히 인내를 가지고 계속해 해 나가는 것입니다. 방언 통역의 은사를 위해서 별도로 기도를 하기 보다는 평상시에 드리는 기도를 이런 식으로 하면 좋을 것입니다.

   2)제 2단계: 제 2단계에서는 방언으로만 기도를 합니다. 그러나 그냥 소리만 내서 방언을 하는 것이 아니라, 마음속에 간절한 소원을 품고, 그것을 마음속으로 하나님께 아뢰면서 입으로는 방언을 하는 것입니다. 말하자면, 내가 하나님께 드리는 기도를 우리말로 하는 것이 아니라, 방언으로 하는 것입니다. 나의기도 말을 방언으로 바꾸어서 하나님께 드리는 것입니다. 하기가 좀 어려울 것 같지만, 그렇지 않습니다.

   묵상 기도 할 때를 생각해 보면 됩니다. 묵상 기도를 할 때에는 성령의 임재 하에 영상을 보면서 마음속으로 기도를 하고 소리는 밖으로 내지 않는 것이 보통입니다. 이런 묵상 기도의 상태에서 입술을 놀려 방언을 말하면 되는 것입니다. 이것이 익숙해지면 내가 우리말로 기도를 하는데도 입에서는 방언이 되어 밖으로 나갑니다. 저는 평소 기도를 할 때, 주로 이런 식으로 기도를 합니다. 옆에서 들으면 방언만 하는 것 같지만, 내 속에서는 우리말로 기도를 하고 있는 것입니다. 이 제 2단계의 훈련이 충분히 되었으면 다음 제 3단계로 넘어갑니다.

3)제 3단계: 제 3단계는 드디어 내가 하는 방언을 통역하게 되는 단계입니다. 기도를 충분히 해서 성령이 충만한 상태에 있을 때, 방언을 짧게 말하고, 곧 우리 말 기도로 그 방언을 받는다. 제 1단계에서는 우리말로 먼저 기도하고, 그것을 방언으로 받았지만, 여기서는 거꾸로 먼저 방언을 말하고, 이어서 우리말 기도로 받는 것입니다. 이때, 우리 말 기도는 내 뜻대로 내가 미리 정해놓고 하는 것이 아니라, 내 심령 속에서 자연스럽게 올라오는 대로 성령의 인도를 따라 입에서 나오는 대로 하는 것입니다. 이런 훈련을 하다보면 내가 방언을 말 할 때 내 마음속에 어떤 생각이 떠오르게 될 때가 있는데, 그 떠오르는 생각이 바로 방금 말한 방언의 뜻이라고 생각하는 것입니다. 유의할 것은 이렇게 마음속에 떠오르는 생각이 반드시 모두다, 그 방언의 뜻은 아니라는 점입니다. 그 떠오르는 생각이 때로는 방언의 뜻과는 다른 자신의 생각일 수도 있는 것입니다. 방언 통역의 은사는 제가 "예언은사가 열리는 비결" 책에서 강조한 바와 같이 예언의 은사와 매우 흡사한 은사입니다.

이 두 은사는 다 하나님께서 우리 심령에게 주시는 영의 언어를 들을 수 있어야 합니다. 잘못 받은 예언이나 거짓 예언이 있는 것처럼, 방언 통역에도 잘못된 통역이나 거짓 통역이 있는 것입니다. 그러므로 방언을 통역할 때에는 나 자신의 생각을 방언의 뜻으로 착각하지 않도록, 나 자신의 생각이 방언 통역에 혼합되지 않도록, 내 속을 완전히 비우고 오직 성령의 충만한 가운데 방언을 통역하도록 힘써야 합니다. 예수를 믿는다는 것은 십자가 밑에서 나 자신을 죽이고 오로지 예수님 안에서 다시 사는 것을 말합니다. 바른 방언 해석을 위해서도 나 자신을 완전히 죽이고 오로지 성령의 음성만을 들어야 하는 것입니다. 지금까지는 내가 하는 방언을 통역하는 방법에 대해 알아보았습니다. 그럼 이번에는 남이 하는 방언을 통역하기 위한 훈련 방법에 대해 알아보기로 합니다.

셋째, 남이 하는 방언 통역하는 법

1) 남이 하는 방언을 많이 들어야 합니다.

2) 여러 사람들이 모여 합심해서 방언으로 기도하는 기회를 많이 가져야 합니다.

3) 신령한 사람들이 방언을 할 때, 옆에서 그 방언 소리를 들으며 함께 방언을 해야 합니다.

그리고 그들이 하는 방언에 내 마음을 합치시키고, 그들의 영과 나의 영이 하나가 되도록 노력해야 합니다. 이때, 내가 하는 방언을 통역할 때처럼, 내 마음 속에 어떤 생각이 떠오르게 되면, 그것이 그 사람이 하는 방언의 뜻이라고 일단 생각하는 것입니다. 이상과 같은 훈련을 수 없이 반복하다보면, 남이 하는 방언을 듣기만 해도 그 방언의 뜻이 내 속에서 통역되어 나오게 되는 것입니다.

넷째, 방언통역의 참고 사항. 신령한 사람이 하는 방언일수록 그 방언을 통역하기가 쉽습니다. 별로 신령하지 않는 사람이 하는 방언은 통역이 제대로 되지 않거나, 명확한 통역이 되지 않을 때가 많습니다. 가짜 방언, 곧 성령의 감동과 영이 실려 있지 않고, 입술로만 하는 방언은 뜻이 없는 소리일 뿐이기 때문에 통역이 되지 않습니다. 따라서 남이 하는 방언을 통역하는 훈련을 하고자 하는 사람은 신령한 사람들 틈에 끼어 그들과 늘 가까이 하며 함께 기도하며, 그들이 하는 방언부터 통역하기를 시작해야 합니다. 그런 다음 차츰 덜 신령한 사람들이 하는 방언을 듣고 그것을 통역하도록 노력해야 합니다.

다섯째, 방언통역 유의 사항. 사실은 남이 하는 방언의 통역은 아무나 할 수 있는 것이 아닙니다. 방언 통역의 은사를 받은 사람만이 할 수 있는 것입니다. 은사가 없으면 아무리 이런 훈련을 한다고 해도 전혀 통역을 할 수 없습니다. 방언 통역의 은사가 없는 사람들은 방언 통역 그 자체에 관심조차 두지 않는 것이 보통입니다. 따라서 여기에 흥미를 가지고 남이 하는 방언 통역을 위한 훈련을 한 번 해 보겠다고 마음먹고 훈련을 시작하는 사람이라면 다소간의 은사는 있는 것이라고 생각을 해야 합니다.

그가 열심히 기도하며 노력하면 하나님께서는 그 사모함과 열심을 보시고, 그의 작은 은사를 큰 은사로 바꿔 주실 것입니다. 방언 통역의 은사를 제대로 받은 사람은 이런 훈련을 하지 않아도 남이 하는 방언이 그 마음속에서 척척 통역이 되어 나오게 됩니다. 그러나 이런 사람이라도 겸손한 마음을 가지고 훈련을 쌓아야 합니다. 은사는 어느 은사건 그것을 갈고 닦아야 더욱 커지고 온전해지기 때문입니다.

여섯째, 방언을 통역하는 은사를 받은 간증. 충만한 교회로 인도하여 주신 주님의 사랑과 은혜에 감사드립니다. 3년 전, 계단에서 떨어져 뇌를 다친 후, 다친 곳의 통증과 함께 기억이 끊기곤 했습니다. 그런데 충만한 교회 치유집회에 참석하여 말씀과 성령의 역사에 은혜 받고 목사님의 정성어린 안수기도 후, 통증도 사라지고 기억력도 회복이 되었습니다. 늘 몸의 통증과 알레르기성 비염으로 인하여 약을 복용하고 있었는데, 불안수시 깊은 입신을 통해 성령으로 전인격이 장악이 되면서 말끔하게 치유가 되었습니다.

또한 성령의 이끌림으로 입신에 들어갈 때 성령께서 심장을 붙드시고 온몸으로 피를 강하게 펌프질하여 내보내면서 온몸의 막힌 부분들을 뚫으시는 것을 경험하게 되었습니다. 또한 입신할 때 나의 전신이 목사님께서 명령하는 대로 순종을 하는 것을 경험하게 되었습니다. 이를 통해 목사님의 입술에 권세가 주어져 있음을 체험하게 되었습니다.

그리고 목사님이 하시는 치유사역에 예수님의 인정과 지지가 함께하고 있음을 체험적으로 알게 되었습니다. 또한 안수를 받을 때 세상에서는 도저히 체험할 수 없는 기쁨과 평강과 희락이 넘쳐나고 모든 일에 자신감도 생겨나고 믿음에 믿음이 더하여지며, 온 가족이 영적으로 하나가 되며, 성령으로 가정이 장악되는 것을 느끼고 있습니다.

고린도후서 5장 17절 "그런즉 누구든지 그리스도 안에 있으면 새로운 피조물이라 이전 것은 지나갔으니 보라 새것이 되었도다"를 날마다 고백하며 지내고 있습니다. 또한 사모님의 예언기도하실 때 "아멘"으로 받을 때 매임과 문제가 풀어짐을 경험하기도 했습니다. 그런데 중요한 것은 나에게 은사들이 나타나고 있습니다. 어느날 충만한 교회 집회에 참석하여 기도를 하는데 옆에 있는 다른 성도가 방언으로 기도하면 방언기도가 다 통역이 되어 들리는 것입니다. 그래서 강 목사님이 평소에 알려주신 대로 내 방언기도를 통역하니 통력이 되는 것입니다.

또, 다음 시간에 다른 성도 방언을 들었더니 다 통역이 되는 것입니다. 할렐루야! 감사합니다. 그런데 방언을 통역하면 예언이 된다고 했는데 이제 예언의 은사도 나타나 다른 사람을 보면 속에서 예언의 말이 술술 나옵니다. 강 목사님이 평소에 입버릇처럼 하시는 말씀이 우리 교회에 몇 개월만 착실하게 다니면서 은혜 받으면 모두 예언하고 방언을 통역하게 된다는 말이 사실로 밝혀졌습니다. 정말 감사합니다. 하나님! 치유 받고 성령의 은사도 받게 하시니 감사합니다. 이제 담대하게 목회를 할 수 있게 되었습니다. 서울 승리교회 아무개 전도사

4부 카리스마가 분출되는 방언기도 비결

23장 성령의 불세례가 임하는 방언기도

(행 2:4)"그들이 다 성령의 충만함을 받고 성령이 말하게 하심을 따라 다른 언어들로 말하기를 시작하니라."

하나님은 모든 성도들이 성령으로 세례를 체험하기를 원하십니다. 성령의 세례를 체험한 다음부터 하나님과 교통하며 살아갈 수가 있기 때문입니다. 성령의 불세례가 임하는 방언기도는 자신 안에 성전에서 성령으로 분출되는 방언기도를 숙달해야 합니다. 그래야 방언 기도할 때 마다 마음 안에 성전에서 성령으로 성령의 불세례가 분출되는 것입니다. 방언 기도하는 습관이 중요합니다. 목으로 혀놀리며 입술로 중언부언하면서 시간 때우기 식의 방언기도하면 불세례가 분출되지 못하는 것입니다. 자신 안에 성전에서 성령으로 방언기도가 분출된다고 생각하고 기도해야 합니다. 기도하는 방법은 자신의 아랫배에 의식을 두고 방언 기도하는 스리에 집중해야 합니다. 그리고 마음으로는 예수님을 생각하면서 기도해야 합니다. 기도는 기도하는 대상에게 집중하는 것입니다. 자신 안에 하나님께 집중하면서 기도하니 성령으로 분출되는 방언기도가 되는 것입니다. 성령으로 방언기도가 되니 기도할 때마다 성령의 불이 자신 안에서 분출되는 것입니다.

오순절에 다 성령의 충만함을 받고 성령이 말하게 하심을 따라 다른 방언으로 말하기 시작하였습니다. 우리 모든 사람들은 각자 자기나라 말을 하면서 살아갑니다. 그리고 오늘날 외국어를 하려면 열심히 공부해야만 외국어를 할 수 있습니다. 그러나 오순절 날에 성령이 임하셨을 때는 사람들이 다 성령의 충만함을 받고 성령으로 말미암아 배우지도 아니하고 듣지도 아니한 다른 방언으로 말하기 시작한 것입니다.

첫째, 방언기도와 성령의 불세례. 성령의 불세례와 방언은 무슨 관계가 있을까요? 또 방언기도와 성령 충만은 무엇일까요? 오늘날 우리가 예수 그리스도를 구주로 모시게 되면 하나님의 성령이 우리 속에 와서 거하시게 됩니다. 하나님의 성령이 없는 자는 하나님의 자녀가 아니라고 성경은 말하고 있습니다.

그런데 이 성령이 충만히 임하실 때에 성령 충만을 받은 사람은 마치 세상 사람이 볼 때는 술에 취한 사람같이 보였습니다. 사도행전 2장 12-13절에 보면 "다 놀라며 당황하여 서로 이르되 이어찌 된 일이냐 하며 또 어떤 이들은 조롱하여 이르되 그들이 새술에 취하였다 하더라."고 말씀하였습니다. 술을 아주 조금만 마신 사람은 비록 술이 그의 몸속에 들어있을지라도 완전히 술이 몸을 주장하지는 못합니다.

그러나 술을 아주 많이 먹어서 완전히 술에 취하게 되면 술이 그 사람을 온전히 지배해서 다스리게 됩니다. 성령을 술 취함에 비유한다면 예수를 믿고 중생한 우리는 마치 술을 조금만 마시는 것과 같은 것입니다. 성령이 우리 속에 들어와 계십니다만 우리를 완전히 지배하지 못하고 계신 것입니다. 그러나 성령으로 불세례를 받고 성령 충만을 받으면 마치 술에 완전히 취하여 술이 그 사람을 점령하고 지배하는 것처럼 성령이 우리를 완전히 채우시고, 우리를 붙드시고, 우리를 지배하게 되는 것입니다.

오늘날 회개하고 예수 그리스도를 믿으면 성령께서 우리 속에 오셔서 거하십니다. 중생의 영으로 와 계시며, 우리가 하나님의 아들이 되었다는 확실한 증거를 마음속에 가져다주시는 것입니다. 성령이 우리 속에 들어와 계시기 때문에 우리가 하나님을 알게 되고, 예수님을 믿게 되며, 성경을 깨닫게 되고, 기도하게 되고, 찬양하게 되는 것입니다. 성령의 빛이 비치지 아니하면 우리의 힘으로는 결코 하나님을 아버지로 모실 수 없고 예수를 구주로 믿을 수도 없습니다.

우리가 성령으로 충만하게 되면 성령 충만으로 말미암아 우리에게서 방언이 나오게 됩니다. 방언은 표적의 방언과 은사의 방언으로 나누어집니다. 성령으로 세례를 받고 성령이 충만했다는 표적으로서 우리 입에서 방언이 나오는 것입니다. 그리고 난 다음에 우리가 계속 이 방언을 말하게 되면 이것은 은사의 방언으로 변화되는 것입니다. 그래서 항상 기도할 때마다 방언으로 기도할 수 있게 하나님이 은사를 주시는 것입니다. 똑같은 방언이나, 처음 성령세례를 받을 때는 표적의 방언으로 성령이 충만했다는 증거가 됩니다. 성령 충만함을 받고 난 다음 계속해서 방언으로 말하게 되면 이것은 은사의 방언으로 하나님께서 방언을 통하여 우리 생활 속에 많은 은총과 복을 주시는 것입니다.

둘째, 방언기도를 통해 성령의 불세례를 체험하는 방법. 방언기도는 성령세례를 받은 다음에 나오는 것이 보통입니다. 그런데 제가 지금까지 성령치유사역을 하면서 체험한 바로는, 방언기도를 유창하게 해도 성령의 불세례를 체험하지 못한 분들이 있다는 것입니다. 이는 성령세례를 받고 다음 단계인 성령의 불세례를 날마다 체험하지 않기 때문입니다. 영성훈련이 되지 않아 마음을 열고 영으로 기도하는 방법을 모르기 때문입니다. 호흡을 들이쉬면서 통변을 하고, 내쉬면서 방언을 해야 합니다. 이렇게 오랫동안 기도해야 합니다. 그런데 대부분 이렇게 하지 않고 목을 사용하여 혀를 움직이면서 습관화된 방언을 열심히만 하려고 하기 때문에 방언기도를 해도 성령의 불을 받지 못하는 것입니다. 방언을 하면서 성령의 불세례를 받으려면 최소한 2시간에서 3시간을 오로지 방언기도에 만 몰입하여 집중적으로 해야 합니다.

성령의 이끌림을 받으면서 집중적으로 방언을 하다가 보면 몸이 가벼워지면서 온몸이 뜨거워집니다. 말로 표현할 수 없을 정도로 뜨거움을 느낍니다. 제일 빠른 것은 성령의 불세례가 있는 장소에 가서 함께 기도하는 것입니다. 기도하면서 안수를 받는 것입니다. 이렇게 집중적으로 기도하여 성령의 불세례를 체험했다면 한 번 호흡을 들이 쉬며 통변하고, 내쉬면서 방언기도를 해 보세요. 기도가 힘이 들지 않고, 자신의 마음 안에서 영의 활동을 강화할 수 있습니다.

이렇게 집중하여 몰입해서 얼마동안 기도하면 몸이 뜨거워지면서 성령의 불세례가 임하는 것을 체험할 것입니다. 그리고 지속적으로 기도하여 유지를 해야 합니다. 그냥 그것으로 만족하면 방언기도하면서 성령의 불세례를 체험하지 못합니다. 제가 부흥집회나 성령치유집회를 인도할 때 기도하는 방법을 설명하고 기도하게 하면 모두들 성령의 불세례를 체험했습니다. 성령의 불세례에 대한 더 자세한 내용은 "성령의 불로 불세례 받는 법"과 "성령의 불로 충만 받는 법"그리고 "불같은 성령의 기름부으심"책을 참고 하세요.

셋째, 성령의 불세례가 분출되면서 나타나는 현상에 환영하라.
성령의 불세례가 임하면서 성령의 역사로 잠재의식이 정화되면서 자신이 지금까지 체험하지 못하고 이해하지 못한 실제적인 현상이 나타날 수가 있습니다. 자신 안에서 살아계신 하나님의 역사가 일어나는 것을 실제로 체험하게 됩니다. 몸으로 느끼고 체험하는 것입니다. 살아계신 성령하나님이시기 때문입니다. 잠재의식이 정화되면서 일어나는 실제적인 현상은 이렇습니다. 잘 이해하고 거부하거나 두려워하지 않도록 하시기 바랍니다. ○ 호흡이 깊어지거나 빨라지고 손이 찌릿찌릿 하기도 합니다. 이는 악

영과 성령의 대립 현상이나 상처를 풀어주는 현상이기도 합니다. ○ 주체 못하게 울음이 터지거나. 웃음이 터지는 경우도 있습니다. 방언이 나오게 됩니다. ○ 가슴을 찌르고 무엇이 빠져나오는 아픔을 느낄 수 있습니다. ○ 위장이나 아랫배 부근에서 어떤 뭉치 같은 것이 움직이는 것을 느낄 수도 있습니다. ○ 큰소리가 속에서 터져 나오기도 하고 온 몸에 불이 붙은 것 같이 뜨겁기도 합니다. ○ 가슴이 답답하고 기침이 나오고 손과 입에서 불이 나오는 것을 느끼기도 합니다. ○ 기침, 하품, 트림이 나오고, 토하기도 하고 메스꺼움을 느끼기도 합니다.

○ 멀미하는 것처럼 속이 울렁거리며 아랫배가 심히 아프기도 합니다. ○ 머리가 아프고 어지럽고 몸이 감당하지 못하게 흔들리기도 합니다. ○ 때로는 얼굴이나 몸 전체가 뒤틀리다가 풀어져 평안해지기도 합니다. ○ 때로는 상당한 시간 동안 심신의 괴로움(머리가 어지럽고, 몸이 떨리고, 몸에서 열이 나는 등)의 현상이 일어날 수 있습니다. 이것은 자신 안에 계신 성령의 역사가 자신의 잠재의식을 정화할 때 일어나는 현상입니다. 잠재의식 뒤에 숨어있던 세상이 물러가면서 일어나는 현상입니다. 아주 좋은 현상이니 두려워 마시고 하나님께 감사하시기를 바랍니다. 이런 현상이 일어나는 것은 자신의 방언기도가 자신 안에 성전에서 성령으로 분출되고 있다는 증거입니다. 그러나 이런 현상을 체험했다고 다 된 것이 아닙니다. 성령께서 완전하게 지배하시고 장악하시면 아무리 기도 해도 이런 현상이 일어나지 않습니다.

넷째, 마음으로 방언 기도하며 불을 받은 체험이다. 필자가 어느 성령집회에 참석하여 말씀을 듣는 중에 입술과 온몸에 강한 불이 임하는 체험을 했습니다. 저는 성령의 불을 받는 것과 말씀을 아주 사모했었습니다. 그러던 어느 날 말씀과 성령의 역사가 강하게 일어나는 강사 목사님이 집회를 인도한다고 해서 말씀도 배우고 성령의 불도 받겠다는 믿음을 가지고 집회에 참석하려고 일찍 가서 맨 앞자리에 앉아서 마음으로 병언기도 하며 말씀을 들으면서 은혜를 받았습니다. 저는 어느 집회를 가든지 한 두 시간 일찍 가서 좋은 자리를 잡고 기도하면서 기다리는 습관이 있습니다.

그런데 강사 목사님이 성령의 불의 역사도 강하게 일으키고 말씀도 그렇게 잘 전하시는 것입니다. 정말 저도 그 강사 목사님 같이 되었으면 좋겠다는 그런 어린 아이와 같은 사모하는 마음으로 말씀을 들었습니다. 그래서 말씀을 듣는 중에도 계속 마음으로 기도했습니다. 성령님 저에게도 저 목사님과 같은 성령의 불이 내 안에서 나오게 해주시고 말씀도 잘 전하도록 역사하여 주옵소서! 성령님 도와주세요. 성령님 도와주세요. 성령님 도와주세요. 성령님 역사하여 주세요. 성령님 역사하여 주세요. 성령님 역사하여 주세요. 성령님 제 입에 지식의 말씀과 지혜의 말씀의 은사를 주셔서 저 목사님 같이 말씀을 잘 전하게 하여 주시옵소서 하면서 애절한 마음으로 간절하게 기도를 하였습니다. 그러자 갑자기 몸이 뜨거워지기 시작하는 것입니다. 그러다가 입술이 뜨거워지기 시작하는데 정말 감당하기 어려울 정도로 뜨거워서 견딜 수가 없었습니다.

그 날은 집회 마지막 날이라 강사목사님 모두 안수를 해주는 날입니다. 그런데 저는 목사님에게 안수를 받기 전에 이미 내가 성령님에게 간절하게 기도한대로 이미 성령의 불이 임하여 온몸과 입술이 뜨거워지고 있었습니다. 정말 너무 뜨거워 입술이 다 타서 없어진 줄만 알았습니다. 마치 병원에 가서 위장 내시경 하기 전에 마취제를 입에 물고 있을 때 입이 얼얼한 그런 기분이었습니다. 정말 신비한 현상을 체험했습니다. "때에 그 스랍의 하나가 화저로 단에서 취한바 핀 숯을 손에 가지고 내게로 날아와서 그것을 내 입에 대며 가로되 보라 이것이 네 입에 닿았으니 네 악이 제하여졌고 네 죄가 사하여 졌느니라 하더라(사6:6-7)" 약 3시간 정도 그런 현상을 체험했습니다. 점점 입술의 뜨거움이 사라져 갔습니다. 그러고 나니 이제 궁금했습니다. 입술이 과연 그대로 있을까 정말 두렵기도 하고 궁금하기도 했습니다. 그래서 화장실에 뛰어가서 거울을 보니 입술이 그대로 있었습니다. 정말 저는 입술이 타서 없어지는 줄 알았습니다. 그런 체험을 하고 난 다음에 말씀에 대해 사모하게 되고 말씀 전하는 것이 즐겁고 쉬워졌습니다. 하나님은 사모하는 영혼에게 만족함을 주시는 하나님이십니다. 당신도 불같은 성령의 임재하심과 역사를 사모하여 마음으로 방언기도 하여 이런 체험을 모두 하시기를 바랍니다. 하나님은 사모하는 영혼에게 만족함을 주십니다.

다섯째, 방언기도 하다가 성령의 불세례를 받다. 성령세례를 체험하고 이것저것 영적인 것들을 사모하게 되었습니다. 영적인 책도 많이 사보았습니다. 그러다가 강요셉 목사님이 저술한 "카리스마로 영적세계를 장악하는 법"를 읽고 충만한 교회를 알게 되었습니다. 성령께서 저에게 충만한 교회의 성령집회에 참석하여 은혜 받고 싶은 강한 감동을 주셨습니다. 그래서 충만한 교회를 찾아갔습니다. 목요일밤 성령, 은사, 내적치유집회에서 성령이 역사하시는 말씀을 통해 은혜를 받았습니다.

충만한 교회의 집회는 특색이 있었습니다. 말씀을 한 시간 이상 전하고 삼십분 이상 기도하는 시간이 있습니다. 이 기도 시간에 강 목사님이 개별적으로 안수를 해주면서 성령을 체험하게 해주십니다. 제가 안수를 받으면서 느낀 것은 지금까지 받아보던 안수기도와 다르다는 것입니다. 몸이 뜨거워지면서 영의 기도가 된다는 것입니다. 전기에 감전되는 것과 같은 강한 느낌도 받았습니다. 강 목사님이 안수를 하실 때 내 안으로 성령의 불이 들어오는 것을 체험했습니다. 그러면서 뜨겁게 방언기도가 나왔습니다. 저는 방언기도에 몰입되어 한참 동안 기도에 매달렸습니다. 몸이 말로 표현할 수 없을 정도로 뜨거웠습니다. 방언으로 기도를 하는데 기도에 몰입이 되니 기도하는 것이 전혀 힘들지 않았습니다. 기도가 술술 나왔습니다.

그런데 이상한 영적 현상이 나타나기 시작했습니다. 갑자기 제몸이 불같이 뜨거워지면서 솜털같이 가벼워지는 것이었습니다.

그래도 기도를 멈추지 않고 계속했습니다. 그러자 정말 몸이 지상에서 공중 부양하는 느낌이 들기 시작했습니다. 계속 기도하다가 갑자기 이런 생각이 들었습니다. '만일 내가 이렇게 기도하다가 정말 하늘로 올라가 버리기라도 하면 어떻게 한단 말인가?' 하고 인간적인 걱정이 들었습니다. 그럴 즈음에 강 목사님이 마침 기도를 하셨습니다.

집으로 돌아가는데 마치 구름 위를 걷는 것 같은 체험을 했습니다. 영으로 기도가 깊어지니까, 푹신푹신한 솜이불을 밟는 것과 같은 느낌을 체험하게 되었고, 머리가 시원하면서 맑아지는 것을 느꼈습니다. 그래서 저는 성령으로 충만해지면 몸이 가벼워지고 머리가 맑아진다는 것을 체험적으로 알게 되었습니다. 성령의 뜨거운 불을 체험하고 나니 입에서 찬송이 저절로 나왔습니다. 뭔지 모르게 마음이 평안하고 기쁨이 넘쳤습니다. 기도하려는 순간 성령으로 충만해지는 것을 나 스스로가 알게 되었습니다. 충만한 교회에서 이런 체험을 한 후부터 환자에게 안수 기도할 때 성령의 역사가 나타나고, 질병들이 치유되었습니다. 내적 치유사역을 할 때에 많은 분들의 깊은 상처가 잘 치유되었습니다. 성령의 역사로 인해 전하는 말씀대로 역사가 나타났습니다. 교회에서 말씀을 전하면 성도들이 말씀을 들으면서 성령의 임재를 체험합니다. 어느 성도는 눈물을 흘립니다. 어느 성도는 말씀을 듣는 중에 몸이 뜨거워지는 것을 체험했다고 합니다. 말씀을 전하고 기도를 하면 성령의 역사가 대단합니다. 대전 권 목사

24장 성령을 충만하게 채우는 방언기도

(행4:29)"주여 이제도 그들의 위협함을 굽어보시옵고
또 종들로 하여금 담대히 하나님의 말씀을 전하게 하여
주시오며 손을 내밀어 병을 낫게 하시옵고 표적과 기사가
거룩한 종 예수의 이름으로 이루어지게 하옵소서 하더라.
빌기를 다하매 모인 곳이 진동하더니 무리가 다 성령이
충만하여 담대히 하나님의 말씀을 전하니라"

성령의 충만을 받으려면 먼저 성령에 대하여 관심을 갖아야 합
니다. 영적인 체험은 관심에 따라 역사하기 때문입니다. 성령으
로 기도하며 성령세례를 받아야 합니다. 성령으로 세례를 받고,
방언으로 기도하면서 성령의 불세례를 받으면서 마음의 상처와
자아를 치유해야 합니다. 그리고 혈통을 타고 역사하는 귀신들을
몰아내야 합니다. 이런 과정을 거치면서 자연스럽게 성령으로 깊
은 방언기도를 숙달해야 비로소 성령으로 충만한 생활을 할 수가
있습니다.

성령으로 충만함은 방언기도를 통하여 이를 수가 있기 때문입
니다. 성령 충만을 사모하면서 무시로 성령으로 방언 기도해야
성령으로 충만하게 지낼 수 있습니다. 성령으로 충만한 상태는
교회나 기도원에 가서 벌벌 떨면서 기도하는 상태가 아닙니다.
성령으로 충만한 상태는 항상 하나님을 생각하면서 자신 안에 계

신 하나님을 찾는 상태를 성령으로 충만하다고 말합니다.

첫째, 예배드릴 때 성령의 불로 충만 받는 법. 하나님은 영이시니 예배하는 자가 영과 진리로 예배할지니라. 말씀하십니다. 한마디로 성령으로 예배를 드리라는 것입니다. 이 성령을 주님은 보혜사로 소개하신 것입니다. 보혜사란 말은 헬라어로 '파라클레토스'란 말인데 그 의미는 '곁에 부름을 받아 돕기 위하여 기다리시는 이'인 것입니다. 오늘 우리 곁에 부름을 받아서 돕기 위하여 기다리시는 분이 계신 것을 압니까?

'우리는 연약해서 기도를 잘 할 줄 모릅니다. 믿음이 약합니다. 전도를 할 수 없습니다. 순종이 안 됩니다. 나는 연약합니다.'라고 그렇게 말합니까? 연약만 바라보고 놀라지 마세요. 우리 곁에 돕기 위해서 하나님께로부터 보내심을 받아서 기다리고 계신분이 있습니다. 이 분이 바로 보혜사인 것입니다. 보혜사란 것은 우리의 곁에 하나님의 보내심을 받아 우리의 연약함을 돕기 위해서 기다리고 계신 분인 것입니다.

예배를 드릴 때 성령의 불로 충만함을 받는 비결은 다름이 아닙니다. 예배 시작 십분 전에 교회에 와서 마음으로 방언기도를 하는 것입니다. 먼저 침묵기도로 외적인 침묵과 내적인 침묵을 유지하는 것입니다. 성령의 임재가 되어 영적인 상태가 되면 한 주 동안의 삶을 뒤돌아보고 생각하면서 묵상기도를 하는 것입니다. 묵상기도는 한 주 동안의 삶을 영상으로 보면서 영으로 기도하는 것을 말합니다. 잘못된 것은 현장을 영상으로 보면서 회개하는 것입니다. 마음으로 방언 기도하여 성령의 임재를 충만하게 유지하는 것입니다. 성령으로 충만한 상태에서 순서를 맡은 목사님의 인도에 따라 예배를 드립니다. 예배를 드리는 중에도 호흡하며 마음으로 하나님을 찾는 마음으로 방언기도를 멈추지 않습니다. 성령의 임재를 이탈하지 않는 것입니다. 찬송과 성경 말씀을 읽는 중에도 성령의 임재를 이탈하지 않는 것입니다. 설교 말씀을 들을 때도 호흡을 들이쉬고 내쉬면서 마음으로 하나님을 생각하며 말씀을 듣는 것입니다.

절대로 인간적인 생각을 하면 안 됩니다. 예배를 드리는 중에 감정을 안정하게 유지하라는 것입니다. 이것이 바로 "하나님은 영이시니 예배하는 자가 영과 진리로 예배할지니라."를 실천하는 것입니다. 영이신 하나님에게 영으로 예배를 드리는 것입니다. 저는 이렇게 함으로 성령의 불을 충만하게 유지합니다. 이런 영적인 상태에서 하나님의 레마가 들리는 것입니다. 무엇보다도 성령의 임재를 이탈하지 않는 것이 중요합니다. 마음으로 방언 기도하며 내 안에 계신 성령님에게 집중하는 것입니다.

둘째, 말씀을 들으면서 성령 충만 받는 법. 하나님은 우리가 하나님과 같은 영적인 수준이 되기를 소원하십니다. 우리의 영적인 수준을 높이기 위하여 성령으로 인도하며 훈련하는 것입니다. 신령한 그리스도인이 되어야 하나님과 교통할 수가 있기 때문입니다. 신령한 그리스도인은 학교에서 강의나 설교를 들으면서도 성령의 불로 충만한 영의 상태를 유지할 줄 아는 성도입니다. 강의를 듣고 설교를 들으면서 심령에 성령의 불을 충만하게 하는 성도입니다. 우리가 신령한 사람, 성령의 사람이 되기 위해서는 어떻게 해야 될까요? 우리가 알아야 될 것은 우리가 예수를 믿었다는 것은 하나의 종교를 받아들인 것이 아니라, 완전히 옛 사람은 죽고 새 사람으로 살아났다는 것을 알아야 합니다.

누구든지 그리스도 안에 있으면 새로운 피조물이라 이전 것은 지나갔으니 보라 새것이 되었도다. 아예 육의 사람은 십자가에 못 박아서 제쳐 버렸습니다. 그러므로 지나간 때의 주인이 육의 사람입니다. 육의 사람은 지나간 때의 주인입니다. 옛날에 예수를 믿기 전에는 육의 사람이 완전히 주인 노릇해서 우리를 붙잡아서 마음의 욕심과 육신의 정욕대로 끌려가고 마귀의 종이 되게 만들었는데 십자가를 통하여 이 육의 사람을 우리는 죽여 버리고 성령으로 말미암아 우리는 속사람이 살아났습니다.

신령한 영의 사람이 살아 일어나게 된 것입니다. 그러므로 이제 예수 믿는 우리들에게는 이 신령한 사람이 우리의 삶의 주인인 것입니다. 육의 사람이 주인이 아닙니다. 신령한 사람이 주인입니다. 신령한 사람은 강의를 듣고 설교를 듣는 중에도 마음으로 방언 기도하면 심령에서 성령의 불이 올라옵니다. 이 신령한 사람의 주인인 성령의 힘을 얻어서, 마귀의 종이 된 육의 사람이 올 때, 이를 성령의 권능으로 물리쳐야 되는 것입니다.

신령한 그리스도인은 강의나 설교를 들으면서도 성령의 불이 심령에서 올라오게 한다고 했습니다. 어떻게 합니까? 답은 간단합니다. 마음속에서 방언으로 기도하며 마음 안에 계신 성령님을 찾는 것입니다. 강의를 들으면서 마음으로 성령님을 계속적으로 찾는 것입니다. 찾는다는 것은 생각한다는 것입니다.

호흡을 들이쉬고 내쉬면서 마음으로 방언 기도하며 성령님을 찾는 것입니다. 계속 마음으로 성령님을 찾으니 성령의 불로 충만하게 되는 것입니다. 계속 성령님을 찾다가 보면 성령의 불이 마음에서 올라오는 것입니다. 습관이 중요합니다. 하나님을 찾는 습관을 들여야 합니다. 신령한 그리스도인은 무시로 하나님을 찾는 성도입니다. 무시로 하나님을 마음으로 찾으니 영이신 하나님으로 심령이 채워지는 것입니다. 너무 어렵게 생각할 필요가 없습니다. 그저 호흡을 들이쉬고 내쉬면서 마음의 방언 기도로 성령하나님을 찾으면 됩니다.

마음으로 계속 성령하나님을 찾으니 영이신 하나님으로 채워지는 것입니다. 한 번 실천하여 보세요. 순간 당신의 마음 안에서 성령의 불이 올라오는 것을 느끼게 될 것입니다. 가만히 앉아서 하나님이 해주시기만을 기다리면 백년이 지나도 성령의 불이 심령에서 올라오지 않습니다. 그러면서 안 된다고 불평하거나 포기하지마시고, 적극적으로 하나님을 찾으시기를 바랍니다. 하나님은 사모하는 영혼에게 만족함을 주십니다. 마음으로 방언하며 찾고 찾아보시기를 바랍니다. 반드시 당신의 심령에서 불이 올라오는 것을 느낄 날이 오고야 말 것입니다.

셋째, 길을 가면서 성령의 불로 충만 받는 법. 하나님은 모든 그리스도인들이 성령으로 충만하기를 소원하십니다. 성령은 말이 아니고 실제 살아있는 하나님의 영입니다. 그러므로 길을 걸어가면서 심령에서 성령의 불이 올라오게 하려면 먼저 해야 될 일이 있습니다. 성령으로 세례를 받아야 합니다. 성령으로 세례를 받은 후에 심령을 치유해야 합니다. 그리하여 영의 통로가 열려야 합니다. 자신의 영적 수준을 준비해야 한다는 것입니다.

자신의 마음 안에서 성령의 불이 올라오는 수준이 되어야 한다는 것입니다. 무조건 믿었다고 성령의 불이 나오는 것이 아닙니다. 반드시 성령의 세례를 받아 심령을 치유하여 영의통로가 열려야 기도할 때 심령에서 불이 올라오는 것입니다.

또, 한 가지 중요한 것은 마음으로 하는 방언 기도를 훈련해야 합니다. 무시로 자동으로 하나님을 찾는 방언기도가 되어야 하는 것입니다. 상당한 기간 동안 훈련해야 합니다. 습관적으로 호흡을 하면서 하나님을 찾는 수준이 되어야 길을 걸어가면서 마음으로 방언 기도할 때 성령의 불로 충만해지고, 또, 성령의 불이 심령에서 올라오는 것입니다. 그래서 성령의 도움을 받으면서 세상을 살아갈 수가 있는 것입니다. 이렇게 성령의 사람이 되어야 길을 걸어가면서 마음으로 방언기도할 때 성령의 불이 올라오는 것입니다.

저는 보통 하루에 한 시간을 워킹을 합니다. 길을 걸어가면서 지속적으로 하나님을 생각하면서 찾습니다. 호흡을 들이쉬고 내쉬면서 마음으로 방언기도하며 하나님을 생각하거나 찾습니다. 이렇게 하다가 보면 마음이 편안합니다. 걸어가는 장소가 혼탁하면 성령께서 기도를 더 강하게 하도록 인도합니다. 계속 마음으로 방언 기도하여 영의 상태가 되니 성령께서 저를 인도하는 것입니다. 저는 종종 이런 일을 체험합니다. 내가 사는 곳에는 조그마한 사찰도 있습니다. 무당이 사는 집도 있습니다.

새벽에 기도를 마치고 운동을 하기 위해서 걸어갈 때 사찰이나 무당집을 지나게 됩니다. 그때 갑자기 무엇이 호흡을 통해서 쑥 들어옵니다. 그러면 영락없이 머리가 띵해집니다. 성령으로 충만하여 민감한 나의 영육이 귀신이 들어온 것을 알아차린 것입니다. 내 안에 귀신이 들어왔다는 것입니다. 그러면 나는 이렇게 합니다. 절대로 당황하지 않고 호흡을 들이쉬고 내쉬면서 마음으로 이렇게 합니다. "야! 더러운 영아 여기가 어디인 줄 알고 감히 들어왔어 예수이름으로 명하노니 떠나가라." 하면 재채기가 나오면서 떠나갑니다. 방금 들어온 것이므로 쉽게 잘 떠나갑니다.

어느 때는 호흡 기도를 하지 않고 마음으로 방언기도를 해도 떠나갔습니다. 좌우지간 나에게 귀신이 들어온 것을 아는 것이 중요합니다. 나에게 귀신이 들어온 것은 성령께서 알려주시는 것입니다. 성령께서 알려주실 정도가 되려면 영의 상태가 되어야 가능합니다. 호흡을 들이쉬고 내쉬면서 마음으로 방언기도하며 명령하면 귀신이 떠나갑니다. 떠나가고 나면 머리가 시원해집니다. 귀신이 떠난 것을 느낌으로 알 수가 있습니다.

길을 가다가 차 소리나 기타 등등으로 깜짝 놀랄 경우가 있습니다. 저의 경험으로 보아 이런 일이 있은 후 며칠이 지나면 가슴이 답답해지고 기도가 잘 되지 않는 경우가 있었습니다. 이는 놀랄 때 악한 영이 침입을 한 것입니다. 이를 예방하기 위하여 이렇게 하세요. 호흡을 깊게 들이쉬고 내쉬면서 성령의 임재가 충만해지면 마음으로 명령을 하세요. "내가 놀랄 때 들어온 악한 영은 예수 이름으로 명하노니 떠나갈지어다." "내가 놀랄 때 들어온 악한 영은 예수 이름으로 명하노니 떠나갈지어다." 이렇게 기도하여 마음에 평안이 찾아오면 떠나간 것입니다.

귀신축사에 대하여 알고 싶으신 분은 "귀신축사 차원 높게 하는 방법"과 "귀신축사 알고 보니 쉽다"를 읽어보시기를 바랍니다. 무엇보다도 성령의 임재가 중요합니다. 성령의 역사로 악한 영이 떠나가는 것이기 때문입니다. 어찌 하든지 성령의 역사가 자신의 속에서 올라와야 합니다. 이를 위하여 자신의 영성을 깊게 해야 합니다.

넷째, 일을 하면서 성령의 불로 충만 받는 법. 일을 하면서 방언기도하며 일을 즐겁게 하세요. 성도는 일을 즐기면서 해야 합니다. 얼마나 좋습니까? 일을 할 수 있는 직장을 주시고, 건강을 주셨으니 얼마나 감사할 일입니까? 일을 하면서 호흡을 들이쉬고 내쉬면서 마음으로 방언 기도를 하세요. 하나님 감사합니다. 일을 할 수 있도록 해주시니 감사합니다. 자꾸 하나님에게 감사 기도를 하는 것입니다. 이렇게 마음으로 방언기도를 하다가 보면 마음에서 성령의 불이 올라오는 것을 느낄 것입니다. 성령으로 충만해지니 피로가 오지 않습니다. 심령에서 불이 올라오니 악한 영이 침입하지 못하는 것입니다. 마음으로 하나님에게 감사하다 생각하면서 방언기도를 해보세요. 심령에서 성령의 불이 올라오는 것을 느낄 것입니다. 이러한 충만한 상태가 되면 마음이 평안하게 됩니다. 일을 하면서 스트레스를 받지 않게 됩니다.

다섯째, 차 속에서 성령의 불로 충만 받는 법. 성령의 불로 충만하려면 마음의 방언으로 기도해야 합니다. 방언기도가 성령 충만입니다. 성도는 차를 운전하든지, 타고 가든지, 할 것 없이 마음으로 방언기도를 해야 합니다. 마음으로 방언기도를 하면 성령의 불로 충만해질 수가 있는 것입니다. 저는 운전을 하든지, 차를 타고 가든지, 호흡을 들이쉬고 내쉬면서 마음의 방언으로 기도를 합니다. 항상 성령님을 인정하고 환영하고 모셔드리고 의지해야만 되는 것입니다.

아침에 일어날 때 성령님 오늘도 저와 같이 계시오니 성령님을 인정합니다. 환영합니다. 모셔드리고 성령께 의지합니다. 성령님을 인정해야 됩니다. 사람은 자기를 인정해 주는 사람을 위해서 목숨을 버린다는 말이 있는 것입니다. 인정을 받을 때 신바람이

납니다. 그러므로 성령님도 인격자이심으로 성령님을 우리가 인정하고 모셔드릴 때 하나님의 성령은 기쁘게 우리 가운데 역사하사 우리를 도우셔서 예수님의 은혜를 받고 하나님의 사랑을 입도록 이끌어 주는 것입니다.

저는 차를 타든지, 걸어가든지, 항상 마음으로 방언기도를 합니다. 차를 타고 지방에 가는 경우가 있습니다. 시간이 세 시간 이상 걸리는 경우도 있습니다. 그 시간동안 마음으로 방언기도를 하면서 가는 것입니다. 자연스럽게 성령의 불로 충만하게 되는 것입니다. 목적지에 가서 집회를 한다든지, 안수를 한다든지, 하면 정말 말로 표현할 수 없는 성령의 역사가 일어납니다. 기도는 이렇게 합니다. 호흡을 들이쉬고 내쉬면서 마음으로 방언기도를 하는 것입니다. 기도하기를 시작하여 시간이 지나면 성령의 불이 심령에서 올라오는 것을 몸으로 느끼게 됩니다. 이렇게 성령의 불로 충만하니 말씀을 전하고, 안수 기도할 때 성령의 강한 역사가 나타나는 것입니다.

충만한 교회에서는 매주 토요일 10:00-12:30까지 1주전 예약하여 2시간 30분씩 특별 개별집중내적치유 시간이 있습니다. 상처나 질병이 깊고 권능이 나타나지 않는 분들이 참석하시면 기적적인 영육의 치유와 능력을 받습니다. 반드시 정한 선교헌금을 하고 1주전에 전화하시고 예약해야 합니다.

25장 카리스마를 강하게 하는 방언기도

(시131:2)"실로 내가 내 영혼으로 고요하고 평온하게 하기를 젖 뗀 아이가 그의 어머니 품에 있음 같게 하였나 니 내 영혼이 젖 뗀 아이와 같도다"

우리가 카리스마가 강하게 하는 성전에서 성령으로 분출되는 방언기도의 단계에 들어가기 전에 통과해야 할 관문이 있습니다. 이는 배에서 끌어올리는 소리로 부르짖는 방언기도의 단계입니다. 배에서 올라오는 부르짖는 방언기도를 하지 못하는 성도가 깊은 기도를 하면 영이 막힐 수가 있습니다. 반드시 호흡을 이용하여 배에서 올라오는 소리로 부르짖는 방언기도를 하여 막힌 영의통로를 연 다음에 깊은 기도의 단계에 들어가야 한다는 것을 강조하고 싶습니다. 부르짖는 기도를 너무나 어렵게 생각할 필요는 없습니다. 호흡을 배꼽아래까지 들이쉬고 내쉬면서 배에서 올라오는 소리로 방언기도를 하면 되는 것입니다.

깊은 영의기도는 "쏘다, 던지다, 또는 숨쉬다. 호흡하다."에서 나온 말로 하루에 몇 번이라도 화살을 쏘듯이 하나님께 바쳐 올리는 짧은 영의기도. 한 번 숨쉬고, 두 번 숨 쉬는 가운데 호흡처럼 함께 계속적으로 자연스럽게 반복하여 영으로 24시간 기도하는 것입니다. 깊은 영의기도에 이르는 방법은 이렇습니다. 깊어져 가는 순서에 따라 3단계로 구분합니다. 깊은 영의기도 첫 단계는 배에서 나오는 소리를 내며 방언으로 기도하는 것입니다. 두 번째 단계는 마음으로 하는 마음으로 방언하는 기도단계입니다. 세 번째 단계는 깊은 영의기도의 마지막 단계로서 두 번째 단계 마음으로 방언기도를 계속하여 방언기도에 몰입할 때 자신도 모르는 순간에 들어갈 수 있는 깊은 영의기도입니다.

첫째, 깊은 임재에 들어가는 방언기도 1단계. 심령에서 불이 나오는 깊은 방언기도의 1단계는 소리 내어 하는 방언하면 기도하는 것입니다. 깊은 영의기도의 첫 단계는 소리를 내어 또박또박 천천히 기도하는 것입니다. 이때 급하게 하지 말고 정신을 방언기도에 집중하여 하는 기도입니다.

이 단계는 영-혼-육중에서 "육으로 기도하는 단계"입니다. 영-혼-육이란, 사람을 삼등분(삼분)하여 표현한 말입니다. "평강의 하나님이 친히 너희를 온전히 거룩하게 하시고 또 너희의 온 영과 혼과 몸이 우리 주 예수 그리스도께서 강림하실 때에 흠 없게 보전되기를 원하노라."(살전 5:23). 이는 앞으로 깊은 방언기도를 숙달하는데 핵심적이고 가장 중요한 요소이며 구별하고 알기가 무척 어려운 부분입니다. 먼저 소리를 내어 집중하며 배에서 올라오는 방언기도를 계속합니다.

둘째, 깊은 임재에 들어가는 방언기도 2단계. 심령에서 불이 나오는 깊은 방언기도 2단계는 마음의 기도입니다. 깊은 방언기도 2단계 기도를 숙달 할 때 '호흡법'을 기도와 연결하면 쉽게 습관화시킬 수 있습니다. 즉 숨을 들이쉬고 내쉬는 동작을 한 사이클로 해서 반복합니다. 조용하고 편안한 곳, 기도에 방해받지 않고 집중하여 기도할 수 있는 자세를 취하시기를 바랍니다. 의자 등거리에 등과 엉덩이를 밀착하여 앉거나, 무릎을 꿇고 하는 것도 좋습니다. 본인이 하기 좋고, 편안하고, 자기를 낮추어 겸손하게 만드는 자세를 취하는 것이 좋습니다. 예를 들면, 숨을 들이쉬면서, 성령의 감동을 받으며 통변하고, 숨을 천천히 내쉬면서 마음으로 방언기도를 합니다.

2단계는 목소리를 죽이고 우리 머리의 생각을 죽이고 마음에 고도로 집중하여 마음속에서 올라오는 소리로 방언기도를 합니다. 즉 우리의 '마음'을 이용하여 하는 방언기도입니다. 1단계 소리 내어 방언하며 하는 기도가 깊어지면 2단계 마음의 기도는 자연스럽게 반복됩니다. 오랜 시간 기도할 때 소리 내어 기도하는 발성기도로 오래하면 피곤하고 지치므로 1시간은 발성으로 방언기도, 1시간은 마음으로 방언기도를 하면 서로 조화를 이루는 기도가 됩니다. 마음으로 방언기도를 계속합니다. 아무런 머리에 생각을 하지 말고 오로지 방언기도에 집중하여 마음으로 방언기도를 합니다.

셋째, 깊은 임재에 들어가는 방언기도 3단계. 심령에서 불이 나오는 깊은 방언기도 3단계는 가장 어려운 단계로 영으로 하는 방언기도입니다. '정신의 핵심' 영이 거처하는 마음 안에 내려가 영과 하나가 되는 성령으로 하는 방언기도입니다. 즉 혼의 가장 깨끗한 핵심 부분인 '누스'(Nous)가 영과 결합하여 성령으로 드리는 방언기도입니다. 이 기도는 1,2단계 기도가 충분히 발전되어 자동으로 마음으로 방언기도가 24시간 쉼 없이 이루어질 때에 일어납니다. 즉 회개와 겸손과 희생으로 영. 혼. 육이 충분히 정화되고 성령의 조명을 받을 때에 일어납니다.

호흡을 들이쉬며 통변하고, 내쉬면서 마음속에서 올라오는 소리로 방언기도를 집중하여 기도할 때 순간 체험하게 됩니다. 이때에 하나님을 대면하며 그의 현존과 임재를 느끼며, 우리의 全人(영-혼-육)이 치유되고 통합되는 신비한 체험을 합니다. 쎄오리아(Theoria), 즉 하나님을 "관상"(Contemplation: 봄, 임재 하심을 느낌, 현존을 체험)하는 최고의 단계에 이릅니다. 이것은 어떤 부정적 의미의 신비주의나 엑스타시가 아니라, 내 전인이 변화를 받아 지혜와 사랑을 얻기 위한 성령하나님의 은총의 체험입니다. 이 체험의 결과로 하나님이 주신 성령의 불과 능력이 흘러나오며, 하나님이 주시는 참 지혜가 생기며, 세상을 향해 베풀 수 있는 사랑을 하나님으로부터 받게 됩니다.

필자는 이 깊은 방언기도를 24시간 하면서 영육의 치유와 깊은 영성을 유지하며 사역을 하고 있습니다. 이 깊은 기도 3단계에 의식적으로 들어가야 하겠다고 생각하면 절대 들어갈 수 없습니다. 2단계 마음속에서 올라오는 소리로 방언기도를 집중적으로 몰입해서 계속하다가 보면 어느 순간에 영의기도에 들어갑니다. 영의 기도의 최고의 경지로서 여러 가지 영적 체험을 할 수 있습니다. 이 단계에 들어가려면 많은 훈련과 의지와 노력이 필요합니다. 쉽게 되지 않는다고 포기하지 말고 지속하다가 보면 어느 날 자신의 마음 안에 있는 성전에서 성령으로 분출되는 카리스마 있는 방언기도를 하게 될 것입니다.

넷째, 방언으로 기도하다가 깊은 영의 상태에 들어간 된 체험.
제가 성령의 불이 심령에서 올라오는 깊은 방언기도에 이르게 된 체험입니다. 깊은 방언기도를 하려고 굉장한 노력을 했습니다. 깊은 영의기도 세미나에 세 번이나 참석하여 기본을 숙지하고, 실제 체험하려고 7개월 동안 교회 강단에서 의자위에서 자면서 기도를 숙달했습니다. 의자위에서 자는 것은 의자위에서 잠을 자면 깊은 잠을 자지 못하기 때문에 의자위에서 잠을 잔 것입니다. 그러다가 의자에서 떨어지기도 몇 번 했습니다. 그러나 포기하지 않고 꼭 깊은 영의기도를 숙달하고 말겠다는 의지를 가지고 계속 기도했습니다. 그러던 어느날 서서히 기도가 깊어지는 것을 체험적으로 느꼈습니다.

말로 설명하기가 좀 어렵지만 대략 설명하면 이렇습니다. 기도가 깊어지고 영의 통로가 뚫리니까 처음 제일로 괴로운 것이 잠재의식에 숨어있던 상처가 떠오르는 것이었습니다. 정말 지난날의 상처들이 막 떠오르는데 정말 봐주어야 할 사람들이 많았습니다. 그것을 다 용서하며 회개하며 치유하여 해결하고 나니까, 이제 이런 현상이 나타났습니다. 기도가 깊어지니까, 무의식에서 찬양이 올라왔습니다. 너무나 은혜로웠습니다.

그래서 이 찬양을 내가 어디에서 불렀더라하고 생각을 하니까, 찬양이 끊어졌습니다. 이와 같은 현상은 이렇게 설명할 수 있습니다. 어디에서 찬양을 불렀더라하고 생각하니까, 의식이 살아나게 됩니다. 즉 의식이 살아나니 육적인 상태가 되는 것입니다. 그러니까 자연히 영의 활동이 끊어지는 것입니다. 우리가 성령의 불이 심령에서 올라오는 깊은 영의기도를 하려면 자신의 의식, 생각과 관계를 끊어야 합니다. 자신의 생각을 가지고 성령의 불이 심령에서 올라오는 깊은 영의기도를 하겠다고 생각하고 기도하면 절대로 깊은 영의기도의 경지에 들어갈 수 없습니다.

성령의 불이 심령에서 올라오는 깊은 영의기도를 하고 싶으신 분은 자신의 생각이나 의지나 의식과 관계를 끊으시고 내적침묵과 외적 침묵이 된 상태에서 숨을 들이쉬고 내쉬면서 오직 마음으로 방언기도에만 집중하시기를 바랍니다. 기도를 다른 말로 표현하면 하나님에게 집중하는 것이라고 저는 생각이 됩니다. 필자는 이렇게 내 의식을 가지고 생각을 가지고 기도하다가 아 내 의식을 가지고 기도하면 절대로 깊은 기도에 들어갈 수 없구나 생각하고 이제 아무런 생각이나 의식을 갖지 아니하고 오직 기도에만 집중하여 기도를 하니까, 어느날 깊은 영의기도에 들어갔습니다. 절대로 2단계 마음의 기도에서 3단계 깊은 영의 기도에 들어가야 하겠다고 생각을 하면서 기도를 하면 절대로 깊은 기도에 들어갈 수 가 없습니다. 계속 마음의 기도에 집중하며 기도하다가 보면 자신도 모르는 사이에 깊은 영의기도에 돌입하게 됩니다. 깊은 영의기도에 돌입하면 말로 표현하기 어려운 평안과 기쁨을 맞보게 됩니다. 온몸을 성령께서 만져주시고 마음속에서 성령의 불이 올라오는 경험을 하게 되고 얼굴이 성령의 불의 역사로 화끈거리고 상처와 질병이 치유되고 영안과 영계가 열립니다. 그리고 차츰 성격도 변하여 온유한 주님의 성품으로 바뀌게 됩니다. 말로 설명하기가 곤란합니다. 체험하여 보세요. 그러면 알게 됩니다. 이 방언기도에 숨은 비밀이라는 제목의 책을 읽는 모든 분들이 깊은 영의기도에 이르시기를 바랍니다. 그래서 진정한 주님의 성품으로 변하여 성령의 열매를 많이 맺으시기를 바랍니다.

다섯째, 깊은 방언기도를 숙달하는 여러 방법

1) **심장기도**. 심장박동에 맞추어 방언기도를 하는 것입니다. 방언기도를 심장 박동에 맞춤으로 기도에 다른 생각이 들어가지 못하게 하는 것입니다. 심장박동에 맞춤으로 생각과 마음을 분리시키는 것입니다. 그리고 이 간단한 문장에 트럭에 짐을 실어 보내 듯 문제를 실어서 주님에게 보내시기 바랍니다.

2)**시계 초침 소리에 맞춰서**. 시계 초침 소리에 맞추어서 마음으로 방언기도를 하는 것입니다.

3) **호흡기도**. 호흡에 맞추어서 마음으로 방언기도를 하는 것입

니다. 호흡을 들이쉬고 내쉬면서 마음의 방언으로 기도합니다.

4) **걸으면서 기도**. 한 발자국씩 걸을 때 방언기도를 하는 것입니다.

5) **잠자기 전에 잠자면서 기도**. 음악을 잔잔하게 틀어 놓는 것이 좋습니다. 순수한 악기로만 연주된 찬양이 좋습니다. 가슴에 손을 얹고 마음으로 방언기도를 계속합니다. 그리고 잠을 자는 것입니다.

6) **전철에서 기도**. 전철을 타면 기차 레일에서 반복적으로 나는 소리에 맞추어서 방언기도를 하는 것입니다.

7) **일을 하면서 하는 기도**. 마음으로 방언기도를 하는 것입니다. 우리의 모든 공간(생각, 마음, 영혼)을 거룩한 이름으로 가득히 채워야 합니다. 우리 안에 이름이 채워져 있으면 있을수록 혼돈, 무질서, 음란, 욕심, 불안함, 두려움, 좌절감과 같은 부정적이며 나에게 피해를 주는 나쁜 감정, 생각들이 나에게 영향을 주지 못하게 하고 주님이 주시는 평안과 위로와 소망이 늘 나의 마음과 생각을 주장하게 됩니다. 처음에는 깊은 영의기도가 무료하게 느껴질 수 있습니다. 그러나 인내하며 계속하면 자신의 메마른 심령에서 맑은 물이 어디선가 흘러 들어오는 것을 느낄 수 있습니다. 내 영혼 깊은 곳에서 마치 새벽이 오는 것처럼 마음이 밝아오는 것을 내면에서 느껴집니다.

여섯째, 심령에서 불이 올라오는 깊은 영적 기도의 실천. 지정

된 장소에서 좌정하여 먼저 성령님을 요청하세요. 손을 가슴에 얹고. 편안한 자세, 간편한 옷을 입고, 배가 고프지도 않고, 너무 부르지도 않은 상태에서, 조용한 시간으로 잠자기 직전, 직후의 1-2시간을 택해서 하면 좋습니다. 부부가 같이 하면서 서로 기도 해 주면 더욱 좋습니다. 조용한 장소로서 소파 같은 곳, 약간 딱딱한 곳이 좋습니다. 찬양 음악이 있으면 좋습니다. 순수한 악기로만 연주된 찬양이 좋습니다. 시작 전에 조용한 찬양을 하거나 들으세요.

그러면서 성령님에게 집중하세요. 방언하며 성령님을 자꾸 찾으세요. 단조롭게 성령님을 부르세요. 도움을 요청하세요. 감사와 사랑을 고백하세요. 그러면서 가만히 있으세요. 마음속에 성령님을 느끼세요. 호흡이 약간 빨라집니다. 긴장이 풀리면서 눈까풀이 떨거나 표정이 평안하게 됩니다. 불이 심령에서 올라오고, 약간 몽롱한 상태, 그러나 마음이 부풀어 오르는 것 같은 상태를 느낄 수 있게 됩니다. 포근함, 안락함, 짐을 내려놓은 느낌을 가지게 됩니다. 그러면서 계속 방언하며 성령님을 찾으세요.'성령님, 임하소서' 하고 자꾸 성령님을 부르세요.

그러면서 시간의 개념으로부터 분리 되려고 해야 합니다. 외부적인 감각이 꺼지면서 내면의 활동이 강하게 됩니다. 그 자체가 이미 기쁨이 넘치며 많은 은혜가 임하게 됩니다. 깊은 영의기도는 우리에게 신비한 체험을 하게 합니다. 날마다 영으로 깊은 기도를 하여 신비한 체험을 하고 간증하는 모두가 되시기를 바랍니다.

26장 마음에 성령의 열매 맺는 방언기도

(고전14:14-15)"내가 만일 방언으로 기도하면 나의 영이 기도하거니와 나의 마음은 열매를 맺지 못하리라. 그러면 어떻게 할까 내가 영으로 기도하고 또 마음으로 기도하며 내가 영으로 찬송하고 또 마음으로 찬송하리라"

하나님은 예수를 믿고 성령으로 거듭나 방언으로 기도하는 성도들이 마음이 치유되어 하나님의 나라가 되기를 원하십니다. 그런데 필자가 그동안 성령치유 사역을 하면서 방언으로 기도를 유창하게 해도 마음의 상처가 치유되지 않아 고생하는 분들이 많이 봅니다. 이분들을 방언 기도할 때 개별로 지도하여 방언 기도하는 방법을 바꾸어드리니까, 마음의 상처가 치유가 되고 혈통에 역사하던 귀신들이 떠나가더라는 것입니다. 방언기도를 습관적으로 하면 자신의 마음이 열매를 맺지 못하기 때문입니다. 방언기도를 하면 마음은 열매를 맺지 못한다고 분명하게 성경에 기록되어 있습니다.

방언기도에 대한 진리의 말씀입니다. 분명하게 고린도전서 14장 14-15절에 보면 "내가 만일 방언으로 기도하면 나의 영이 기도하거니와 나의 마음은 열매를 맺지 못하리라. 그러면 어떻게 할까 내가 영으로 기도하고 또 마음으로 기도하며 내가 영으로 찬송하고 또 마음으로 찬송하리라" 말씀하고 있습니다. 이 말씀이 무슨 뜻인가 하면 방언은 영의 기도입니다. 영으로 기도하니 자신의 마음이 알아듣지 못합니다. 그래서 마음이 열매를 맺지 못한다는 것입니다. 마음이 알아듣지 못하니 마음이 성령의 지배를 받지 못하는 것은 불을 보듯이 훤한 일입니다. 마음이 성령의 지배를 받지 못하니 방언으로 아무리 오래 열심히 기도를 해도 자신의 심령이 치유가 되지 않는 것입니다.

그래서 주변 사람들이 당신은 그렇게 기도를 많이 하고, 열심히 신앙생활을 하는데 그렇게 변화되지 않느냐고 질문하는 것입니다. 이는 기도가 바르지 못하기 때문에 일어나는 현상입니다. 마음이 감동을 받지 않는 기도는 아무리 많이 해도 자신의 구습이 변하지 않는 것입니다. 방언 기도하는 방법을 바꾸어 마음이 감동을 받게 하니 심령이 치유되고 마음에 평안을 느끼면서 전인격이 성령의 지배를 받는 것입니다. 전인격이 성령의 지배를 받으니 전인격의 치유가 일어나는 것입니다. 그래서 성령의 역사를 온몸으로 느끼면서 영적인 민감성이 개발되는 것입니다. 영적인 민감성이 예민해진다는 것은 전인격이 성령의 지배를 받기 때문에 느끼는 현상입니다.

전인격이 성령의 지배를 받으니 방언으로 기도할 때 마음의 상처와 자아가 부수어집니다. 거기다가 혈통에 역사하던 귀신들이 떠나가는 것입니다. 많은 분들이 예수를 믿어서 직분을 받고 믿음 생활을 장하면 혈통에 역사하던 질병이나 문제를 일으키던 귀신들이 자동으로 떠나가는 줄로 착각하고 있습니다. 그러나 이는 잘 못알고 있는 것입니다. 저는 개별 집중치유를 합니다. 많은 분들이 아버지와 어머니는 장로님이고 권사님이라 자신에게 까지 중풍의 영이나 암을 일으키는 영들이 대물림이 되지 않는 것으로 생각을 하고 있습니다. 우리가 알아야 할 것은 예수를 믿어 영이 깨어나 하나님과 관계가 열렸지만, 육체와 이성은 성령께서 장악을 하시지 못한 상태라 육체와 이성에 역사하던 악한 영들이 떠나가지 않는 것입니다. 성령으로 세례를 받아 육체와 이성이 성령의 지배를 받을 때 정체를 폭로하고 떠나는 것입니다. 개별 집중 치유를 하면서 성령으로 전인격이 사로잡히니까, 나이가 어린 사람들도 손이 오그라들면서 중풍의 영이 정체를 폭로하는 것입니다.

그래서 분명하게 성경에 말씀하고 있습니다. "방언을 말하는 자는 사람에게 하지 아니하고 하나님께 하나니 이는 알아듣는 자가 없고 영으로 비밀을 말함이라"(고전 14:2). 원래 마음이 감동을 받아야 마음과 육체가 성령의 지배를 받아 변화되는 것입니다. 그런데 방언으로 기도하니 마음이 알아듣지 못하니 마음에 감동을 받지 못한다는 것입니다. 방언으로 기도하면 하나님께 영으로 기도하는 것이므로 하나님과 교통은 되는데 자신이 성령으로 변화되지 않는다는 것입니다. 그래서 하나님께서 이렇게 말합니다. "그러면 어떻게 할까 내가 영으로 기도하고 또 마음으로 기도하며 내가 영으로 찬송하고 또 마음으로 찬송하리라" 분명하게 영으로 기도하고 마음으로 기도하라고 합니다. 그래야 마음이 감동을 받아 성령의 권능으로 마음에 열매가 맺게 되기 때문입니다. 그래서 방언으로 계속 기도하면 자신이 변화되지 못한다는 뜻도 됩니다. 그러면 어떻게 해야 합니까? 방언으로 기도하고 알아듣는 말로 기도하고 하라는 것입니다.

성경에 분명하게 이렇게 기록 되었습니다. "그렇지 아니하면 네가 영으로 축복할 때에 알지 못하는 처지에 있는 자가 네가 무슨 말을 하는지 알지 못하고 네 감사에 어찌 아멘 하리요"(고전 14:16). 알아듣는 말로 해야 마음에 감동을 받아 영육이 성령의 지배를 받아 마음이 열매가 맺히는 것입니다. 그래서 이렇게 말씀하십니다. "그러나 교회에서 네가 남을 가르치기 위하여 깨달은 마음으로 다섯 마디 말을 하는 것이 일만 마디 방언으로 말하는 것보다 나으니라"(고전 14:19). 정확한 진리의 뜻을 모르고 따다다… 따다다… 뚜뚜두… 뚜뚜두…. 하면서 목에서 나오는 방언기도를 해대니 심령이 변화가 일어나지 않아서 마음과 육체에 역사하는 귀신이 떠나가지 않는 것입니다.

이렇게 마음에 감동이 일어나지 않으니 기도는 많이 하는데 자신은 변화되지 않아 여전하게 육체에 역사하는 귀신으로 인하여 영적인 피해를 당하는 것입니다. 영적인 피해를 당하면서도 방언으로 기도하니 성령으로 세례를 받았고, 영으로 기도하는 것이라고 믿어버리는 자아가 결속되어 고치려고 하지를 않는 것입니다. 그렇다고 방언기도를 하지 말라는 말이 아닙니다. 말씀대로 "그러면 어떻게 할까 내가 영으로 기도하고 또 마음으로 기도하며 내가 영으로 찬송하고 또 마음으로 찬송하리라"는 말씀에 순종하라는 것입니다. 필자는 방언으로 기도할 때 마음이 감동을 받기 위하여 이렇게 하라고 합니다.

호흡을 내쉬면서 방언기도하고, 호흡을 배꼽 아래까지 들이쉬면서 성령의 감동을 받고(통변), 다시 호흡을 내쉬면서 방언기도하고, 호흡을 배꼽 아래까지 들이쉬면서 성령의 감동을 받고(통변)를 반복하면서 방언기도 하라고 합니다. 그대로 순종하고 기도를 하는 사람은 자신의 안에서 더러운 것들이 말로 표현할 수 없을 정도로 나오는 것입니다. 이렇게 기도하면 자연스럽게 통변도 열리는 것입니다.

　성령으로 방언 기도하는 비결은 이렇습니다. 호흡을 들이쉬고 내쉬면서 방언기도하고, 호흡을 들이쉬고 내쉬면서 방언기도를 합니다. 즉 내면의 활동이 강화되어 자신의 마음속 영 안에 계신 성령이 밖으로 나오시게 해야 합니다. 코로는 바람을 들이쉬고 배로 호흡을 하는 것입니다. 예를 든다면 "자녀를 위하여 기도하라!" 감동하실 수도 있습니다. 그러면 자녀를 위하여 기도하는 것입니다. 자녀에게 문제가 있는 것도 할 수가 있습니다. 자녀에게 바라는 것이 있으면 그것을 기도해도 좋습니다. 기도를 마치고 다시 주여! 주여! 주여! 하면서 기도를 합니다. 다시 성령께서 너의 물질문제를 지도하라고 하실 수도 있습니다. 물질문제를 기도합니다. 물질문제가 어떻게 해서 생겼는지 하나님에게 질문하며 기도합니다. 죄악으로 인한 것이라면 회개를 합니다. 회개하고 죄악을 타고 들어온 귀신을 축귀합니다. "예수 이름으로 명하노니 선조들의 죄를 따라 들어와 물질 고통 주는 귀신아 물러가라" 소리는 크지 않아도 됩니다. 성령이 충만한 상태이므로 귀신들이 잘 떠나갑니다. 다시 다른 기도를 위하여 주여! 주여! 주여! 하면서 기도를 합니다. 기도가 깊어지려면 마귀가 잡념을 줍니다. 잡념을 몰아내야 합니다. 잡념을 어떻게 몰아낼까요. 호흡을 들이쉬고 내쉬면서 하나님을 찾는 것입니다. ① 호흡을 들이쉬면서 하나님…. 내쉬면서 사랑합니다…. ② 호흡을 들이쉬면서 하나님…. 내쉬면서 도와주세요…. ③ 호흡을 들이쉬면서 하나님…. 내쉬면서 용서하여 주세요…. ④ 호흡을 들이쉬면서 하나님…. 내쉬면서 감사합니다…. 이렇게 집중하며 기도를 하다가 보면 잡념이 성령의 역사에 의하여 물러갑니다. 절대로 잡념을 몰아내려고 잡념은 떠나가라. 잡념은 떠나가라. 해도 잡념은 떠나가지 않습니다. 잡념에 관심을 두지 말고 지속적으로 기도하면 성령의 역사에 의하여 잡념이 물러가는 것입니다. 그래도 물러가지 않으면 대적해야 합니다. 소리를 크게 지르거나 악을 쓰면서 대적하지 말고 마음으로 대적하세요. "예수 이름으로 명하노니 기도를 방해하고 잡념을 주는 귀신아 물러가라" "예수 이름으로 명하노니 기도를 방해하는 귀신은 물러가라" "잡념을 주는 귀신아 물러가라" 마음으로 명령을 합니다. 이렇게 하면 웬만한 잡념은 물러갑니다.

다시 기도를 합니다. 그러면 성령께서 다시 감동을 합니다. 너의 건강을 위하여 기도하라! 그러면 자신의 건강을 위하여 기도합니다. 기도하면서 하나님에게 질문을 합니다. 하나님! 저의 어느 부분이 문제가 있습니까? 하면서 기도하여 조치를 취하면 됩니다. 무엇을 결정해야 할 경우는 어느 정도 기도하여 성령으로 충만한 상태가 되면 지속적으로 문의 하는 것입니다. 이것을 어떻게 해야 합니까? 이것을 어떻게 해야 합니까? 이것을 어떻게 해야 합니까? 지속적으로 질문을 하면 문득 떠오르는 생각이 있습니다. 이것이 하나님의 방법입니다.

방언으로 기도하시는 분들은 이렇게 하면 됩니다. 호흡을 들이쉬고 내쉬면서 방언기도를 합니다. 방언기도를 하다가 문득 떠오르는 생각이나 감동을 가지고 기도를 하는 것입니다. 하나하나 해결하면서 기도하면 되는 것입니다. 이것이 성령으로 기도하는 것입니다. 어려울 것이 없습니다. 자신의 생각이나 욕심을 내려놓고 순수하게 성령을 따라 기도하는 것입니다.

제가 성령으로 기도하다가 체험한 사례입니다. 성령 체험을 함과 동시에 성령치유 사역을 한창 하던 때에 낮에 사모와 함께 기도를 했습니다. 방언으로 기도를 하고 있는데 갑자기 성령께서 "혈통으로 대물림 되어서 너의 목회를 방해하고 가난하게 하는 귀신을 몰아내라!" 라고 감동하시는 것입니다. 그래서 저는 "예수 이름으로 명하노니 나의 목회를 방해하고 가난하게 하는 더러운 귀신은 예수 이름으로 명하노니 물러갈지어다" 하고 세 번을 명령 하였습니다.

그랬더니 막 하품이 나오기를 한 20여 차례 나오면서 더러운 귀신들이 떠나가는 것이었습니다. 그러기를 한참 하더니 곧이어 아랫배가 뒤틀리고 아프면서 귀신들이 떠나갔습니다. 그 전까지만 해도 교회에서 강력한 성령의 불의 역사가 일어나는 가운데 아무리 성도들을 붙잡고 기도하며 귀신들을 축사하고 사역을 해도 저를 괴롭히고 목회를 방해하며 가난하게 하던 귀신들은 떠나가지 않았던 것입니다.

그러므로 예수만 믿으면 귀신은 자동으로 떠나간다는 말은 체험 없이 하는 말입니다. 저도 그 말을 믿고 지금까지 왔더라면 아마 지금도 물질로 고통을 당하면서 살고 있었을 것입니다. 그래서 하나님의 은혜로 가난 귀신들을 몰아내고 나니 서서히 교회의 재정이 풀렸습니다.

보통 성도님들이 하시는 말씀대로 기도분량이 채워지니까 성령께서 알려주신 것입니다. 기도분량이 채워졌다는 것은 성령님이 역사하실 수 있는 영적인 상태가 되었다는 것입니다. 절대로 성령은 육의 상태에서 응답을 주시지 못합니다. 반드시 성령으로 충만한 영의 상태가 되어야 레마를 들려주십니다. 그러므로 영의 상태가 되도록 성령으로 깊은 영의기도를 해야 합니다. 영의 상태에서 하나하나 감동이나 음성으로 알려주시는 것입니다. 성령으로 기도하는 성공요소는 영의 상태에 들어가는 것입니다. 영의 상태에서 성령님과 교통할 수가 있기 때문입니다.

방언을 하면 할수록 자기 신앙의 집이 견고해 집니다. 이 세상에 살다보면 마귀는 우리의 신앙의 집을 자꾸 허물려고 합니다. 그 순간 방언을 말하면 신앙의 집을 지키고 더 견고히 지어가는 것입니다. 그러므로 우리는 매일매일 방언으로 기도함으로써 신앙의 덕이 가득차서 자기의 신앙도 견고해지고 다른 사람에게까지도 굳센 신앙을 전달할 수 있는 사람이 되어야 합니다.

충만한 교회에서는 매주 목요일 밤 19:30-21:30 성령, 기도, 내적치유집회를 정기적으로 진행하고 있습니다. 성령세례와 체험을 원하시는 많은 분들이 찾아오셔서 성령세례를 받고, 방언기도를 분출시키며, 질병과 마음의 상처를 치유 받고 있습니다.

27장 카리스마인 예수님과 동행하는 방언기도

(창 39:20-23) "이에 요셉의 주인이 그를 잡아 옥에 가
두니 그 옥은 왕의 죄수를 가두는 곳이었더라 요셉이 옥
에 갇혔으나 여호와께서 요셉과 함께 하시고 그에게 인자
를 더하사 간수장에게 은혜를 받게 하시매 간수장이 옥중
죄수를 다 요셉의 손에 맡기므로 그 제반 사무를 요셉이
처리하고 간수장은 그의 손에 맡긴 것을 무엇이든지 살펴
보지 아니하였으니 이는 여호와께서 요셉과 함께 하심이
라 여호와께서 그를 범사에 형통하게 하셨더라"

예수님은 마음으로 방언 기도하는 성도와 동행하십니다. 예수
님을 세상에서 누리는 성도는 항상 마음으로 방언 기도하며 예수
님과 동행한다는 믿음이 되어야 합니다. 나는 항상 예수님께서
동행하신다는 신앙의 자세로 변해야 합니다. 항상 마음으로 방언
기도하며 예수님께 질문하고 대화하는 신앙이 동행하는 믿음입
니다. 예수님은 주인으로 인정하고 찾아야 역사하십니다. 예수님
께서 함께하시면서 동행하도록 찾고 찾으시기 바랍니다. 예수님
과 동행하는 신앙의 수준이 되었을 때 삶에서 예수님을 누릴 수
가 있습니다.

한 젊은 육상 선수가 올림픽에서 명성을 얻은 뒤 성공을 거둔
소감을 말하라는 요청을 받았습니다. 그는 이렇게 말했습니다.
"하나님께서 발을 내딛는 순간마다 나와 함께 달려주셨기 때문

에 제가 최선을 다할 수 있었다고 생각합니다." 스포츠 해설가는 믿을 수 없다는 듯이 "하나님께서 오늘 당신이 이기도록 도우셨다는 말은 아니지요?"라고 물었습니다. 그 젊은이는 잠시 생각하다가 다음과 같이 말했습니다. "하나님께서 계시지 않았더라면 내가 오늘 이 자리에 설 수도 없었을 것입니다. 훈련하는 데 필요한 준비도 못했을 것이고, 내가 하고 있는 일에서 최고가 되어야 할 필요성도 깨닫지 못했을 것입니다. 이런 이유들 때문에 하나님께서 나와 함께 달려 주셨다고 한 것입니다. 하나님께서 계시지 않았더라면 나는 오늘 경기에서 이기지 못했을 것입니다."

이 얼마나 놀라운 믿음의 고백입니까? 우리는 너무도 자주 매일의 삶 가운데 함께하시는 하나님을 잊어버립니다. 우리가 살아 있다는 단순한 사실에서부터 지금껏 살아온 하루하루 삶의 기적, 그리고 우리가 가진 재능에 이르기까지 우리의 삶과 이 세상 속에 함께하시는 하나님의 임재를 느껴야 할 것입니다. 하나님의 임재를 느끼려면 마음으로 방언기도를 해야 합니다. 우리의 삶 가운데 계신 그분을 인정할 때 우리가 무슨 일을 하든 동행해주시는 하나님을 믿고 안심할 수 있습니다.

성경은 아름다운 동행자에 대한 얘기로 가득 차 있습니다. 동행이란 단어 때문에 유명한 이가 에녹입니다. 에녹은 성경에서 아주 짧게 기록돼 있는데도 많이 알려져 있습니다. 동행이라는 말 때문에 에녹은 우리에게 감동을 줍니다. 에녹은 므두셀라를 낳고 300년을 하나님과 동행했다고 성경은 말하고 있습니다. 이분들은 모두 항상 마음으로 하나님을 생각하며 방언기도를 했을 것입니다.

　동행할 수 있는 분 가운데서 가장 좋은 분이 있습니다. 그분과 동행하면 분명히 복을 받습니다. 그 분은 하나님이십니다. 에녹은 하나님과 동행했습니다. 하나님과 에녹의 동행은 참으로 아름다운 것이었음이 분명합니다. 에녹에 대한 기록에서 다른 곳에서는 찾아보기 힘든 특징이 눈에 띕니다. 에녹의 죽음에 대한 표현입니다. 성경은 에녹이 죽었다고 말하지 않았습니다. 창세기 5장의 에녹이 포함된 족보에서 누가 누구를 낳고 몇 살까지 살다가 죽었다는 표현이 공통적이었지만 에녹은 예외였습니다.

　에녹의 죽음을 말할 때 "하나님이 그를 데려가시므로"고 표현하고 있습니다. 하나님이 에녹을 너무너무 좋아하신 것이 아닐까 싶습니다. 그래서 데려가셨던 건 아닐까요? 우리 하나님과 사람들 앞에서 할 수만 있으면 사랑 받는 자가 되어야 합니다. 사랑을 받으려면 마음으로 하나님을 생각하며 방언으로 기도해야 합니다. 둘 중 하나를 선택해야 할 경우라면 성도는 하나님을 기쁘시게 하고 하나님의 사랑을 받는 쪽으로 선택해야 합니다. 하나님은 창세기 31장 3절에서 "여호와께서 야곱에게 이르시되 네 조상의 땅 네 족속에게로 돌아가라 내가 너와 함께 있으리라 하신지라" 말씀하십니다. 예수님은 언제나 우리와 함께 동행 하고 계십니다. 그분은 특정 순간에만 우리와 함께 하시고 돌보시는 분이 아닙니다. 언제나 우리를 지키시고 우리를 위해 기도하는 분이십니다. 언제나 하나님이 함께한다는 확신을 가지십시오. 믿음을 가지십시오. 하나님은 이사야서 41장 10절에서 "두려워하지 말라 내가 너와 함께 함이라 놀라지 말라 나는 네 하나님이 됨이라 내가 너를 굳세게 하리라 참으로 너를 도와주리라. 참으로 나의 의로운 오른손으로 너를 붙들리라" 말씀하십니다.

사람이 혼자 사는 것은 쉽지 않은 것입니다. 그만큼 사람은 고독과 외로움에 약한 존재입니다. 하나님께서는 아담이 혼자 사는 것이 좋지 아니함을 알고 돕는 배필 하와를 창조하셨습니다(창 2:18). 그것도 모자라 주님께서는 "내가 세상 끝날까지 항상 함께 있으리라"(마 28:20)고 하셨습니다. 우리는 혼자가 아니라 하나님과 동행하는 자들입니다. 이것처럼 우리에게 큰 위로를 주는 것은 없을 것입니다. 이것만 확실하다면 우리는 현재의 어떤 고난도 잘 견딜 수 있습니다. 그렇다면 하나님과 동행하려면 어떻게 해야 할까요?

첫째, 진리를 말하고 들어야 합니다. 진리를 말하고 들으려면 마음으로 방언 기도를 해서 성령으로 충만해야 가능합니다. 마음으로 방언 기도하는 습관을 들여야 진리를 말하고 들을 수가 있습니다. 하나님의 은혜로 아브라함의 복을 받으려면 듣고 말하는 것도 주의해야 합니다. 율법을 듣고 말하는 사람은 바리새인이 됩니다. 율법은 말 그대로 법입니다. 지키면 살고 지키지 않으면 죽는 것입니다. 율법은 머리로 알고 움직이기 때문에 생명이 없기 때문입니다. 율법은 반드시 피 흘림이 있어야 복음이 됩니다. 그러나 진리를 듣고 말하면 영이 살아나는 것입니다. 진리는 성령의 역사가 일어나기 때문에 생명이 있습니다. 왜냐하면 예수를 믿으면 성령이 우리 마음 안에 들어오십니다. 성령께서 진리를 깨달아 알게 하시고 들리게 하시기 때문입니다. 성령의 사람만이 진리를 말하고 알아듣기 때문입니다. 진리(복음)를 알아듣고 말하는 사람은 성령의 인도를 받는 성도입니다. 마음으로 방언기도를 하는 사람입니다. 성령의 인도로 하나님과 바른 관계를 갖고 있으면 자연적으로 범사가 형통하게 되는 것입니다.

율법을 듣고 말하는 성도는 보이는 성전을 중요하게 생각하고 교회 중심의 신앙생활을 합니다. 진리를 알아듣고 말하는 성도는 자신 안에 있는 심령 교회를 중요하게 생각합니다. 율법을 듣고 믿고 신앙 생활하는 성도는 하나님을 위해서 섬기기 위하여 신앙 생활을 합니다. 하나님을 위해서 섬기려니 보이는 하나님이 교회에만 계신다고 믿어 교회를 중요하게 생각하는 것입니다. 왜냐하면 많은 분들이 세상에서 샤머니즘의 신앙생활을 하다가 예수를 믿었습니다. 자신이 믿던 신을 위해서 섬겨서 복을 받으려고 섬기는 신을 모신 신전을 찾던 것이 습관이 되었습니다. 그래서 예수를 믿었어도 하나님을 위해서 섬기려면 교회를 가야 한다는 생각을 탈피하지 못하는 것입니다.

하나님은 사도행전 17장 24-25절에서 "우주와 그 가운데 있는 만물을 지으신 하나님께서는 천지의 주재시니 손으로 지은 전에 계시지 아니하시고, 또 무엇이 부족한 것처럼, 사람의 손으로 섬김을 받으시는 것이 아니니, 이는 만민에게 생명과 호흡과 만물을 친히 주시는 이심이라" 하나님은 사람의 손으로 섬김을 받지 않는 분입니다. 하나님은 예수님을 믿는 자들에게 생명과 호흡과 만물을 친히 주시는 하님이십니다. 섬기는 믿음 생활을 하다가 보면 자연스럽게 자신 안에 계신 하나님과는 관계를 열수가 없습니다. 하나님은 사도행전 17장 24절에서 "우주와 그 가운데 있는 만물을 지으신 하나님께서는 천지의 주재시니 손으로 지은 전에 계시지 아니하시고" 분명하게 사람의 손으로 지은 전에 계시지 않는 다고 말씀하십니다. 우리 하나님은 우리의 심령 성전에 계십니다. 우리는 바르고 정확하게 알고 믿음 생활을 해야 합니다. 막연하게 알고 믿음 생활하면 낭패를 당합니다. 하나님과의 관계가 열리지 않으니 하나님의 복을 받을 수 없는 것입니다.

반대로 진리를 알아듣고 말하면서 믿음 생활하는 성도는 마음으로 방언기도하며 하나님과 동행하는 신앙생활을 합니다. 성령께서 자신에게 진리를 알아듣고 말하게 하시기 때문입니다. 진리를 알아듣고 섬기는 성도는 성령님을 통하여 자신 안에 계신 하나님과 교통하면서 믿음 생활을 하기 때문에 항상 하나님과 동행합니다. 예수님을 믿고 믿음 생활하면서 하나님의 복을 받아 거부가 되려면 하나님과 동행하는 성도가 되어야 합니다. 가정이나 사업이나 불통하는 이유는 하나님과 관계가 원활하니 못하기 때문인 것입니다. 에덴동산은 범사가 잘 되는 낙원이었습니다. 하나님이 중심이 되고 하나님이 주인이 되어 있으니까 에덴동산에는 아무런 부정적인 것이 없었습니다. 한마디로 성령으로 충만했다는 것입니다. 그런데 아담이 하나님께서 돌보시는 그 삶을 저버리고 나왔기 때문에 저주가 다가오고, 가난이 다가오고 슬픔도 다가온 것입니다.

이 모든 문제가 성령으로 방언 기도하여 하나님과 올바른 관계를 맺으면 하나님의 명령 한마디에 갈릴리 풍파가 잠잠해진 것처럼, 죽은 나사로가 무덤에서 살아나 온 것처럼, 순식간에 문제가 해결되어 버리고 말 것입니다. 마음으로 방언기도하며 하나님과 동행하는 신앙으로 회복이 되어야 하나님과 동행하며 아브라함의 복을 받을 수가 있습니다. 지금 하나님은 우리의 마음 안에 들어와 좌정하고 계십니다. 하나님은 성령으로 진리를 깨닫게 하십니다. 성령으로 진리를 깨달으면서 살아가는 사람은 성령의 인도를 받는 자녀입니다.

둘째, 고난이 찾아와도 요동하지 말아야 합니다. 요셉에게 찾아온 고난은 자신의 죄 때문이 아니었습니다. 그는 오히려 죄를 짓지 않기 위해 노력하다가 억울한 누명을 쓰고 옥에 갇히게 된 것입니다. 요셉은 자신의 처지에 대해 불평하지 않습니다. 하나님을 원망하지 않습니다. 오히려 여호와를 신뢰하며 선을 행하였습니다(시 37:3). 바울과 실라가 복음을 전하다가 옥에 갇혔지만 그들은 불평하지 않습니다. 성실히 주어진 일에 최선을 다합니다. 찬양으로 하나님께 영광을 돌려드립니다. 그리고 복음을 증거합니다(행 16장). 이 삶이 하나님과 동행하는 자의 삶입니다. 오늘 나는 고난 중에서도 하나님을 불평하지 않고 나에게 주어진 일에 대하여 성실히 일을 합니까? 우리의 한계를 인정합시다. 고난과 역경은 성실한 우리의 신앙적 삶을 통해 하나님께서 이기게 하시고, 없애주실 줄 믿습니다.

하나님은 시편 119편 71절에서 "고난당한 것이 내게 유익이라 이로 말미암아 내가 주의 율례들을 배우게 되었나이다" 말씀하십니다. 고난이 찾아오니 하나님을 찾게 됩니다. 하나님을 찾으니 영이신 하나님과 통하게 됩니다. 영이신 하나님은 우리가 성령으로 충만한 영적인 상태가 되어야 동행할 수가 있습니다. 성령으로 충만한 상태가 되려면 마음으로 방언기도를 해야 합니다. 하나님과 동행을 하려면 마음으로 방언 기도하며 하나님을 무시로 찾는 것이 습관이 되어야 가능한 것입니다.

고난이 찾아오면 감사할 줄 아는 자녀들이 되어야 합니다. 그래야 하나님과 관계가 열려서 하나님과 교통하면서 인생을 살아갈 수가 있습니다. 하나님은 자꾸 찾고 인정해야 함께하십니다. 우리 자녀들이 세상을 살아가면서 대소사를 하나님과 의논하는 신앙이 되어야 하나님과 동행할 수가 있습니다. 하나님의 음성을 듣고 순종할 때 모든 것이 이루어지는 것입니다.

하나님과 동행하며 방언으로 기도하며 대화할 때 마음에 평안이 찾아오게 됩니다. 마음에 평안이 찾아왔다면 하나님이 동행하시는 보증입니다. 하나님은 살아계십니다. 그렇기 때문에 하나님은 우리가 몸으로 마음으로 느끼게 하십니다. 하나님은 절대로 말씀만 하시는 하나님이 아니십니다. 말씀하시고 실제로 나타내 보이시는 하나님이십니다. 그렇기 때문에 예수를 믿었으면 실제로 변화가 일어나야 합니다. 하나님과 동행한다면 실제로 삶에서 기사와 이적이 나타나야 합니다.

하나님은 요한복음 16장 33절에서 "이것을 너희에게 이름은 너희로 내 안에서 평안을 누리게 하려함이라 세상에서는 너희가 환난을 당하나 담대하라. 내가 세상을 이기었노라 하시니라"말씀하십니다. 실제로 동행함을 느끼는 믿음이 되시기를 바랍니다.

셋째, 모든 일이 형통하므로 긍정의 자세입니다(창39:23). 마음으로 방언 기도하여 성령 충만한 가운데 하나님께서 동행하시므로 매사가 잘 풀리는 것입니다. 하나님께서 자신의 믿음을 보시고 그대로 역사하시기 때문입니다. 하나님께서 자신과 동행하시는데 무엇이 두렵겠습니까? 두려운 것은 본인의 믿음이 없는 것이 두려운 것입니다. 하나님께서 동행하신다고 가만히 있는데 문제가 해결되지 않습니다. 문제가 나타나면 하나님께 마음으로 방언 기도를 해야 합니다. 하나님께 성령으로 방언 기도하여 알려주시는 데로 행할 때 문제가 풀리는 기적을 체험하는 것입니다. 절대로 하나님께서 해주시기를 기다리면 아무런 기적도 체험할 수가 없습니다. 순종하고 행하면 기적을 체험하게 됩니다.

하나님께서 동행하시니 형통한 것입니다. '형통케' 히브리어 '짜라흐' 뜻은 '번영케 하셨다'라는 뜻입니다. 하나님께서 성실한 요셉과 동행하자 요셉의 모든 일이 번영케 되었다는 뜻입니다. 모든 만물의 아버지이신 하나님께서는 인간의 삶에 축복을 주실 수도, 그리고 저주가 역사하게 할 수도 있는 분이십니다. 하나님께서 요셉과 동행한다는 말은 요셉이 하나님의 말씀에 순종했기 때문입니다. 그가 하나님을 경외하기에 하나님께서 그에게 복을 주셨습니다.

우리 인생에 모든 일이 자꾸 꼬이고 제대로 되지 않을 때 제일 먼저 점검할 것이 있다면 그것은 하나님께서 나와 동행하시고 있느냐는 것입니다. 또, 하나님과 동행하는데 하나님께서 알려주시는 방법대로 순종하느냐 입니다. 하나님께서 나와 함께하신다면 모든 일이 풀리고 열릴 것입니다. 그러나 그분이 동행하기를 거절하신다면 모든 일에서 실패합니다. 마음으로 방언 기도하며 하나님과 동행하시기 바랍니다. 하나님께서 함께하시면 범사가 형통합니다. 하나님은 역대상 17장 8절에서 "네가 어디로 가든지 내가 너와 함께 있어 네 모든 대적을 네 앞에서 멸하였은즉 세상에서 존귀한 자들의 이름 같은 이름을 네게 만들어 주리라"말씀하십니다. 하나님과 동행하는 자녀는 세상에서 존귀하게 됩니다.

넷째, 환난 중에도 당황하지 않습니다(창39:21, 빌3:4). 우리는 자녀들에게 마음으로 방언 기도하여 성령으로 충만해야 하나님이 동행하실 수 있다는 믿음을 가지게 하는 것이 좋습니다. 많은 부모님들이 자녀들의 신앙을 판단할 때 성전에 잘 나가냐 안 나가냐를 가지고 판단합니다. 즉 예배를 잘 드리느냐 안 드리느냐를 잣대로 삼는 다는 것입니다. 행위로 믿음의 분량을 정한다는 것입니다. 물론 외형적으로 보면 맞습니다. 그런데 저는 이렇게 외형적으로 신앙생활을 하지 말고 항상 마음으로 방언기도를 하면서 하나님과 동행하는 신앙이 되어야 한다는 것입니다.

제가 그동안 성령치유 사역을 하면서 문제 자녀를 둔 목사님, 장로님, 권사님들과 대화를 합니다. 이분들이 이구동성으로 하는 말이 교회에 빠짐없이 잘 나갔다는 것입니다. 성경도 읽고 쓰기도 했다는 것입니다. 그런데 어느 날부터 교회를 나가지 않고 있다는 것입니다. 저는 이렇게 대답을 합니다. 물론 교회에 빠짐없이 나가서 예배드리는 것은 중요합니다. 그러나 보이는 신앙에 만족함을 가지고 신앙생활을 시키다가 보니 하나님이 동행하시는 신앙생활이 되지 않았다는 것입니다.

항상 마음으로 방언기도하며 하나님을 찾고 대화하는 자녀가 되어야 합니다. 그런데 교회에 나가서 예배를 드리느냐 안 드리느냐의 신앙으로 평가합니다. 이렇게 보이는 신앙생활을 하다가 보니 예배드리는 것이 형식이라고 생각을 합니다. 예배 드려서 변화되고 이익이 되는 것이 무엇인가 의아심을 갖습니다. 자꾸 인간적인 생각을 하다가 보니 상처가 치유되지 않아 자꾸 강퍅한 자녀가 됩니다. 심령이 단단해지는 것입니다.

급기야 교회를 나가지 않게 됩니다. 심령이 성령으로 장악되지 않아 육체가 된 현상입니다. 시간이 가면 갈수록 상처가 강해지니 반항아가 됩니다. 정신적인 문제도 발생합니다. 심령에 귀신이 역사하기도 합니다. 그러다가 악한 영의 영향에 완전하게 장악이 됩니다. 그때서야 저에게 전화를 하고 찾아오시는 것입니다. 모두 처음 자녀들이 신앙생활을 할 때 마음으로 방언기도하며 성령의 인도받는 자녀로 만들지 못한 연고입니다.

이는 성령의 강한 역사가 있어야 치유됩니다. 모두 이렇게 되기 전에 말씀과 성령으로 치유해야 할 것입니다. 성령으로 장악이 되게 한 다음에 영의 통로를 뚫으면 치유가 되는 경우가 보통입니다. 어떤 자녀는 저희 교회에서 하는 토요일 집중치유에 와서 치유 받는 자녀도 있습니다. 무엇보다도 부모님들이 영적인 사고로 바뀌는 것이 너무나 중요합니다. 성령의 인도를 받아 하나님과 동행하면 창세기 39장 21절과 같이 "여호와께서 요셉과 함께하시고 그에게 인자를 더하사 간수장에게 은혜를 받게 하시매" 같이 되는 것입니다.

주님이 동행하시므로 주님의 은혜가 임하자 도저히 신뢰받지 못할 곳에서도 다른 사람의 신뢰를 받았습니다. 초대교회 성도들은 온 백성에게 칭송을 받음으로써 하나님께서 그들과 함께 계심을 보여주었습니다(행 5:13). 이것이 쉽지는 않습니다. 사람과 사람 사이에 신뢰를 준다는 것은 결코 쉽지 않은 일입니다. 사람에게도 그의 성실한 모습이 좋은 영향력을 미칩니다. 하나님의 뜻은, 믿는 성도들이 삶의 현장에서 다른 사람의 신뢰를 받음으로 하나님께서 함께하심을 열방에 나타내기 원하십니다.

다음은 어느 그리스도인의 고뇌에 찬 고백입니다. "교회는 수십 년 다녔지만 믿기 전에 비해 변한 것이 별로 없습니다. 성품도 삶도 옛날 그대로입니다. 그러다보니 종종 가정은 지옥같이 느껴지고 교회 생활도 형식적이 되어버린 지 오랩니다. 물론 예수를 자발적으로 증거 해 본 경험도 없습니다. 그런데도 교회에만 가면 모범 신자로 대접받다보니 저 자신의 이중성과 위선에 괴로움만 더해갑니다." 이처럼 우리가 그리스도인으로서의 깊은 고뇌 속에 빠지게 될 때, 그 때가 바로 성령의 격려하시는 음성을 듣는 때입니다. 또한 새롭게 성령으로 방언기도를 하여 영의통로를 뚫고 일어서야 할 때입니다. 그리스도인이 이 같은 고뇌 속에 빠져 무력해지는 이유는 한 마디로 새로운 신분에 맞는 삶에서 너무나 멀어져 있기 때문일 것입니다. 즉, 그리스도인의 제자로서의 삶보다는 과거의 습관대로 육신의 정욕을 따라 살기 때문입니다. 새로운 신분이란 성령의 인도를 받으며 하나님과 동행하는 삶입니다. 빨리 알아차리고 나와야 합니다. 그래야 변합니다.

우리에게 무엇보다도 중요한 것이 성령의 인도를 받는 것입니다. 형식적인 신앙생활은 권태기가 찾아오기 마련입니다. 성령으로 세례 받아 성령의 인도를 받으며 하나님과 동행하는 신앙으로 화복해야 합니다. 회복을 하려면 시간이 걸립니다. 또 전문적인 치유도 받아야 합니다. 혼자 해결이 되지 않습니다.

날마다 이렇게 성령으로 방언기도를 하기 바랍니다. 언제나 나와 함께하시는 주님, 내게 있는 모든 일을 주님과 함께하기 원합니다. 그리하여 나를 통해 하나님이 증거 되기 원하오니 주님의 생각을 분변하며 순종하게 하소서. 또한 주님이 행하신 일들을 기억하며 감사하는 자로 살게 하소서. 언제나 나와 함께 해주시는 하나님을 믿사오니 항상 흔들림 없는 임마누엘의 신앙 속에 살아가게 해주시옵소서. 성령의 인도를 받게 하옵시고. 언제 어디서나 하나님과 동행하는 생활을 하게 하옵소서. 주와 동행하며 어떤 환경에서도 그리스도인임을 잊지 않게 하소서. 주님과 날마다 동행하는 삶이 되도록 은혜를 베풀어 주옵소서. 나의 삶이 주님과 동행함으로 날마다 형통한 삶이 되게 하옵소서. 예수님의 이름으로 기도하옵니다. 아멘.

28장 카리스마인 예수님을 누리는 방언기도

(엡6:18~19)"모든 기도와 간구를 하되 항상 성령 안에서 기도하고 이를 위하여 깨어 구하기를 항상 힘쓰며 여러 성도를 위하여 구하라. 또 나를 위하여 구할 것은 내게 말씀을 주사 나로 입을 열어 복음의 비밀을 담대히 알리게 하옵소서 할 것이니,"

우리 예수를 믿는 성도들이 세상을 살아가면서 예수님을 누리지 못하는 것은 기도가 잘못되었기 때문입니다. 성령으로 방언기도를 하지 않기 때문입니다. 세상에서 예수님을 누리려면 항상 예수님이 동행하신다는 믿음과 마음으로 하는 방언기도의 습관이 중요합니다. 성령으로 방언기도할 때 예수님과 통행할 수가 있습니다. 예수님과 동행하며 방언 기도할 때 예수님을 누릴 수가 있습니다. 예수님과 동행하며 성령으로 방언 기도하는 것은 예수님과 동행하는 삶에서 가장 중요합니다. 동행하며 성령으로 방언기도 함으로 얻는 것은 잔잔한 기쁨과 평안입니다. 그리고 하나님의 레마를 듣는 것입니다. 동행하며 마음으로 방언 기도할 때 성령의 권능이 나타난다는 것입니다. 필자는 15년 이상을 생명의 말씀과 성령으로 개인치유를 했습니다. 치유를 하면서 느낀 것은 우리 성도들의 삶이 영적이지 못한다는 것입니다. 세상에서 살아갈 때에 불신자와 동일하게 세상에 빠져서 살아가는 것입니다. 자연스럽게 이런 크리스천의 생활에는 세상에서 들어오는 생각이나 악취를 내뿜는 쓰레기가 있습니다. 이를 그대로 두면 성도 안에서 집을 짓는다는 것입니다.

하지만 우리는 그게 무엇인지 알지 못하는 경우가 많습니다. 안다고 하더라도 영적인 조치를 하지 못합니다. 즉 방안에 냄새가 나면 문을 열어두어 냄새가 빠져나가기를 바라는 것과 같은 형식적인 조치를 합니다. 이런 형식적인 조치로는 세상에서 들어온 생각이나 악취가 나가지를 않습니다. 몸에 냄새가 나면 임시방편으로 향수를 뿌려 없애려고 하지만, 근본원인을 제거하지 못한다면 무용지물일 것입니다. 근본원인을 제거하는 적극적인 방법이 예수님과 동행하며 성령으로 방언기도를 하는 것입니다. 성령으로 방언 기도할 때 성령이 마음에 충만하게 됨으로 세상에서 들어온 생각이나 악취가 정화되는 것입니다. 크리스천의 삶에서 예수님과 동행하며 성령의 방언 기도는 참으로 중요합니다.

모든 크리스천의 삶에서 행복을 채우는 주요한 공급원이 무엇일까를 먼저 알아야 합니다. 공급원은 성령입니다. 성령으로 방언 기도할 때 잔잔한 기쁨과 평안이 심령에서 올라오는 것입니다. 성령이 충만하여 심령에서 평안이 올라오는 것은 예수님과 친밀하게 교제하는 삶을 살고 있다는 증거입니다. 예수님과 동해하며 성령으로 깊고 친밀한 방언기도 덕분에 심령에서 평안이 올라오는 것입니다. 아직도 크리스천의 삶 현장에서 예수님과 함께하는 잔잔한 기쁨과 평안을 누리시지 못하고 계십니까? 이는 예수님과의 깊고 친밀한 마음으로 하는 방언기도 습관을 들이지 못해서 일어나는 것입니다. 성령으로 동행하며 방언기도를 해보십시오. 그러면 심령에서 올라오는 잔잔한 기쁨과 평안을 누리실수 있습니다. 자신의 안에서 평안이 올라온다는 것도 느끼고 믿을 수가 있습니다.

안타깝게도 우리 주변에 영적인 방언기도 습관을 들이려고 해도 못하겠다고 항변하는 분들이 적지 않습니다. 그 주된 이유가 방언 기도를 방해하는 쓰레기를 치우지 않은 채 기도를 시도하기 때문입니다. 쓰레기를 치유지 않으니 오래 지속하시지 못하고 중도에 포기하게 된다는 사실입니다. 성령으로 기도를 방해하는 쓰레기를 치우지 못하기 때문입니다.

즉 기도를 방해하는 쓰레기를 버려야 합니다. 제일 큰 쓰레기는 자아를 가지고 기도하는 것입니다. 샤머니즘적인 기도를 말하는 것입니다. 성령으로 기도하지 않는 다는 말입니다. 기도를 방해하는 쓰레기를 버리는 방법은 성령의 역사가 자신의 안에서 밖으로 나타나게 하는 것입니다. 자신의 배꼽아래 15센티에 의식을 두고 코로 숨을 들이쉬고 내쉬면서 방언으로 기도하고! 코로 숨을 들이쉬고 내쉬면서 방언으로 기도하고! 를 지속적으로 하다가 보면 자신 안에 역사하는 성령의 권능으로 영의 통로가 뚫리게 됩니다. 영의 통로가 뚫리면 일상의 삶에서 쉬지 않고 마음으로 예수님을 찾으면서 성령님이 내주(內住)하시기를 기도하는 영적 습관을 들이는 것입니다. 무의식적으로 자신 안에 계신 예수님을 찾는 것입니다. 예수님과 동행하며 성령으로 방언 기도하는 경지에 이르는 것은 훈련입니다. 평소 삶이 예수님을 찾는 것이 되어야 가능합니다. 어렵다고 생각할 수도 있지만 조금만 관심을 가지도 숙달이 되어 습관적으로 예수님과 동행하며 성령으로 방언 기도를 하게 될 것입니다.

첫째, 마음으로 예수님을 찾는 방언기도를 하라는 것. 방언기도를 쉬지 않고, 시간과 장소에 관계없이, 방언으로 기도하는 습관을 기르라는 것입니다. 예수님만 찾으면 자동적으로 성령님이 오셔서 좌정하고 계심을 느낄 수 있습니다. 성령의 임재가 깊어지려면 묵상으로 찬송하며 기도하는 습관을 기르는 길입니다. 늘 운동을 하면서도, 길을 걷거나 운전을 하면서도, 마음으로 예수님을 찾는 방언기도를 하여 습관이 되게 해야 합니다.

그래야 예수님과 동행하며 성령으로 방언 기도하여 예수님을 누릴 수가 있는 것입니다. 그러므로 예수님이 내 안에 임재를 느끼지 못하도록 하는 특정 장소나 시간에 만 기도해야 한다는 쓰레기와 인간적인 생각은 빨리 버려야 한다는 것입니다. 기도를 보이는 교회에 가서 해야만 된다는 자아의식을 버려야 합니다. 기도는 항상 해야 합니다. 우리 삶의 현장에서 항상 찬송과 방언으로 기도하는 습관을 들이지 못했다면 평안한 삶은 꿈도 꾸지 말아야한다는 사실입니다. 성령이 충만해야 진정한 평안이 자신의 마음 안에서 올라오기 때문입니다.

두 번째, 나쁜 쓰레기는 성령 충만함 없이 기도하는 버릇입니

다. 평소에 예수님과 늘 교제하는 습관이 아닌 분이 기도를 시작하기 무섭게 하나님으로부터 얻고자하는 목록을 속사포처럼 쏘아대는 사람이 적지 않습니다. 따다다…. 따다다…. 따다다…. 저는 이런 방언 기도를 해대는 기도라고 합니다. 이는 기도에 응답할 사람을 전혀 의식하지 않는 나쁜 기도 습관입니다. 아무리 끈질기게, 아무리 강력하게, 아무리 대중이 다 듣는 큰 소리로, 아무리 통성기도로 요청한다 할지라도, 영이신 하나님이 전혀 줄 생각이 없다면 무용지물일 것입니다.

성경에서 보면 "성령 안에서 깨어 기도하라"고 요청하고 있습니다. 성령이 내주하는 상태에서 방언으로 기도하는 습관이 절대적으로 필요하다는 명령입니다. 하나님이 영이시기 때문에 성령으로 기도하지 않으면 하나님의 역사가 일어나지 않는 것은 당연한 것입니다. 성령의 역사가 일어나야 성령으로 심령이 정화되어 평안이 심령에서 올라오는 것입니다. 이는 성령이 충만한 상태가 아니라면 기도는 아무런 소용이 없다는 말씀입니다.

성령 충만한 상태가 되면 방언기도가 자신의 의지로 하는 방언기도가 아니라, 자연스럽게 성령이 인도하시는 방언기도가 되는 덕분을 얻게 됩니다. 성령이 인도하시는 방언기도가 될 때 하나님의 응답도 받을 수가 있고 심령에서 성령으로부터 편안이 올라오는 것입니다. 아직도 이런 방언기도를 경험하지 못하셨다면 지금이라도 기도목록을 작성하여 간구하는 기도를 하기 전에 성령이 내주하심을 간절히 요청해서 성령의 역사가 자신을 장악하게 하는 기도 방법을 찾아야 할 것입니다. 그래서 성령이 내주하시도록 마음으로 방언하며 기도하는 습관을 갖자는 겁니다. 즉 예수님과 동행하는 습관을 말입니다.

세 번째, 나쁜 쓰레기를 치우도록 치유기도를 하는 것이다. 성령의 임재가운데 깊은 방언으로 기도를 하게 되면 성령의 역사로 나쁜 쓰레기들이 배출이 됩니다. 이는 언제 어디서나 쉼 없는 마음으로 방언기도가 가능할 때 자연스럽게 성령으로 일어나는 현상입니다. 마음에 평안과 권능은 자신의 심령의 상처가 떠나가면 갈수록 강하게 나타납니다. 행복한 삶을 위해서 특정한 목적이나 시기에 필요하도록 언제 어디서나 깊게 몰입하는 마음의 방언으로 기도하는 방법에 대한 신비를 스스로 체득해야 한다는 사실입니다.

네 번째, 기도를 방해하는 모든 나쁜 쓰레기 행위를 내다버려야 한다는 사실입니다. 삶의 현장에서 쉬지 않고 동행하는 마음으로 방언 기도하는 습관을 드리려면 마음의 방언기도를 방해하는 모든 세상의 즐거움을 포기해야 한다는 사실입니다. 쉬지 않는 방언기도를 통해 하나님으로 공급되는 삶의 평안과 기쁨을 얻든지, 아니면 세상이 주는 쾌락을 얻든지, 둘 중에 하나를 선택해야 한다는 사실입니다. 많은 크리스천들은 두 가지를 얻으려 하기에 하나님이 주시는 선물을 얻어 누리지 못하고 있는 것입니다. 놀라운 영적 능력을 얻는, 성령 충만을 유지하는, 동행하며 마음의 방언으로 기도하는 습관을 들이려면 의지를 가지고 훈련해야 합니다. 꼭 목표에 도달하고 말겠다는 관심이 중요합니다.

즉 쉬지 않고 기도하라는 뜻은 기도의 빈도나 강도를 말하는 것이 아니라, 항상 자신 안에 임재 하여 계신 예수님을 찾으라는 것입니다. 예수님을 세상에서 누리려면 항상 성령 충만한 상태를 유지하는 마음의 방언으로 기도하는 방법을 스스로 체득해야 한다는 것 입니다. 항상 성령 충만한 마음의 방언기도가 아니고는 세상에서 예수님을 누릴 수가 없습니다. 예수님은 영시시고, 말이 아니고 살아계시는 실존이기 때문입니다. 항상 그분과 통해야 세상에서 예수님을 누릴 수가 있는 것입니다.

항상 마음으로 하는 동행하며 하는 방언기도를 숙달하면 참으로 좋습니다. 살아계신 성령님을 날마다 체험할 수가 있습니다. 방법은 코로 호흡을 들이쉬는데 배꼽아래 15센티까지 들이쉽니다. 내쉬면서 마음으로 방언기도를 합니다. 다시 코로 호흡을 들이쉬는데 배꼽아래 15센티까지 들이쉽니다. 내쉬면서 마음으로 방언기도를 합니다. 이렇게 지속적으로 하다가 보면 성령으로 충만해지는 것을 느끼게 됩니다.

그런데 수많은 크리스천들이 기도를 방해하는 삶의 쓰레기를 치우지 않고 마음으로 방언기도를 시도하기 때문에 성경에서 약속한 기도의 능력을 얻지 못하고 있습니다. 크리스천이면 모두가 삶의 경지에서 늘 성령 충만할 수 있는 방법이 있는데도 다만 소수의 사람들이 그런 영적 경지에 도달하고 있다는 사실입니다. 마음으로 방언 기도하여 예수님과 동행하며 잔잔한 기쁨과 평안함을 맛보기 위해서는 늘 성령의 충만한 상태가 되어야합니다.

이렇게 깊은 경기에 이르는 생활을 하려면 기도를 방해하는 쓰레기 뿐 만아니라, 나의 자존심까지 버려야 가능합니다. 온전히 예수님과 동행하시기 위해, 성령 충만한 경지에 이르기 위해, 예수님과 대화에 몰입하기 위해, 감히 예수님 이름으로 기도드리기 위해, 예수님을 세상에서 누리기 위해서…. TV시청이나 인터넷 게임, 틈만 나면 스마트폰 쳐다보기, 시도 때도 없이 전화로 친구와 수다 떨기, 목적 없이 친구들을 만나거나 무분별한 쇼핑, 게으름, 세상에 취함, 낚시나 바둑, 영화보기, 과도하게 시간을 빼앗는 취미나 쾌락을 얻는 행위들을 포기해야 한다는 것을 알려 드립니다. 의지적인 노력이 필요하다는 것입니다.

다섯째, 성령으로 기도하라는 것입니다. 부모가 어린자녀든 장성한 자녀든 자녀를 위해서 밤낮 기도하듯이 성령께서 우리에게 오셔서 나는 의식도 하지 못하는데, 나는 느끼지도 못하는 사이에 나를 위하여 말할 수 없는 탄식으로, 그 많으신 성령의 사랑의 생각을 갖고서, 하나님의 뜻에서 합치된 방향으로 나를 위하여 기도하고 계시는데 내가 그것을 깨닫고 성령의 인도를 따라 기도하는 것이 바로 성령 안에서 기도하는 것입니다. 그것이 그토록 중요한 이유는 우리가 성령 안에서 기도하게 되면, 우리가 중언부언 하는 기도는 하지 못하죠. 여전히 우리는 내 짧은 욕심이 들러붙은 그런 마음의 손을 가지고 기도를 하는데, 우리가 점차적으로 성령 안에서 변화를 받게 되면, 우리가 마음속에 품게 되는 소원과 우리가 하나님께 아뢰는 기도의 제목들이 하나님의 뜻에 합치되는 방향으로 기도가 바뀐다는 것입니다. "이와 같이 성령도 우리의 연약함을 도우시나니 우리는 마땅히 기도할 바를 알지 못하나 오직 성령이 말할 수 없는 탄식으로 우리를 위하여 친히 간구하시느니라." 우리의 기도가 성령 안에서 드려지게 되면 우리가 간구하는 것이 하나님의 뜻에 맞게 되니까 하나님께서 하나님의 뜻을 이루어주시지 않겠습니까?

로마서 8장 28절에 보면 "우리가 알거니와 하나님을 사랑하는 자 곧 그 뜻대로 부르심을 입은 자들에게는 모든 것이 합력하여 선을 이루느니라."하셨습니다. 우리 기도가 성령 안에서 드려지는 기도, 우리의 뜻이 하나님의 뜻에 합치되는 방향으로 변화받게 되면, 우리가 기도하는 바를 하나님이 응답해 주실 뿐만 아니라, 우리에게 둘러싼 삶의 환경을 하나님께서 절대주관 가운데 품으시고, 붙드시고, 변경하시고, 조정하셔서 모든 것들을 합력하여 선을 이루게 해 주신다는 겁니다.

그러니까 로마서 8장 28절에 '성도의 모든 것이 합력하여 선을 이루신다'는 구절은, 문맥상 26절과 연결해서 해석할 때, 성령 안에서 기도하는 성도에게, 모든 것이 합력해서 선으로 이루어진다는 뜻입니다. 즉 28절의 '성도의 모든 것이 합력해서 선을 이루는' 은총은 26절의 성령 안에서 기도하며 살아가는 자에게 주어지는 축복입니다. 시편 37편 4절 말씀에도 '또 여호와를 기뻐하라. 저가 내 마음의 소원을 이루어 주시리로다.'라고 하셨습니다. 성령으로 기도할 때 모든 것이 주어지는 것입니다. 우리 기도가 성령 안에서 기도하는 것으로 점차로 바뀌어서 우리가 성령 안에서 하나님을 기뻐하며 살아가게 될 때, 성령님께서 우리 마음속 안에 있는 모든 소원들을 아시고 헤아리시고 살피셔서, 우리로 하여금 하나님께 기도드려서 그 소원들을 다 이루게 해주시기 때문에 성령 안에서 기도하는 것이 그토록 중요합니다.

여섯째, 성령으로 무시로 기도하는 방법입니다. 기도에 대하여 바르게 알아야 합니다. 기도는 항상 하나님께 집중하는 것입니다. 하나님께 물어보는 것입니다. 예수를 믿는 하나님의 자녀들이 항상 하나님과 대화하는 자녀가 되어야 합니다. 믿음이 약한 성도들에게 기도를 너무나 어렵게 생각하지 말도록 알려주어야 합니다. 많은 하나님의 자녀들이 기도하면 생각하여 유창한 말로 하는 것으로 알고 있기 때문에 기도를 멀리하는 것입니다.

기도는 하나님과 대화하는 것입니다. "하나님 어떻게 할까요? 하나님 도와주세요? 하나님 저와 동행하여 주세요. 하나님 사랑합니다. 하나님 저에게 강하고 담대함을 주세요" 간절한 마음으로 하나님과 대화하는 것입니다. "하나님! 우리 아들이 이번 중간시험을 보는데 도와주세요. 어디를 가는데 인도하여 주세요. 친구들과 여행을 가는데 동행하여 주세요. 하나님 제가 어떤 꿈을 가져야 하는 지 깨닫게 해주세요. 하나님 이일을 어떻게 해야 하는지 깨닫게 해주세요. 우리 가정에 물질에 문제가 있습니다. 어떻게 할까요" 이것이 하나님께 상달되는 기도인 것입니다.

많은 분들이 문제가 있으면 무조건 기도하면 문제가 풀어지는 줄로 알고 있습니다. 그래서 무조건 기도하라고 합니다. 그렇지 않습니다. 기도는 하나님의 음성을 듣는 것입니다. 문제의 원인에 대하여 하나님께 질문하여 하나님께서 알려주시는 것을 순종해야 문제가 풀어지는 것입니다. 이는 신약과 구약 성경에 무수하게 기록이 되어있습니다. 반드시 하나님께 질문하여 하나님께서 알려주시는 것을 순종해야 성령님의 역사가 일어나는 것입니다. 무조건 기도하면 하나님께서 문제를 풀어주시는 것이 절대로 아닙니다. 기도하면 하나님께서 문제를 풀어준다는 생각은 샤머니즘의 신앙의 잔재입니다. 하나님께서 알려주신 대로 순종할 때 문제가 풀어지는 것입니다. 반드시 하나님께서 알려주시는 것을 해결하면서 기도해야 합니다.

예를 든다면 회개라든가, 용서라든가, 하나님께서 알려주시는 레마를 받아 순종하며 기도해야 문제가 풀어지는 것입니다. 막연하게 문제를 해결하여 주시옵소서. 하며 백날을 기도해도 문제가 해결되지 않습니다. 반드시 하나님에 알려주시는 해결 방법을 적용하여 순종하고 해결하면서 기도해야 문제가 풀어지는 것입니다. 성도들이 바르게 알아야 할 것은 자신이 당하는 문제는 하나님의 문제라는 것을 믿어야 합니다. 그래서 자신에게 일어나는 문제는 하나님이 해결해야 한다는 것입니다. 왜냐하면 자신은 예수를 믿을 때 죽었습니다. 다시 예수로 태어났습니다. 지금 예수 인생을 사는 것입니다.

그렇기 때문에 성령으로 기도하여 영의 상태가 되면 하나님께 해결 방법을 질문하여 응답받은 대로 조치를 해야 문제가 해결되는 것입니다. 그렇기 때문에 문제를 해결하려면 기도하지 않으면 안 되는 것입니다. 성령으로 기도하여 영의 상태가 되어야 내적인 상처도 치유되고, 귀신도 떠나가고, 병도 고쳐지고, 문제도 해결되고, 하나님의 음성도 들을 수가 있는 것입니다. 성령으로 기도하는 것은 성령의 임재가운데 성령 안에서 기도하는 것을 말합니다. 마음으로 기도하여 마음의 문이 열려야 영으로 기도하게 되는 것입니다. 자꾸 하나님께 물어보면 마음이 열립니다.

영으로 기도하는 것이 성령으로 기도하는 것입니다. 그렇기 때문에 먼저 마음의 방언기도로 마음의 문을 열어야 영으로 기도할 수가 있는 것입니다. 마음으로 방언 기도하는 비결은 이렇습니다. 숨을 들이 쉬고 내 쉬면서 방언기도를 합니다. 숨을 들이 쉬고 내 쉬면서 방언기도를 합니다. 숨을 들이 쉬고 내 쉬면서 방언기도를 합니다. 자연스럽게 마음으로 방언기도를 하면 되는 것입니다. 말로 하는 기도는 호흡을 들이쉬고 내쉬면서 주여! 주여! 주여! 합니다. 방언으로 하는 마음의 기도는 호흡을 들이쉬고 내쉬면서 방언기도하고, 호흡을 들이쉬고 내쉬면서 방언기도를 합니다. 즉 내면의 활동이 강화되어 자신의 마음속 영 안에 계신 성령이 밖으로 나오시게 해야 합니다. 코로는 바람을 들이쉬고 배꼽 아랫배로 호흡을 하는 것입니다. 기도를 하가다 보면 성령께서 감동을 주시는 것이 있습니다.

예를 든다면 "부모를 위하여 기도하라!"하실 수도 있습니다.

그러면 부모를 위하여 기도하는 것입니다. 부모에게 문제가 있는 것도 할 수가 있습니다. 부모에게 바라는 것이 있으면 그것을 기도해도 좋습니다. 기도를 마치고 다시 주여! 주여! 주여! 하면서 기도를 합니다. 다시 성령께서 너의 장래문제를 기도하라고 하실 수도 있습니다. 장래문제를 기도합니다. 무슨 일을 해야 할 것인지 하나님에게 질문하며 기도합니다. 기도를 마치고 다시 주여! 주여! 주여! 하면서 기도를 합니다. 다시 성령께서 너의 배우자를 위하여 기도하라 하실 수도 있습니다. 그러면 바라는 배우자 상을 가지고 기도합니다.

자신에게 영육간에 문제가 일어나는 것이 있다면 원인을 알려 달라고 기도합니다. 성령께서 감동하시기를 죄악으로 인한 것이라면 회개를 합니다. 회개하고 죄악을 타고 들어온 귀신을 축귀합니다. "예수 이름으로 명하노니 선조들의 죄를 따라 들어와 고통을 주는 귀신아 물러가라" 소리는 크지 않아도 됩니다. 성령이 충만한 상태이므로 귀신들이 잘 떠나갑니다. 다시 다른 기도를 위하여 주여! 주여! 주여! 하면서 기도를 합니다.

그러면 성령께서 다시 감동을 합니다. 너의 건강을 위하여 기도하라! 그러면 자신의 건강을 위하여 기도합니다. 기도하면서 하나님에게 질문을 합니다. 하나님! 저의 어느 부분이 문제가 있습니까? 하면서 기도하여 조치를 취하면 됩니다. 무엇을 결정해야 할 경우는 어느 정도 기도하여 성령으로 충만한 상태가 되면 지속적으로 문의 하는 것입니다. 이것을 어떻게 해야 합니까? 이

것을 어떻게 해야 합니까? 이것을 어떻게 해야 합니까? 지속적으로 질문을 하면 문득 떠오르는 생각이 있습니다. 이것이 하나님의 방법입니다. 이것을 해결하면 치유가 되는 것입니다. 이것이 성령으로 기도하는 것입니다. 어려울 것이 없습니다.

자신의 생각이나 욕심을 내려놓고 순수하게 성령을 따라 기도하는 것입니다. 보통 성도님들이 하시는 말씀대로 기도분량이 채워지니까 성령께서 알려주신 것입니다. 기도분량이 채워졌다는 것은 성령님이 역사하실 수 있는 영적인 상태가 되었다는 것입니다. 절대로 성령은 육의 상태에서는 응답을 주시지 못합니다.

반드시 성령으로 충만한 영의 상태가 되어야 레마를 들려주십니다. 그러므로 영의 상태가 되도록 성령으로 깊은 영의기도를 해야 합니다. 영의 상태에서 하나하나 감동이나 음성으로 알려주시는 것입니다. 기도의 성공요소는 영의 상태에 들어가는 것입니다. 영의상태에서 성령님과 교통할 수가 있기 때문입니다. 쉽게 말해서 기도는 영이신 하나님과 대화입니다. 하나님과 대화를 잘하도록 평소부터 물어보는 훈련을 해야 합니다.

하나님과 대화를 잘하려면 하나님께 지속적으로 물어보는 것입니다. 하나님 어떻게 할까요? 이일을 어떻게 해결해야 할까요? 하나님! 제가 왜 이렇게 두렵습니까? 하나님! 저에게 이런 문제가 있습니다. 어떻게 해야 할까요? 자꾸 하나님을 찾으면서 물어보는 것입니다. 기도를 요약하면 "하나님께 물어보는 것이다."라고 대답할 수 있습니다.

29장 스트레스를 해소하는 방언기도

(엡 4:26-27)"분을 내어도 죄를 짓지 말며 해가 지도록
분을 품지 말고 마귀에게 틈을 주지 말라"

필자는 방언기도의 근본적인 목적이 심령을 바꾸는 것이라
고 생각합니다. 성령의 인도하여 깊은 영적 상태에서 마음속에
서 올라오는 소리로 방언기도를 하면 성령의 역사로 심령이 정
화됩니다. 문제는 방언기도를 성령으로 정확하게 하느냐 입니
다. 정확하게 성령의 인도를 받으면 영으로 방언기도를 하면 무
의식과 잠재의식이 성령으로 정화되기 마련입니다. 필자는 이
원리를 적용하여 깊은 상처와 귀신역사와 질병으로 고생하는
성도들을 치유합니다. 성령의 깊은 역사가 심령에서 올라오면
상처와 귀신과 자아 뒤에 역사하는 귀신과 불치의 질병들이 치
유되기 마련입니다.

하나님은 매일 성령으로 기도하여 우리의 마음에 스트레스가
쌓이지 않도록 성령으로 기도하며 스트레스를 해소하여 상처가
잠재의식에 잠기지 않기를 원합니다. 자기 치유를 위해서 하는
기도는 밖으로 하지 말고, 안으로 해야 합니다. 주님이 가르치시
는 기도는 구약 선지자들의 기도처럼 하늘을 향하여 외치고 부르
짖는 기도가 아니라, 내 안에 계신 성령 하나님을 향하여 안으로
하는 기도입니다. 그러므로 주님은 골방으로 들어가라고 하시는

것입니다. 즉 내 영혼 안에 계신 하나님을 만나라는 것입니다. 내 영혼 속에 하나님의 임재, 임마누엘의 하나님을 인식하고 만나라는 것입니다.

하나님이 계신 하늘은 바로 나에게 접촉한 곳, 즉 나의 속입니다. 다만 우리의 마음에 계신 하나님을 만나기 위해서는 마음으로부터 문제와 답답함을 분리시켜야 합니다. 우리의 마음에서 어려운 현실이 주는 걱정, 근심, 두려움, 답답함을 씻어내야, 하늘에 계신 하나님, 즉 우리의 마음 안에 계신 하나님을 만나게 되는 것입니다. 하나님으로부터 생수가 올라오게 해야 합니다. 마음 안에서 올라오는 성령의 권능으로 마음의 상처가 정화되는 것입니다.

그래서 주님은 마음이 청결한 자가 하나님을 볼 것이라고 하시는 것입니다. 깨끗하고 평안한 마음속으로, 하나님이 계신 깊은 속으로 들어가야 합니다. 내 영혼 안에 계신 하나님과 만나고, 연합하고, 도움을 받으면, 그것이 즉 하나님의 손길을 느끼게 되는 것이며, 여기서부터 시작하여 하나님의 손을 잡고 점점 밖으로 나가서 현실 속에, 문제 속에 하나님의 영광, 하나님의 임재, 하나님의 능력을 나타내게 되는 것입니다.

그런데 우리는 멀리, 밖에서부터, 높은 하늘에서부터 하나님을 만나려고 하기 때문에 기도가 어려운 것입니다. 나와 함께 내 안에서 살아가시는 주님을 발견하게 될 때, 내가 주안에, 즉 보좌에 계신 하나님을 발견하게 되는 것입니다. 내 안에 계신 성령 하나님을 만나고 발견하지 못하게 되면 보좌에 계신 하나님도 발견하지 못하게 됩니다. 내 안에 계신 성령 하나님을 만나는 기도를 하지 못하면, 그런 훈련을 받지 못하면 우리가 드리는 예배도 성공하지 못하는 것이요, 삶에서 성공하지 못하는 것입니다. 환경도 열어가지 못합니다.

나는 누구인가, 무엇을 하는 사람인가? 내 안에 하나님을 모시는 사람입니다. 내 안에 살아 계신 하나님을 모시는 것이 바로 살아있는 예배입니다. 내 안에 계신 하나님이 일하실 때, 내가 일하는 것이요, 내 안에 계신 하나님께서 영광을 받으실 때에 나도 덩달아 영광을 받게 되는 것입니다. 이것이 나의 본질입니다. 하나님이 그냥 막연하고 피상적이기만 하면, 나의 삶도 역시 막연하고 피상적입니다. 왜 사는지, 어떻게 사는 지도 모르고 뜬구름 잡다가 끝나고 마는 것입니다.

피상적인 하나님은 피상적인 나의 삶을, 구체적인 하나님은 구체적인 나의 삶을 만드는 것입니다. 피상적인 하나님 체험은 피상적인 나의 삶의 체험이 됩니다. 그러므로 기도를 통하여 내 안에 살아 계신 하나님과 교제하고, 만나고 느끼고, 하나님을 사랑하고 하나님의 사랑을 받으시기 바랍니다. 그런 훈련을 하세요. 사람의 마음은 깊습니다. 깊은 곳에서 성령의 은혜가 올라와야 심령에 상처가 치유되고 하루하루 심령에 상처를 만들지 않고 관리가 가능한 것입니다.

필자가 성령사역을 하다가 보면 기도는 참으로 많이 했는데 성령의 역사가 일어나지 아니하고 변화되지 않는 분들이 있습니다. 이분들은 처음 기도할 때에 성령으로 바른 기도를 바르게 배우지 못하고 무조건 세상에서 하던 기도를 마구잡이로 했기 때문입니다. 기도는 많이 했는데 성령의 역사가 일어나지 않으니 기도가 잠재의식에서 나오는 기도로 습관이 되어버린 것입니다. 기도하는 것을 보면 구하고, 아뢰는 기도가 주류를 이룹니다. 이렇게 하여 주시옵소서, 중얼중얼… 어쩌고저쩌고… 어제도 계시고 오늘도 계신 하나님… 하면서 중언부언하는 기도를 합니다.

분명하게 성경에는 성령으로 기도하라고 하셨습니다. "사랑하는 자들아 너희는 너희의 지극히 거룩한 믿음 위에 자신을 세우며 성령으로 기도하며"(유 1:20). 성령으로 기도하라는 것은 성령의 영성과 성령의 지성과 성령의 감성으로 기도하라는 것입니다. 좀 더 쉽게 설명하면 성령께서 자신의 생각과 입술과 말을 장악하고 기도하는 것입니다. 성령님께 자신의 입술을 맞기고 기도하는 것이 성령의 기도입니다. 그런데 자신의 머리를 사용하고 자신의 생각을 동원하고 자신의 입술을 사용하고 자신의 목을 이용하고 습관적인 용어로 기도하니 성령님과 관계없는 기도가 되는 것입니다. 성령님이 기도할 수 있는 공간이 없는 것입니다. 기도가 아니라 독백이 되는 것입니다. 한마디로 성경에 나오는 바리새인의 기도입니다. 본인이 알아 차려야 합니다.

그래서 예수를 믿기 전에 이성과 육체에 역사하던 세상신이 잠재의식을 장악하여 기도를 하여도 세상신이 함께 기도를 하는 것입니다. 이는 체험해 보지 않은 분들은 이해할 수가 없습니다. 체험하여 보아야 인정할 수 있는 영적인 활동입니다. 문제는 정작 본인은 느끼지를 못하는 것입니다. 자신은 기도를 많이 했으니 자신이 제일 믿음이 있다고 자찬하는 것입니다. 보이는 면과 행위를 치중하니 알지 못하는 것은 당연한 것입니다. 자신을 보는 눈은 성령으로 열리는 것입니다.

성경은 "오직 하나님이 성령으로 이것을 우리에게 보이셨으니 성령은 모든 것 곧 하나님의 깊은 것까지도 통달하시느니라. 사람의 일을 사람의 속에 있는 영외에 누가 알리요, 이와 같이 하나님의 일도 하나님의 영외에는 아무도 알지 못하느니라. 우리가 세상의 영을 받지 아니하고 오직 하나님으로부터 온 영을 받았으니 이는 우리로 하여금 하나님께서 우리에게 은혜로 주신 것들을 알게 하려 하심이라. 우리가 이것을 말하거니와 사람의 지혜가 가르친 말로 아니하고 오직 성령께서 가르치신 것으로 하니 영적인 일은 영적인 것으로 분별하느니라."(고전 2:10-13). 말씀하시는 것입니다. 성령으로 기도해야 자신의 진면모가 보입니다.

그런데 보이는 면과 행위가 굳어져서 성령님이 장악을 하지 못하는 것입니다. 원래 영적으로 변화되는 것은 자신이 알아차리고 변화되려고 관심을 가져야 가능한 것입니다. 자신이 기도를 많이 하니까, 성령으로 충만하다고 자찬하니 자신을 보는 눈이 열리지를 않는 것입니다. 그렇게 계속기도를 하니까, 자신을 성령께서 장악을 하시지 못하는 것입니다. 필자가 성령사역을 하다가 보니까, 제일 성령께서 장악을 하지 못하는 분들은 신학박사들입니다. 자신이 박사라고 강단에서 전하는 목사님의 말씀을 순수하게 받아들이지 못하기 때문입니다. 두 번째가 여기저기 돌아다니면서 지식적으로 들은 것이 많은 목사님들과 직분 자들입니다. 이분들이 강단에서 말씀을 전하면 순수하게 받아들이지 못하고 정수해서 받아들이기 때문에 성령께서 장악을 하시지 못하는 것입니다. 정수는 이해가 되는 말만 듣는 것입니다.

그럼 이런 분들이 어떻게 해야 성령으로 장악이 되겠습니까? 그것은 자신이 기도에 문제가 있다고 인정해야 합니다. 그리고 자신이 하던 기도를 일단 중단하고 부르짖는 기도를 하여 막힌 영의 통로를 뚫어야 합니다. 그런데 문제가 있습니다. 이런 분들이 호흡을 들이쉬고 내쉬면서 주여! 호흡을 들이쉬고 내쉬면서 주여! 하다가 어느 정도 성령의 역사가 일어나려고 하면 종전에 하던 기도가 잠지의식에서 자신도 모르게 나오는 것입니다. 그래서 주여! 를 지속적으로 하지 못하게 방해합니다. 이는 무슨 현상이냐 하면 지금까지 잠재의식에서 자신의 기도를 따라하던 영적인 존재가 조금 더 기도하여 성령으로 충만해지면 떠나가야 하니 기를 쓰고 방해하는 것입니다. 본인이 알고 의지를 가지고 성령의 인도를 받는 기도를 해야 영의통로가 열려 성령으로 기도하는 자가 될 수가 있습니다. 기도는 성령으로 해야 합니다. 성령으로 기도하려면 자신의 생각이나 말과 목으로 기도하지 말아야 합니다. 순수하게 자신의 아랫배에 의식을 두고 배에서 나오는 소리로 기도하려고 의지적인 노력을 해야 합니다. 필자가 성령사역을 하다가 보니 잠재의식에서 나오는 기도로 고정된 분들이 기도가 바뀌는데 3개월이 걸리는 분들도 있습니다. 정말로 성령으로 기도하는 것이 중요합니다. 기도를 처음부터 바르게 배우고 하는 습관이 되어야 합니다. 잠재의식에서 나오는 기도로 고정되면 기도하는 것만큼 변화되지 않고 오만가지 문제로 고생을 합니다. 고치는데 시간이 많이 걸립니다. 권능 있는 삶을 살아가지도 못합니다. 하나님은 "세월을 아끼라 때가 악하니라."(엡 5:16). 하십니다. 영적인 활동은 바르게 배우고 바르게 해야 합니다.

첫째, 매일 스트레스를 해소하기 위한 삶과 기도의 자세. 아무개 목사님이 충남 면소재지에 있는 교회에 부임하셨습니다. 교회의 실정을 파악하면서 성도들에게 이 교회에서 부부 금술이 제일 좋은 부부가 누구냐고 질문했답니다. 교인들이 하는 말이, 저 앞산 밑 사시는 70대 집사님 부부가 제일로 금술이 좋은 잉꼬부부라고 대단한 칭찬을 하는 것입니다. 그래서 대관절 어떻게 살고 계시기에 노부부가 잉꼬부부로 정평이 날 정도로 잉꼬부부인가 직접 확인을 하고 배워서 목사님 부부도 그렇게 살기로 하셨습니다. 아침 일찍 집사님 댁에 방문하여 부부가 행동하는 일거수일투족을 보셨습니다. 그런데 아침부터 부부가 말다툼을 하면서 일을 하는 것입니다. 그렇게 말다툼을 하다가 오후에는 여 집사님이 속이 상해서 방안으로 들어가 버리는 것입니다.

목사님이 생각하기를 저렇게 아침부터 다투는데 무슨 소문난 잉꼬부부인가 과장된 것이라 생각하면서 인내를 가지고 하루 종일 부부의 행동을 관찰기로 했습니다. 어느덧 해가 뒷동산에 걸쳤습니다. 그러자 남편 집사님이 이렇게 말하는 것입니다. 여보! 해가 넘어갑니다. 그러니까, 부인 집사님이 방안에서 나와서 서로 손을 잡고 기도를 하더니 다정하게 대화하며 방안으로 들어가 저녁을 드시는 것입니다.

그때 목사님이 깨달았습니다. 부부가 낮에 다투다가 해가지기 전에 기도하며 화해하고 잠자리에 들어간다는 것입니다. 아~ 그래서 부부간에 의가 상하지 않고 응어리가 생기지 않고 잉꼬부부로 살아가는 구나하면서 낮에 단면만 보고 판단한 것을 회개했다는 것입니다. 목사님도 해가지도록 분을 가지고 살지 않기로 했답니다. 분명하게 이 부부는 하나님의 말씀과 같이 "분을 내어도 죄를 짓지 말며 해가 지도록 분을 품지 말고, 마귀에게 틈을 주지 말라(엡 4:26-27)"는 말씀을 지키면서 살아가기 때문에 잉꼬부부로 살아갈 수가 있었던 것입니다.

우리가 세상을 살아가면서 스트레스와 상처를 받지 않고 세상을 살아간다는 것은 거의 불가능합니다. 문제는 나에게 상처가 오면 마음의 무의식에 쌓이게 하는 요인이 있다는 것이 더 문제입니다. 즉, 마음에 평안이 없고 성령의 은혜가 적다는 증거입니다. 먼저 상처가 마음에 쌓이게 하는 원인을 찾아 치유해야합니다.

그래서 상처를 받지 않는 것도 중요하지만, 시시 때때로 오는 상처를 나의 마음에 받아들이지 않고, 그때그때 상처를 해결하는 심령상태를 가지는 것이 더 중요합니다. 이는 깊은 영의기도를 성령의 임재를 유지하므로 가능합니다. 고로 상처를 치유하는 것도 중요하지만 내 마음에 상처가 쌓이지 않게 하는 심령 관리가 더 중요합니다. 깊은 영의기도를 할 때 깜짝 깜짝 놀라고, 움직움직하는 것은 상처입니다. 어려서나 언제 놀란 일이 있어 무의식에 심겨있는 것입니다. 축귀를 전문으로 하는 사역자에게 축귀를 받는 것이 좋습니다.

1) 잠자기 전 자기 치유기도. 에베소서 4장 26-27절에 "분을 내어도 죄를 짓지 말며 해가 지도록 분을 품지 말고 마귀로 틈을 타지 못하게 하라." 말씀하십니다. 하루가 지나기 전에 성령의 깊은 임재 하에 심령을 정화하라는 것입니다. 우리가 세상을 살아가면서 상처를 받지 않고 살아갈 수가 없습니다. 세상에서 받은 상처를 그 날 그 날 정리하는 것입니다. 침소에 들어가기 전에 성령의 임재 하에 호흡으로 기도하면서 그 날의 수고와 무거운 짐을 하나님에게 드리고, 영이 깨어난 상태에서 잠이 들면 깊은 잠도 잘 수가 있고 상처가 마음에 집을 짓지를 못합니다.

2) 인간관계 후 감정과 스트레스 제거 위한 치유기도. 세상에 나가 세상 사람들과 대화를 하다가 보면 나도 모르는 사이에 세상 것들이 들어올 수가 있습니다. 성령의 깊은 임재 하에 깊은 호흡이나 명상기도로 영의 활동을 강화하여, 나도 모르게 들어온

세상 것들을 정리하는 것입니다. 우리가 세상 사람들과 대화를 하다가 보면 머리가 무겁고 속이 거북스러울 때가 있습니다. 이는 세상 것이 나에게 들어온 것을 나의 영이 알아차린 것입니다. 이를 그대로 두면 나에게 짐을 짓게 되고 나의 영은 무디어지게 됩니다. 성령의 임재 하에 세상 것들을 몰아내고 영을 밝게 해야 합니다. 이는 습관이 되어야 합니다. 짐을 짓기 전에 풀어내는 것이 중요합니다.

3) 충격적인 사건을 접한 후 치유기도. 우리가 세상을 살아가다가 갑자기 사고를 당한다거나, 갑자기 가족이 죽는 다거나, 사람들이 싸우는 것을 본다거나, 질병으로 병원에 입원하여 수술을 한다거나, 사기를 당한다거나, 부부간에 의견 충돌이 있는 경우가 있습니다. 이때 나도 모르게 심령에 멍이 듭니다. 이런 상황을 생각하거나 접하게 되면 나도 모르게 가슴이 두근거리고 깜작깜작 놀라게 됩니다. 이런 상황이 오래가면 심장과 혈액계통에 문제가 생깁니다. 이런 일을 당한 후에는 꼭 성령의 깊은 임재 하에 영의 기도로 내 속에 들어와 있는 충격적인 사건의 잔재를 몰아내야 합니다. 내가 혼자 할 수 없다면 목회자의 도움을 받아 처리하는 것이 좋습니다. 그냥 두면 영육의 문제가 생깁니다.

심장이 약한 분들의 자가 진단 방법은 충격적이거나 놀란 일이 있은 후에나 사람에게 상처받은 후, 피곤해지고 의욕이 떨어지고 잠을 잘 이루지 못하거나 잠을 자는 동안 꿈이 많아지는 경우는 심장에 문제가 생긴 것입니다. 의학적인 진단에는 잘 나타나지 안 습니다.

둘째, 상처가 마음에 머물지 않게 하기 위한 기도. 성실, 경건의 삶을 살아가려고 노력하세요. 좋은 선수는 평소에 늘 훈련과 실제상황을 대비한 연습을 충실히 하는 것처럼, 늘 하나님 앞에서 사는 삶의 훈련, 하나님과 함께 걷는 경건한 삶의 훈련을 해야 합니다. 험담을 금지하고 순종, 사랑, 용서와 경건, 거룩한 삶의 훈련을 하시기를 바랍니다. 늘 하나님의 임재 속에서 내적치유와 회개를 하시기를 바랍니다. 얕은 수준에서 하지 말고, 깊은 수준에서 하시기를 바랍니다. 감정을 절제하시기를 바랍니다. 흥분, 좌절, 분노, 염려, 고민, 질투, 원한 등의 부정적 감정을 씻으시기를 바랍니다. 성실과 경건으로 가기 위해 늘 기도해야 합니다. 마음이 넓어져야 합니다. 나의 영성을 해치는 일에는 관심을 멀리하고 하나님과 영적 교통에 관심을 가지시기바랍니다. 세상만사가 다 내 생각대로 되는 것이 아닙니다. 하나님의 권능의 역사가 개입하면 해결되는 것입니다. 수고하고 무거운 짐을 하나님에게 드리는 자세가 중요합니다.

해가 지기 전에 분을 풀면서 사는 습관을 들이시기를 바랍니다. "분을 내어도 죄를 짓지 말며 해가 지도록 분을 품지 말고, 마귀에게 틈을 주지 말라(엡 4:26-27)"란 이렇게 이해하시면 쉽습니다. 크리스천이 악함이 판을 치는 세상에서 살아가는 것이 스트레스입니다. 이 스트레스를 잠자기 전에 마음으로 하나님을 찾으면서 기도하면 5차원의 초자연적인 영적인 상태가 되는 것입니다. 영적인 상태에서 생각나는 일들을 영상으로 보면서 회개하고 용서하는 것입니다. 회개하고 용서하지 않아도 5차원의 초자연적인 상태가 됨으로 세상에서 받은 스트레스난 상처가 밖으로 밀려나가면서 정화되는 것입니다. 절대로 말로 머리로 해서는 스트레스나 상처가 정화되지 않습니다. 반드시 성령의 임재가운데 스트레스나 상처가 정화되는 것입니다. 그렇기 때문에 성령으로 세례 받고 성령으로 충만한 믿음생활이 되어야 해가 지기 전에 분을 풀면서 살수가 있는 것입니다. 전적으로 성령께서 분을 풀도록 하시기 때문입니다.

해가 지기 전에 분을 푸는 방법은 사람과 관계에 얽혔으면 성령의 임재가운데 영상으로 그리면서 화해하십시오. 마음에 상처를 받았다면 침소에 들어가 기도하세요. 호흡을 들이쉬고 내쉬면서 기도하십시오. 이렇게 하면 됩니다. "호흡을 들이쉬면서 예수님! 내쉬면서 도와주세요." "다시 호흡을 들이쉬면서 예수님! 내쉬면서 사랑합니다." 이렇게 지속적으로 하다가 보면 성령의 깊은 임재가운데 들어가게 됩니다. 임재가운데 들어가 스트레스와 상처받는 현장을 보면서 풀어냅니다. 그러다가 자기도 모르는 순간에 깊은 잠에 들어가는 것입니다. 이렇게 매일 깊은 영의기도를 습관적으로 하면 주간동안 마음에 쌓인 스트레스와 상처가 마음 안에 집을 짓지 못하게 됩니다. 본인의 의지와 노력과 습관이 되어야 합니다.

셋째, 스트레스를 해소하며 상처 치유하는 기도 방법

1) 성령의 깊은 임재에 의한 깊은 기도로 마음이 평안한 상태가 되어야 합니다. 마음이 외부의 영향을 받지 않는 상태(성령 임재로 평온한 상태)가 되어야 합니다. 치유에 집중하는 마음 상태가 되어야 깊은 곳에 숨겨진 상처를 성령님의 도우심으로 치유받을 수 있습니다. 외적 침묵과 내적 침묵이 되어야합니다. 심령을 안정시켜 뇌파를 베타파 상태에서 알파파 상태로 다시 세타파 상태로 만들어야 합니다.

2) 성령님의 임재를 간구합니다. 영에서 마음으로, 이성으로 임재가 나타나시도록 간구합니다. 성령님에게 물어봅니다. 내가 왜 그런가요.

3) 최근 상황을 떠올립니다. 특이한 상황. 혈기, 육체의 병, 놀람 등등으로 스트레스가 된 상황을 말합니다.

4) 떠오르는 그때 그 상황 안으로 들어갑니다. 성령님의 도우심으로 자신의 과거로 돌아가서 과거에 받았으나 묻혀 있는 크고 작은 상처의 기억을 떠올리며, 상처와 함께 그때 겪었던 당황함, 부끄러움을 회상한 후, 하나씩 그 상처를 주님께 드립니다.

5) 당시에 받았던 상처로 말미암는 감정이 내면에 떠오르거나 감정이 되살아나면(수치감, 답답함, 분노, 좌절감, 깊은 슬픔, 두려움 등) 억제하거나 감추지 말고 의식수준으로 표현하십시오. 그리고 그것을 주님에게 드리세요. 일일이 고자질 하라는 말입니다.

6) 이 때 자신의 상처와 관련된 사람을 용서하는 작업을 해야

합니다. 용서는 하나님께 일러 바치는 것입니다. 용서하지 않고 단순히 감정만 처리하는 것은 상처의 근원은 그냥 두고 감정만 치유하는 것이며, 이러한 치유는 후에 다시 재발됩니다. 큰 사건, 큰 상처일수록 이 부분에 세심한 주의를 기울여야 하며, 세심한 치유를 했어도 같은 감정이 오면 몇 번이고 계속해서 치유해야합니다. 자신의 마음에 상처를 준 사람을 용서하지 않으면 진정한 치유가 되지 않습니다. 어두움과 저주의 세력에게 자신을 묶어놓고 있는 것입니다.

7) 상처를 내보냅니다. 기침이나 하품, 호흡, 토함 등등으로 반드시 축출하는 작업을 해야 합니다. 반드시 배출 해야 합니다.

8) 성령님의 능력으로 치유 받은 후에는 마음에 평안함을 느끼게 됩니다. 계속하여 이 평안을 유지하는 것은 자신의 책임입니다. 오래된 상처나 깊은 상처는 일회적인 치유보다 장기적이고 지속적인 치유를 해야 합니다.

9) 생활할 때 다시 그런 생각이나 감정이 떠오르면 동일한 방법으로 다시 치유과정을 진행해야 합니다. 성령의 깊은 임재 하 회개와 용서 작업을 합니다.

10) 성령님과 교제를 통하여 악한 생각이 나지 않도록 기도생활을 해야 합니다. 진정한 치유란 지속적인 성령 하나님과의 동행입니다. 늘 마음에 하나님을 느끼고, 하나님과 동행하고 하나님을 의지하여야 합니다. 그리함으로 늘, 점점 마음이 맑아지고, 자유해지고, 평안해지는 삶을 살아야 합니다.

30장 마음의 상처를 치유하는 방언기도

(눅17:21)"하나님의 나라는 너희 안에 있느니라."

　하나님은 매일 우리의 마음의 상처를 치유하며 상처가 무의식에 잠기지 않기를 원합니다. 자기 치유를 위해서 하는 기도는 밖으로 하지 말고, 마음 안으로 해야 합니다. 주님이 가르치시는 기도는 구약 선지자들의 기도처럼 하늘을 향하여 외치고 부르짖는 기도가 아니라, 내 안에 계신 성령 하나님을 향하여 안으로 하는 기도입니다. 그러므로 주님은 골방으로 들어가라고 하시는 것입니다. 즉 내 영혼 안에 계신 하나님을 만나라는 것입니다. 내 영혼 속에 하나님의 임재, 임마누엘의 하나님을 인식하고 만나라는 것입니다. 하나님이 계신 하늘은 바로 나에게 접촉한 곳, 즉 나의 속입니다. 다만 우리의 마음에 계신 하나님을 만나기 위해서는 마음으로부터 문제와 답답함을 분리시켜야 합니다. 우리의 마음에서 어려운 현실이 주는 걱정, 근심, 두려움, 답답함을 씻어내야, 하늘에 계신 하나님, 즉 우리의 마음 안에 계신 하나님을 만나게 되는 것입니다. 그래서 주님은 마음이 청결한 자가 하나님을 볼 것이라고 하시는 것입니다.

　깨끗하고 평안한 마음속으로, 하나님이 계신 깊은 속으로 들어가야 합니다. 내 영혼 안에 계신 하나님과 만나고, 연합하고, 도움을 받으면, 그것이 즉 하나님의 손길을 느끼게 되는 것이며, 여기서부터 시작하여 하나님의 손을 잡고 점점 밖으로 나가서 현실

속에, 문제 속에 하나님의 영광, 하나님의 임재, 하나님의 능력을 나타내게 되는 것입니다.

그런데 우리는 멀리, 밖에서부터, 높은 하늘에서부터 하나님을 만나려고 하기 때문에 기도가 어려운 것입니다. 나와 함께 내 안에서 살아가시는 주님을 발견하게 될 때, 내가 주안에, 즉 보좌에 계신 하나님을 발견하게 되는 것입니다. 내 안에 계신 성령 하나님을 만나고 발견하지 못하게 되면 보좌에 계신 하나님도 발견하지 못하게 됩니다. 내 안에 계신 성령 하나님을 만나는 기도를 하지 못하면, 그런 훈련을 받지 못하면 우리가 드리는 예배도 성공하지 못하는 것이요, 삶에서 성공하지 못하는 것입니다. 환경도 열어가지 못합니다.

나는 누구인가, 무엇을 하는 사람인가? 내 안에 하나님을 모시는 사람입니다. 내 안에 살아 계신 하나님을 모시는 것이 바로 살아있는 예배입니다. 내 안에 계신 하나님이 일하실 때, 내가 일하는 것이요, 내 안에 계신 하나님께서 영광을 받으실 때에 나도 덩달아 영광을 받게 되는 것입니다. 이것이 나의 본질입니다. 하나님이 그냥 막연하고 피상적이기만 하면, 나의 삶도 역시 막연하고 피상적입니다. 왜 사는지, 어떻게 사는 지도 모르고 뜬구름 잡다가 끝나고 마는 것입니다.

피상적인 하나님은 피상적인 나의 삶을, 구체적인 하나님은 구체적인 나의 삶을 만드는 것입니다. 피상적인 하나님 체험은 피상적인 나의 삶의 체험이 됩니다. 그러므로 기도를 통하여 내 안에 살아 계신 하나님과 교제하고, 만나고 느끼고, 하나님을 사랑하고 하나님의 사랑을 받으시기 바랍니다. 그런 훈련을 하세요. 사람의 마음은 깊습니다. 깊은 곳에서 성령의 은혜가 올라와야 심령에 상처가 치유되고 하루하루 심령에 상처를 만들지 않고 관리가 가능한 것입니다.

첫째, 자기 치유를 위한 방언기도의 자세. 우리가 세상을 살아가면서 스트레스와 상처를 받지 않고 세상을 살아간다는 것은 거의 불가능합니다. 문제는 나에게 상처가 오면 마음의 무의식에 쌓이게 하는 요인이 있다는 것이 더 문제입니다. 즉, 마음에 평안이 없고 성령의 은혜가 적다는 증거입니다. 먼저 상처가 마음에 쌓이게 하는 원인을 찾아 치유해야합니다.

그래서 상처를 받지 않는 것도 중요하지만, 시시 때때로 오는 상처를 나의 마음에 받아들이지 않고, 그때그때 상처를 해결하는 심령상태를 가지는 것이 더 중요합니다. 이는 마음으로 방언기도를 하여 성령의 임재를 유지하므로 가능합니다. 고로 상처를 치유하는 것도 중요하지만, 내 마음에 상처가 쌓이지 않게 하는 심령 관리가 더 중요합니다. 마음으로 방언기도를 할 때 깜짝 깜짝 놀라고, 움직움직하는 것은 상처입니다. 어려서나 언제 놀란 일이 있어 무의식에 심겨있는 것입니다. 반드시 치유를 받아야 합니다.

둘째, 사례별 자기 스스로 치유하는 방법
1) **혼탁한 사람과 대화 후:** 세상에 나가 세상 사람들과 대화를

하다가 보면 나도 모르는 사이에 세상 것들이 들어올 수가 있습니다. 성령의 깊은 임재 하에 깊은 호흡을 하면서 마음으로 방언 기도를 하여 영의 활동을 강화합니다. 나도 모르게 들어온 세상 것들을 정리하는 것입니다. 우리가 세상 사람들과 대화를 하다가 보면 머리가 무겁고 속이 거북스러울 때가 있습니다. 이는 세상 것이 나에게 들어온 것을 나의 영이 알아차린 것입니다. 이를 그대로 두면 나에게 집을 짓게 되고 나의 영은 무디어지게 됩니다. 성령의 임재 하에 세상 것들을 몰아내고 영을 밝게 해야 합니다. 이는 습관이 되어야 합니다. 집을 짓기 전에 풀어내는 것이 중요합니다. 호흡을 깊게 들이쉬고 내쉬면서 성령의 임재를 요청합니다. 성령의 임재가 충만해지면 아랫배에 손을 얹고 호흡을 깊게 들이쉬고, 내쉬면서 마음으로 방언으로 기도하면 악한 기운들이 성령의 역사로 하품이나 기침이나 재채기를 통하여 떠나갑니다. 머리가 맑아지고 편안해질 때까지 지속적으로 하여 마음을 정화합니다.

2) **길을 가다가 놀랐을 경우**: 길은 가다가 차 소리나 기타 등등으로 깜작 놀랄 경우가 있습니다. 나의 경험으로 보아 이런 일이 있은 후 며칠이 지나면 가슴이 답답해지고 기도가 잘 되지 않는 경우가 있었습니다. 이는 놀랄 때 악한 영이 침입을 한 것입니다. 이를 예방하기 위하여 이렇게 하시기 바랍니다. 호흡을 깊게 들이쉬고 내쉬면서 마음으로 방언을 하면서 성령의 임재를 요청하는 것입니다. 성령의 임재가 충만해지면 마음으로 명령을 하세요. "내가 놀랄 때 들어온 악한 영은 예수 이름으로 명하노니 떠

나갈지어다." "내가 놀랄 때 들어온 악한 영은 예수 이름으로 명하노니 떠나갈지어다." 이렇게 기도하여 마음에 평안이 찾아오면 떠나간 것입니다.

3) 불안이나 두려움이 엄습할 경우: 성령이 역사하면 평안합니다. 자신이 이유 없이 불안하고 두려움이 엄습할 경우는 악한 기운이 나에게 역사하고 있는 것을 성령께서 자신에게 알려주는 것입니다. 이때에는 호흡을 들이쉬고 내쉬면서 방언기도를 하면서 성령의 임재를 요청합니다. 성령의 임재가 충만해지면 마음으로 명령을 하세요. "나를 불안하게 하는 악한 영은 예수 이름으로 명하노니 떠나갈지어다." "나를 불안하게 하는 악한 영은 예수 이름으로 명하노니 떠나갈지어다." 자꾸 방언을 하면서 대적기도를 합니다. 이때 중요한 것은 성령의 임재 하에 부드럽고 가벼운 소리로 명령을 합니다. 악을 쓰면서 떠나라. 떠나라. 하는 기도는 육성이 강하므로 귀신이 떠나가지 않습니다. 성령의 임재 하에 부드러운 영의 소리로 가볍게 명령하면 떠나갑니다.

4) 밤에 잠이 잘 들지 못할 경우: 밤에 잠이 잘 들지 않는 다는 것은 심신의 장애가 있는 것이 분명한 것입니다. 이때에는 이렇게 하세요. 편안하게 눕거나 소파나 안락의자에 앉아서 마음으로 방언기도를 합니다. 양손을 배에 대고 호흡을 들이쉬고 내쉬면서 방언하며 성령의 임재를 요청합니다. 성령의 임재가 충만해지면 지속적으로 마음으로 방언기도를 합니다. 의식을 아랫배와 마음에 두고 지속적으로 마음의 기도를 합니다. 그러면 잠을 이루지 못하게 하는 악한 기운이 성령의 권능으로 밀려 나갑니다. 그

러면서 마음이 평안해집니다. 지속적으로 하다가 보면 잠이 들게 됩니다. 중요한 것은 마음으로 방언기도를 하면서 다른 생각을 하거나 잡념에 빠지면 안 됩니다.

5) 좋지 못한 꿈을 꾼 경우: 많은 분들이 좋지 못한 꿈을 꾸고 영적으로 눌림을 당하는 경우가 있습니다. 꿈에 뱀을 보았다든지, 죽은 사람이 나타나는 꿈을 꿉니다. 이는 성령께서 나에게 좋지 못한 영들이 역사하는 것을 알려주신 것입니다. 이러한 꿈을 꾼 후에 반드시 축귀를 해야 합니다. 나는 이러한 좋지 못한 꿈을 꾼 후 조치를 하지 않고 방치했다가 큰일을 당한 분들을 다수 치유하여 보았습니다. 좋지 못한 꿈을 꾼 다음에 이렇게 해서 축귀해야 합니다. 제일 좋은 것은 꿈속에서 대적 기도하는 것입니다. 만약 그렇게 하지 못했을 경우는 이렇게 해서 귀신을 축귀하세요. 호흡을 들이쉬고 내쉬면서 방언기도를 하면서 성령의 임재를 요청하세요. 성령의 임재가 충만해지면 영상기도로 꿈속에서 보이던 모습을 그리는 것입니다. 꿈속에서 나타난 영상을 보면서 명령을 합니다. 이때 명령하는 음성은 영에서 나오는 음성으로 명령을 합니다. "꿈속에서 나타났던 조상의 악한 영은 예수 이름으로 명하노니 떠나갈지어다." "꿈속에서 뱀의 모습으로 나타났던 귀신은 예수 이름으로 명하노니 떠나갈지어다." "꿈속에서 나타났던 조상의 악한 영은 예수 이름으로 명하노니 떠나갈지어다." "꿈속에서 뱀의 모습으로 나타났던 귀신은 예수 이름으로 명하노니 떠나갈지어다." 호흡 기도를 지속적으로 하면서 꿈의 모습을 보면서 지속적으로 명령하라.

그러면 하품이나 기침이나 재채기를 통해서 떠나갑니다. 악귀가 떠나가면 머리가 시원해지고 마음에 평화가 임하기도 합니다. 어느 때는 성령께서 마음에 감동하시기를 악한 영이 떠나갔다. 하면서 알려주시기도 합니다. 꼭 좋지 못한 꿈을 꾼 다음에 대적 기도하여 악한 기운을 몰아내는 것을 습관화해야 합니다. 이렇게 하므로 자신의 영을 지킬 수가 있습니다. 그리고 성령님과 인격적인 관계가 될 수가 있습니다.

6) **길을 가다가 아찔한 느낌을 받은 후:** 필자는 종종 이런 일을 체험합니다. 내가 사는 방배동에는 조그마한 사찰도 있습니다. 무당이 사는 집도 있습니다. 새벽에 기도를 마치고 운동을 하기 위해서 걸어갈 때 사찰이나 무당집을 지나게 됩니다. 그때 갑자기 무엇이 호흡을 통해서 쑥 들어옵니다. 그러면 영락없이 머리가 띵해집니다. 성령으로 충만하여 민감한 나의 영육이 귀신이 들어온 것을 알아차린 것입니다. 내 안에 귀신이 들어왔다는 것입니다. 그러면 나는 이렇게 합니다. 절대로 당황하지 않고 호흡을 들이쉬고 내쉬면서 방언을 합니다. 그리고 야! 더러운 영아 여기가 어디인줄알고 감히 들어왔어 예수이름으로 명하노니 떠나가라. 하면 재채기가 나오면서 떠나갑니다. 방금 들어온 것이므로 쉽게 잘 떠나갑니다. 어느 때는 명령하지 않고 방언기도만 해도 떠나갔습니다. 좌우지간 나에게 귀신이 들어온 것을 아는 것이 중요하다. 떠나가고 나면 머리가 시원해집니다. 귀신이 떠난 것을 느낌으로 알 수가 있습니다.

7) **방언기도 하는 중에 성령이 감동하실 때:** 자신에게 역사하

던 귀신이 떠나갈 때가 되면 성령께서 알려주십니다. 방언기도를 하는데 성령께서 너를 괴롭히는 질병의 영을 몰아내라. 이렇게 감동하실 수가 있다는 것입니다. 그러면 성령께서 알려주신 것이므로 쉽게 귀신이 잘 떠나갑니다. 호흡을 들이쉬고 내쉬면서 방언을 합니다. 동시에 성령의 임재를 요청합니다. 성령의 임재가 충만해지면 마음으로 명령을 하세요. "나에게 와서 질병을 일으키고 있는 악한 영은 예수 이름으로 명하노니 떠나갈지어다." "나에게 와서 물질을 손해나게 하는 악한 영은 예수 이름으로 명하노니 떠나갈지어다." 자꾸 호흡을 하면서 대적기도를 합니다. 그러면 어느 때는 아랫배가 아프면서 떠나갑니다. 어느 때는 가슴이 답답해지다가 재채기나 하품을 하므로 떠나갑니다. 좌우지간 귀신은 인격적인 존재이므로 떠날 때 조용하게 떠나가지 않습니다. 분명하게 떠나가는 것을 본인이 느끼게 됩니다.

8) 치유집회를 인도한 후에 자기 정화 작업: 나는 치유집회를 인도하고 반드시 호흡 기도를 하면서 정화작업을 합니다. 요즈음에는 체험이 많고 관리를 잘해서 그런 일이 드물지만 몇 년 전만하더라도 집회를 끝나고 나면 여러 가지 이해하지 못하는 현상으로 고생을 했습니다. 그러면 나는 이렇게 합니다. 양손을 아랫배에 대고 호흡을 강하게 들이쉬고 내쉬면서 방언기도를 합니다. 상당한 시간동안 이렇게 방언기도를 합니다. 그러면 배가 아프면서 하품을 통하여 사역 간에 들어온 악한 세력들이 떠나갑니다. 그러면 머리가 맑아지면서 기분이 깨어납니다. 가슴도 시원하고 마음도 평안합니다. 거의 한 시간 정도를 하는 편입니다. 왜냐하

면 나를 관리하기 위해서 입니다. 이렇게 관리하지 않으면 더러운 것들이 사역 간에 나에게 타고 들어와 집을 짓게 됩니다. 집을 짓기 시작을 하면 여러 가지로 이해하기 힘든 일들이 생깁니다. 졸음이 오기도 하고 기력이 떨어지기도 합니다. 정신이 맑아져서 밤에 잠을 잘 자지 못하기도 합니다.

9) 자신이 방언기도하며 직접 귀신을 축귀하는 비결: 자신에게 이상증세가 나타나면 지나치지 말고 반드시 자기 축귀를 해야 합니다. 자기 축귀는 이런 방법으로 하세요. 호흡을 들이쉬고 내쉬면서 성령의 임재를 요청하세요. 성령의 임재가 충만해지면 영상기도를 하세요. 자신에게 일어나는 상태를 마음의 그림으로 나타나게 하라는 것입니다. 원인을 성령님에게 물어보세요. 원인을 알아야 처방을 할 수 있기 때문입니다. 원인에 따라 회개하거나 용서를 합니다. 만약에 조상이나 자신이 우상을 숭배하여 귀신이 들어온 것이라면 회개해야 합니다. 성령의 임재 가운데 죄를 짓는 모습을 영상으로 보면서 깊은 회개를 해야 합니다. 깊은 회개를 한 후에 그때 들어온 귀신들에게 명령을 하세요. "조상 대대로 내려와 나에게 고통을 주는 악한 영의 줄은 끊어질지어다." "조상이 우상숭배 할 때 들어온 귀신은 예수 이름으로 명하노니 떠나갈지어다." "떠나간 자리에 말씀과 성령으로 채워질지어다." 이렇게 지속적으로 대적기도를 하라. 만약에 다름 사람이 자신에게 상처를 주어 고통을 당한다면 용서를 해야 합니다. 성령의 깊은 임재 하에 상처받는 모습을 보면서 용서합니다. 그리고 명령하세요. "내가 상처받을 때 들어온 귀신은 예수 이름으로 명하노

니 떠나갈지어다." 지속적으로 평안이 임할 때까지 해야 합니다.

셋째, 방언기도하며 자기 스스로 치유 받는 간증. 저는 서울 강남에서 큰 ○○교회를 섬기고 있는 정○○ 집사입니다. 저는 부부 싸움을 하면 내가 꼭 이겨야 합니다. 그래서 남편하고 싸워서 이기면 좋아서 노래를 부르고 다닐 정도이지만, 반대로 지면 삼일씩 이불을 뒤집어쓰고 누워있었습니다. 남편이 저에게 이러는 것입니다. 나 당신이 무섭다. 이 무섭다는 소리에 충격을 받았습니다. 그래서 무슨 일인가하고 구역예배에 가서 이야기를 했습니다. 그러자 거기 내면의 상처에 대하여 이해하는 집사님이 이렇게 말하는 것입니다. 집사님 상처 때문에 그러는 것입니다. 내적치유를 받아야 해결이 될 것입니다. 그래서 내적치유 세미나에 참석하였습니다.

내적치유 세미나에 참석하여 강사 목사님의 이야기를 들으면서 문득 문득 떠오르는 것이 있었습니다. 그것은 나의 어린 시절입니다. 저의 가정은 전통적인 유교 가정입니다. 그런데 어머니가 아버지에게 꽉 쥐어서 꼼짝을 못합니다. 천원을 쓰려고 해도 승낙을 받아야 합니다. 그것뿐만 아니라 내가 여자라는 이유로 공부를 시키지를 않는 것입니다. 딸 시집가면 그만인데 공부는 시켜서 무엇 하느냐 중학교만 나오면 된다. 그러면서 오빠 남동생은 모두 대학까지 다니게 했습니다.

내가 억지를 부려가지고 고등학교를 나왔습니다. 내가 여기에서 상처를 받은 것입니다. 아버지로부터 여자라고 무시를 많이 당했습니다. 그래서 나는 어려서부터 내가 시집을 가면 절대로 남자에게 쥐어 살지 않는다. 어떻게 해서라도 이겨먹고 살겠다. 이런 마음이 무의식에 자리 잡아 남편하고 싸울 때 죽기 살기로 덤벼서 이기면 너무 좋고 지면 삼일 씩 누워있었던 것입니다. 그래서 치유과정에서 아버지를 용서하기로 결정을 하고 치유를 받으려고 했습니다. 목사님이 기도시간에 기도가 깊어지면 최근에 일어난 비정상적인 사건을 가지고 성령님에게 물어보라고 했습니다. 성령님에게 나의 상태를 솔직하게 아뢰면서 기도를 했습니다. 내가 왜 남편을 이기고 살려고 하는지 근본을 알려주세요. 왜 남편하고 다투어서 이기면 좋아서 노래를 부르고 다니고, 지면 며칠씩 이불을 뒤집어쓰고 누워있습니까? 한 20분정도 기도를 한 것 같았습니다. 기도가 어느 정도 깊어졌습니다. 성령께서 환상을 보게 하셨습니다. 남편하고 다투는 환상입니다. 다투다가 이겼습니다. 내가 아주 기분이 좋아하는 모습이 보였습니다. 또, 다른 환상을 보여주시는 데, 내가 남편하고 다투고 나서 이불을 뒤집어쓰고 누워있는 모습이 보이는 것입니다. 또, 환상이 보였습니다. 아버지가 어머니를 무시하는 모습입니다. 다시 다른 환상을 보여주셨습니다. 오빠가 대학을 간다고 하는데 내가 부러워하는 모습을 보여주셨습니다. 또 다른 환상을 보여주셨습니다. 이제 아버지가 나에게 야! 딸 시집가면 그만인데 공부는 무슨 공부하면서 혈기를 내는 모습이 보이는 것입니다. 그 모습을 보는 순간 저의 가슴이 터지는 것 같은 고통을 느꼈습니다. 너무나 가슴이 아파서 호흡을 제대로 할 수가 없었습니다. 성령께서 이렇게 감동을 주셨습니다. 네가 이 아버지에게 받은 상처 때문에 남편하고 싸워서 이기면 좋아서 어쩔 줄을 모르고, 지면 상처가 올라와 감당을 못하고 삼일씩 누워있었던 것이란다. 네가 이 상처를 해결하지 못하면 남편과의 관계가 더 악화될 것이다. 너의 건강에도 문제가 생길 것이다. 아버지를 용서하라. 아버지를 향한 응어리를 전부 나에게 다오. 내가 네 아버지를 벌주겠다. 그러시는 것입니다. 그래서 울면서 아버지를 향한 분노를 다 토설하였습니다. 울면서 감정을 다 토설하며 한 참을 울었습니다. 목사님이 안수를 해주셨습니다. 울고 나니 기침이 사정없이 나왔습니다. 막 뒹굴면서 기침을 한참하고 나니 마음이 좀 편안해졌습니다. 이렇게 세미나를 마치고 집에 돌아갔습니다. 집에 돌아가서도 마음이 평안하지를 않았습니다. 그래서 남편이 출근하고, 아이들을 학교에 보낸 다음에 거실 소파에 앉아서 기도를 하기 시작을 했습니다. 그렇게 기도를 하기를 약 두 달간 했습니다. 깊은 임재가운데 치유를 받았습니다. 다행히 충만한 교회에 매주 집회가 있어서 필요할 때 가서 안수도 받고 은혜도 받았습니다. 점점 마음이 평안해졌습니다. 그런데 중요한 것은 남편이 싫은 소리를 해도 분노가 나오지를 않는다는 것입니다. 남편에게 용서를 빌었습니다. 그래서 남편과의 관계가 회복이 되었습니다. 내가 내적 치유를 통하여 체험한 것은 모든 성도가 치유를 받아야 한다는 것입니다. 그리고 교회에 다닌 다고 치유가 되지 않고 반드시 전문적인 치유를 받은 후에 깊은 영의기도 가운데 스스로 지속적으로 스스로 치유해야 한다는 것입니다.

이 책을 통해 예수님이 땅끝까지 전파 되기를 소원합니다.
(출판으로 인한 이익금은 문서선교와 개척교회 선교에 사용합니다.)

방언기도로 분출되는 카리스마

발 행 일ㅣ 2016. 11. 17초판 1쇄 발행

지 은 이ㅣ강요섭

펴 낸 이ㅣ강무신

편집담당ㅣ강무신

디 자 인ㅣ강요섭

교정담당ㅣ강무신

펴 낸 곳ㅣ도서출판 성령

신고번호ㅣ제22-3134호(2007.5.25)

등록번호ㅣ114-90-70539

주   소ㅣ서울 서초구 방배천로 4안길 20(방배동)

전   화ㅣ02)3474-0675/ 3472-0191

E-mail ㅣ kangms113@hanmail.net

유   통ㅣ하늘유통. 031)947-7777

ISBN ㅣ 978-89-97999-51-4 부가기호 ㅣ 03230

가   격ㅣ 16,000원